本書係「敦煌文獻系統性保護整理出版工程」項目成果

二〇二一——二〇三五年國家古籍工作規劃重點出版項目

「十四五」國家重點出版物出版規劃項目

國家古籍整理出版專項經費資助項目

法國國家圖書館藏

敦煌文獻

榮新江　主編

第 一 一 冊

P.2048 ~ P.2050

上海古籍出版社

MANUSCRITS DE DUNHUANG CONSERVÉS À LA BIBLIOTHÈQUE NATIONALE DE FRANCE

011

P.2048 ~ P.2050

Directeur

RONG Xinjiang

Les Éditions des Classiques Chinois, Shanghai

DUNHUANG MANUSCRIPTS IN THE BIBLIOTHÈQUE NATIONALE DE FRANCE

011

P.2048 ~ P.2050

Editor in Chief

RONG Xinjiang

Shanghai Chinese Classics Publishing House

主　編

榮新江

編　纂

史　睿　何亦凡　范晶晶　付　馬　沈　琛　包曉悅

馮　婧　嚴世偉　宛　盈　郝雪麗　李韞卓　徐偉喆

府憲展　胡文波　曾曉紅

責任編輯

盛　潔

美術編輯

嚴克勤　王楠瑩

目　録

Bibliothèque nationale de France

Pelliot chinois 2048

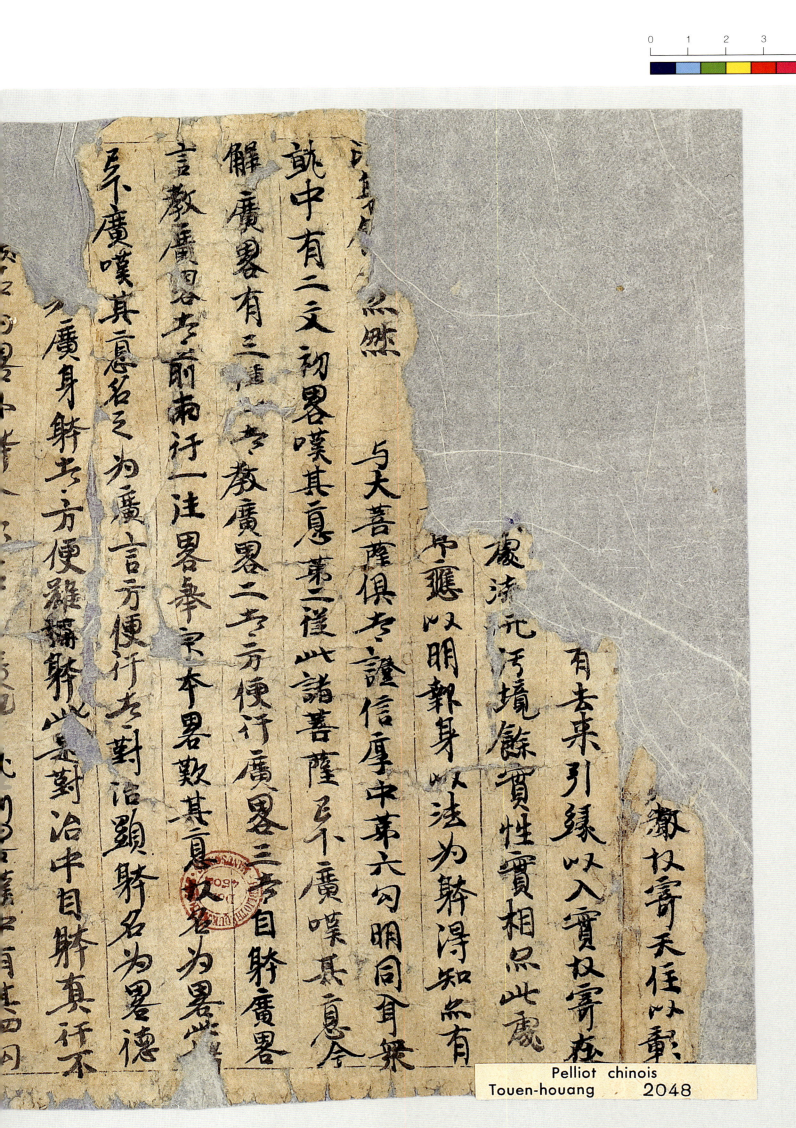

就中有二文初署嘆其意第二謹此諸善薩盡不廣嘆其意令

與天菩薩俱考謹信厚中第六句明同貪衆

解廣署有三　考教廣署二方便行廣署三矣目骄廣署

言教廣署　考前兩行一注署舉　本署數其意　為署

不廣嘆其意名之為廣言方便行者對治顯骄名為署德

廣身躰土方便　此　對治中目躰真行不

處涛元污境餘貪性實相只此處

應以明報身以法為骄得知然有

有去束引緣以入貪權寄疾

教權寄天住以報

法國國家圖書館藏敦煌文獻

慶令言与彼一仏与二阿難今就伦解与阿難在壊抱中不

得言就理教解阿難影竊大士得言与就行教仏与彼自躰

因名為就行教阿難与彼阿難但得聞特智憶自躰方便行

权言与火善薩衆但彼有三種一彼影竊衆二彼教所被衆三彼

当衆衆令同衆衆而教被衆所被之人

有於少解可以諮衆权寄同善以難於教所被人当

衆之人雖有義亦解衆权言当衆善就伝彼教所被人在直

種路何地已上真亦漏法影現心原可有諮衆权寄同善以

弃於理十住十行未得真亦漏相可以諮衆权当衆如是次弟者

説在首種教所被人在十行當在衆十住此可以額知更不煩文

然此善薩教阿祇影竊二衆為是新衆為是舊衆又解彼新

舊俱有但可有間善根彼見仏道起樹之本天道昌若優托

然此菩薩教阿□影響二眾为是舊眾又解云新

舊俱有但可有聞善根去見仏道起樹之本天畫若壞元

雨善根知不起道樹遍之六天菩薩於余身八處現憖影響眾身

楊仏法元現不現一切皆現當發受法若次菜見早漸教相若一

時見早須教相若壞行教一自辮眾二方便行眾道場會眾

法眾法明蒲呈元憖從辮起誦寄在方之便之在緣之相是別权

不得俱遊权言說他方来也若壞自辮行道場　會法眾法門辮

會平革何會不應也　大亠出圖三乘通教乃至通眾中對治之

上权言大也菩薩为眾言道心眾生正以此人为内意扵首及言首

心也点有大道二乘之人生死涅槃不能窮用俱行名之为小菩薩

大士窮用俱行自他俱利圓通元导名大道心眾生也又菩薩有二

種一教名二真實義似名菩薩雖有解行耶者名相不能圓通

義菩薩辮會法界圓通元导权言大也　若見

言也名利可會教有口含寛觀象名为方更身真實义　若見一

眾俱也 一切不退轉者有二種一者一
抱羅死未有以不退也分不轉自分既蒲起朦進行啟入他分
喜起餘心令明菩薩起朦進行餘入朦進廣而生
他分不退者不轉自分為下自分既成餘入朦進行餘入他分名為一不轉自分不轉
種不退又一解不退始入法界解徹竟頂墜固不懷
□陰一觀一切佛法種子在於身中切竟備蒲三礙
者世甬首蒲起世直立解行驅同見以金剛憧為名
退者初地斷除妄想躰會法界生在佛家種性尊貴乖可
懱嬾奴言睦種不退 用不退者八地已上入法派水念
何薩婆若海六第十地中諸位法明雲中兩說法故名學中竟
蒲不退一生者有四種一對治生二行生三位生四應化生言對
臺□□六敢生二變易生三自性不成實生令言一生名分
啟變易已除唯自性一不成實一生者汗一生者實生令言一生者

啟變易已除唯自性一不成實一生於也拤一生考實生今言一生名分

三昧樂行意生身二考覺法自性了意生身三考種類俱生

元行作意生身今言一生考元行位中一生考元行位金剛後一生

應化一生於菩薩決定善巧才便乘生調伏葉故在覺寧天

生若下生人中即得成仏唯有覺寧一生故言一生得菩提故

方名為元上正真道元上考出過三界通教故言元上正考理絕

舊目為正真考離於虛妄元明塙濁故言真也道考自躬圓通

為首也從他方來考從躬起用為他方攝用從躬然是也仏考類

正覺世甬自在行考器世間自在行俱考三種圓備會考圓同一味然可

頓行元不集昂是眾生世甬集考三種圓備會考圓同一味然中有四歐

集考行集會共位聚也 此諸菩薩弓下舉二廣嘆德就中有四歐

初明菩薩德行第二從其名曰舉列德考之名第三如是菩弓不列

設考為金剛藏而為上首明上首之人流初仏文中用四故目用用道

第四如是諸菩薩及不明廣堅固也　初明

行為騂仵元獨運託位而進　次弁行也行元別作正身口意業為

騂攷次弁業也然行德曠周窮盡法性　次明廣堅固也　就位中有

二初明自分位行相　苐二一切如来境界专不明也他分位行相也諸菩

薩专上一生菩薩也　一切菩薩专始顕於先際自騂回一切行也

頪惠境界专騂顕外朗圓照法界专他　名為短也騂照内平等一味

攷稱為惠也　境界专乐育義也兰可曰行分育也自在专窮盡絕

輶淳熟元導行也一切如来境界专他分善戒也皆善得入专朕

分深入騂實覺相應行也此明解入慧行不息专燻燃元雨行也

是攷維摩經云於一切菩薩法戒善知尸自分行也諸松秘藏

元不得入丹是他分行也皆懷智惠专智惠是万行之宗也

就行堅固中有兩啟初明自分行相　苐二後於一念頃了不明他分行

相也就自分中有二子啟初明始諦行相　苐二如意神足了不明

就行堅固中有兩啟初明自分行相　第二後於一念頃子个明他分行

相也就自分中有二子啟初明始備中有六句初三句明自利行

終躡行行相也就始備中有六句初三句明利他行次三句明自利行

然善薩之行或先自利然後利他如說若人自不行善教他行

有是處要先自行善然後為他說法斯有是處此壞始善薩行

未冬宜要先備行也或先行利他然後自利言如說若眾生一不咸他

我終不欲正覺此壞文任行善薩行已導動也只可初壞智

惠門入斷煩惱郵道攝自德相應行也以以自利為初後以

大悲門入斷知郵道攝眾入實故以也善能教化言此明口業也随

時普示言明身業也於利那中言明意業也此明三輪行益能令

眾生斷除妄想盡生死彰也口業能令眾生得波完解也身業

能令眾生得波完信也意業令眾生成朕進行也令言善者

驕慎之撰也无靳尋德名為能教化也一切世甬言有為錄集

于毛勾眾集于目稗渠集于三重眾集无相皆慮方更備入言

性法身常与衆生作覺知无覺知益也神通者身无不現是故

経言若有衆生應見我為聲聞者卽現聲聞乃至大衆者我為大

亦此明无侍對大乘非緣照相應行也卽可神通者遊庚无导行也

菩事者理融緣起非也法界无导行也於刹那中者

此明意業刹那者念々之中断一切煩惱成一切行圓具也卽可實證

法性分之成實福緣起道故言成難也具是不捨一切菩薩者此

明自利行令具是者菩提是一切行躰得此躰者衆行圓具未

際故言具是也不捨者是故挺言菩薩摩訶薩守護一残

菩提心也所起者菩薩心為法性理為起故理事俱躰故

起故挺言欄之品名為實王智来性起品非同定相一相无相守

一凝然不為緣起也大顛者真識躰顯根太上期故稱為顯也

於一切世者世謂草也国土者謂庚一切常俻

去菩薩於世劫国常俻一切菩薩行也若依行詮法无不舉故日

於一切世吞世謂世之也一切劫吞

吞菩薩於世劫国常備一切菩薩行也

世界是壽命品廣明此業劫吞時死一不竟如阿僧秋品説国土吞

慶死不善如菩薩行吞常行損行備集死勇也具呈切慧智惠

吞菩薩之行雖復死量不出福短繫興德備一切隨順正起

薩婆若道权言切慧福智也　如意神呈吞此第二啓明終

婺行相就中点有二子勾初有三勾明利他行相後三勾明自

利行前明始備利他点菩薩力用相此明与力若分別吞始沸

中身業与信此明實用无盡前口業与雖此明懺懺能盡

一切相得大涅槃前意業与八成膝進道此明行成緣起

能入没際今言如是吞意有三種一速庹一念能至十方二

遍到随章所緣死不周庹三无尋緣一切法而死郡尋法身

之業洗同於此而无齊盡吞皆是真性緣起而成善薩法

若可渴之有此明身業事緣利也于相就別善薩福惠

善巧攝言方便此明行用發起也彼析言行蒲德窮此明行像明

意業淳熟利他行相也能令眾生背世間道向涅槃言斷

三種妄想攝云背世間道三禰圓窮報顙法性正題大家攝言

明自利淳熟報行相世間涅槃元郡尋俱興也此明自利淳熟行

攝言曰涅槃門也此曰業淳熟利他行相也　不斷菩薩已不

咸親本住道蒲也善擢支明　圓得行資諸真法性攝言善遊也

禪言四禪也定言四空空也解脱言八解脱也三昧言三昧也

神通言六通也明言三明也言宿命明二言天眼明三言漏盡

明如別重釋也可言一言元明所謂十一空二言善薩明所謂

波之若之波之羅之蜜之言名不放逸根三言諸佛明所謂僧

也諸所言圓興也施為言德用也善能示現言躰順相元不斑也

此明取道行咸也元作言圓窮證道見本非令攝目元作如自在

言妙窮元尋行也此上自利之他始備淳熟一敗竟也

也諸佛圓興也施為為德用也善能示現為躰順相元不致也

此明身道行成也元作為圓寂證道身本非令權目元作也自在

為妙寂元導行也此上自利々他始備導報一歟竟也

於二念頃第二大啟明他分朕進行相他分為諸佛行也備則他分

成則自分权涅槃延去我昔見諸佛摧身殊大令見善為菩薩摩

訶薩身是二種行相欲明菩薩行佛行元二元差別但薄不薄為

興也就中有三初明身業第二勸發巳个明其口業第三常以

大心元明意業然可初明集法行第二勸發諮請法行

此二是通惠中成也第三常以大心元明備行趣朕進道也於一

念頃能至十方為會元不在邨法身不動而元十方也

骸顯殊方實元本來而相元不現奴言至骸个方也勸發諮請

要持也法輪為實相真詮顯斑緣目也行攝朕進法在巳永固不遷

权目要持也法詮顯斑緣目也常以大心为中實顯

用曠周法界也供養佛为秘密緣起为穷準究竟甫集舉三

·12·

常能脩習□第三次明業堅固就中有三初摠學三業第二後其

業□備集明一也其身普示乡□□□不□□也其音□□□教□不□

身普示乡不別□三業第三一切菩薩□不□□三業也□所行事

也明見三世□自□真明不□朗也□具□□備集□行□不集□□

不□也□□諸菩薩功□□□第四次明廣堅固□量□窮□

實際也□□□□□□法界也於□數劫□不能盡□菩薩行□

廣大非證□說以言□不能盡也　其名曰□不次解第二□

□之名有三種釋一依心教隨衆生□相應不相□□如□

於正語中置隨語義如以想斷結想實不斷結要以慧斷如仏

說但觀想□除貪欲於正義中置隨義語如慧斷煩惱此是

正義語也此菩薩名如是如觀世音菩薩隨善衆生□德□而

菩薩實德不必正此明語中置義也然早菩薩實德此明正義

語也二□若依理教係義語也知味永味知義寄事表義隨

正義……也此菩薩名女身是女觀世音菩薩隨善眾生彰德等所

菩薩實德不必正此明語中頁義也然早菩薩實德此明正義

語也二专若依理教係義語也知味永味知義壽事表義隨

相知實以彰菩薩實德此也三专若依行教意欲明人顯示

於法通专解法总早知人意欲明曉法示於人通专解人早总知

法如似維摩詰名元垢稱早知不思儀元彰導解脫法门但通

普賢菩薩早知法界行法门文殊師利天女苇皆是妙惠行

法门金剛藏苇众欲明菩薩之行皆廣大如法界寛覺如虛空

平苇元二顯自躰真實圓架法门也此稱金剛藏苇菩薩

名別专解六大判有五種一专回緣立名如菩薩隨波論菩薩

名为常啼菩薩本作小見時常父母导之为薩陀波論今得

薩音为国王時至僧伽藍中見諸北立空禪皆有光明唯一此立光

菩薩常衰傷眾生权日常啼菩薩二专本俏行法门如弥勒菩

月圓集……

止至於衆巷乞油耳同泣乞油何為此立言我供養仏曰耳發顛

已未来常以燈明供養仏今日得仏早日定光若壞本因名為燃

燈也 三者自利誦入對治不同 四者德攝益随化緣差別如炎餘

何匡随用立名五者自躰法門皆躰會法界以彰回行不同也

德窮海奧名金剛藏菩薩也 利潤无窮名曰寶藏如寶利用也

自躰回行入法界如蓮華藏也 妄想勲誦明其断離不名朕為要

不断煩惱而入涅槃性離非緣餝故名朕藏是故雖華經云躃始朕登

乃可為勇如是菩薩熏除一切生老病死是菩薩之謂明此菩薩北一

切煩惱遠煩得无郭導故日為朕也 曰藏者无為之行耳同陳生死之

蜀故云日藏也 月藏者有為緣集不捨世間行耳同之明故名月藏也

淨月藏者自躰世間耳同而常明淨中朕此故云淨月藏也 照一切

世間庄敷藏者自躰内明圓淨大矩尒尒殊流故日照一切世間也

淨目藏者自躰世間甬旱冒而常明淨中勝出故云淨目藏也 照一切

世間甬教藏者自躰内明圓淨大輻不炎殊流故曰照一切世間也

巧妙殊特故曰庭教也 德出生故曰庭教名為藏也 自躰目行名菩

薩也 解脫月菩薩者是解行終心菩薩未成實證是教所被

人請教之首故獨欅其名也 如是菩薩者第三大啟次明德

考之數无量者位窮有際也无邊者行周法界也阿僧祇者出於

顧限也不可思儀者明躰非分別離於分別也不可稱者輝无

量深重不可稱也可不量者廣大不可量也无有分齊者

淮可僧祇不可說者輝躰非分別非一之也不可說者輝離於分

別明非異也尋之未必尔如筆教廷阿僧祇品云尒時心王菩

薩高云何阿僧祇不可量无分齊无周遍不可數不可稱量不

可思儀不可說也仏菩心王菩薩言百千百千為一拘梨拘梨拘梨

為一不爰不二爰之名一那由也那之也由之也為一□藥羅□宋寀

阿婆羅乃至不可菜有一百重數然後至阿僧祇後復有廿四

重數此皆是諸仏菩薩法界行用法乃一行曠周豈可以此相

擇處於行數相也　若攘起相成義盡元傷也　故世尊為心王菩

薩以偈頌曰　　不可言說不可說　　不可言說諸劫中

說不可說不可盡　　此明自辯法門　　不可言說微塵中　各有眾

生不可說　　皆共讚嘆普賢德　　猶當不能令窮畫　　此明行用

惠偹法門　　於彼一一毛道中　　有不可說淨仏剎　以不可說

庄數俱　　庄數俱一一諸仏剎　　明理數緣起真性集用法門

於彼一一異色中　　放妙光明不可說　　於彼一一光明中

出寶蓮華不可說　　智惠法門　　於彼一一寶蓮華

巨行法門　　寶葉不可說　　於彼一一寶華葉　有微妙色不可說

全劉寶藏如須弥　清淨具足而莊嚴　於彼一一妙色中

一一須弥中　有不可說不可說　明功德法門　於彼一一梵音中

於彼一一異色中　放妙光明不可說　於彼一一光明中

出寶蓮華不可說　於彼一一寶蓮華

寶葉不可說　智惠法門　於彼一一寶蓮華

巨行法門　金剛寶藏如須彌　清淨具足而莊嚴　於彼一一梵音中

可說清淨輪　於彼一一法輪中　是不可說蒳發羅

一一須彌中　有不可說不可說　明切德法門　於彼一一

明真詮法門　此皆明法界行用差別之相上世尊以長行菩心王

菩薩樓徜對冶行集充緣故分數相差別故百千菩數也

下以偈菩樓目聯法界法門行用一廣大曠周法界故有不可之

說之菩堂可以名而俟之若依三教此菩薩數故若樓化教

直是其事无一可表彰也　若依行教菩是菩薩目聯法門法也

種之仏國上卉三種世俑葉故言種之也集故菩薩行俑圓德

相著故言集也　金剛藏菩薩而为上首者有二義一者位窮

下對惠菩大眾又約首四六者卷二　　金于惠苓

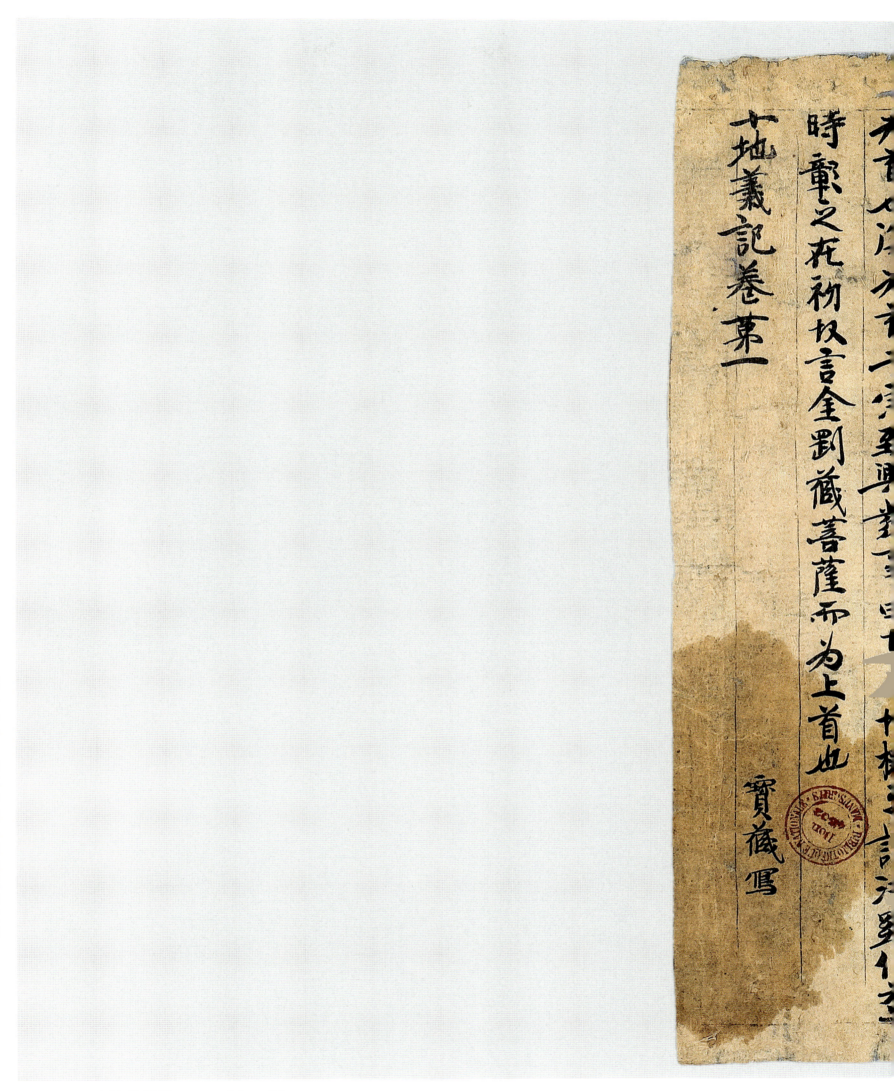

十地義記卷第一

時軍之在初以言金剛藏菩薩而為上首也

寶藏寫

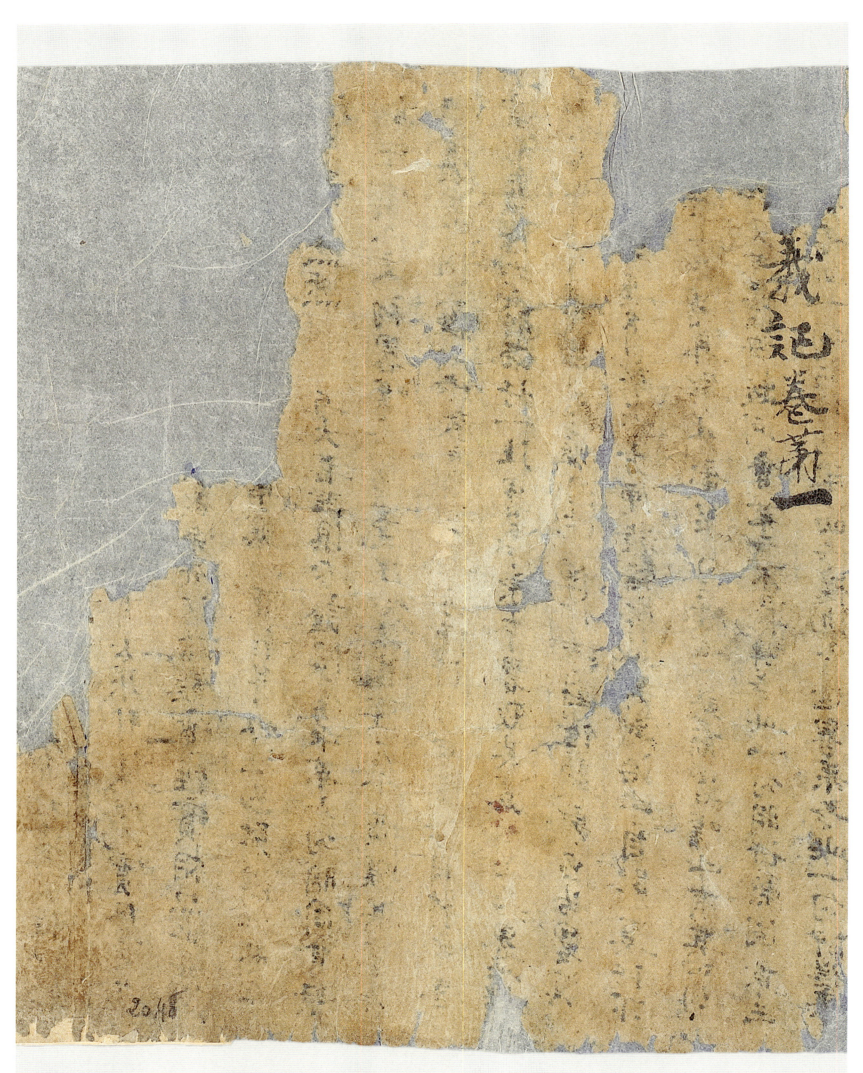

義記卷第一

P.2048v　　　十地義記卷一經題

Bibliothèque nationale de France

Pelliot chinois 2049

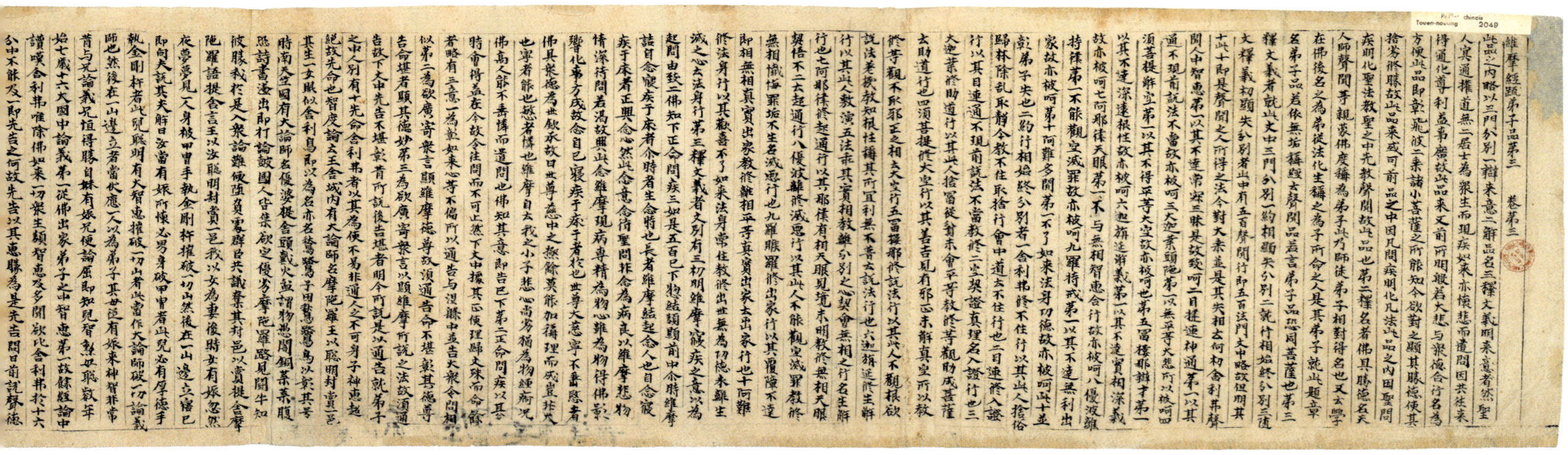

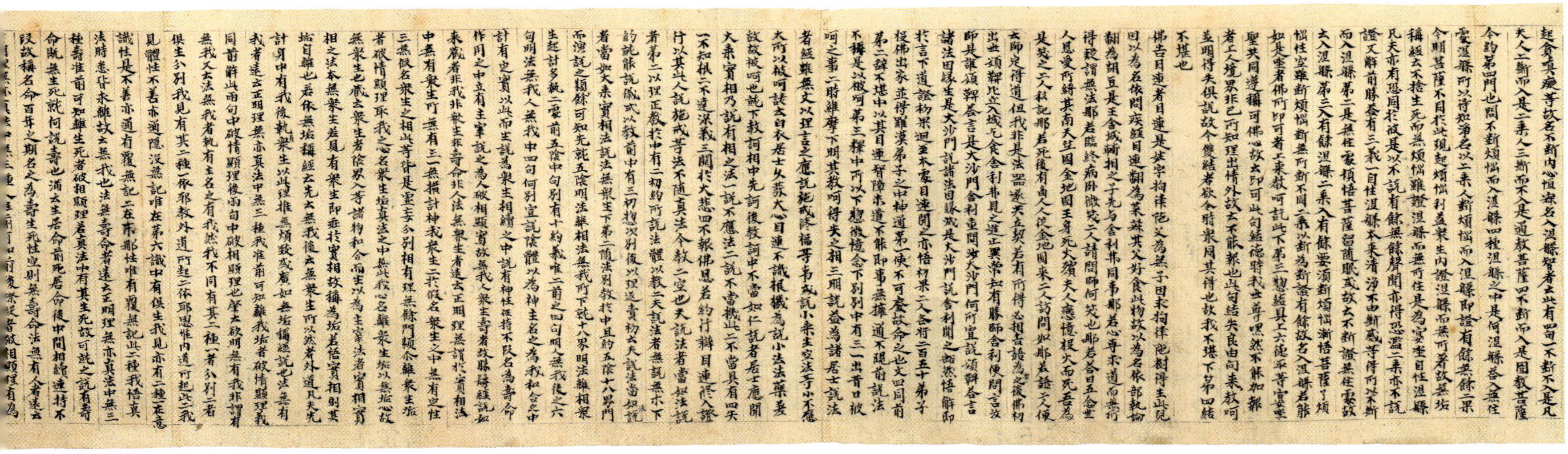

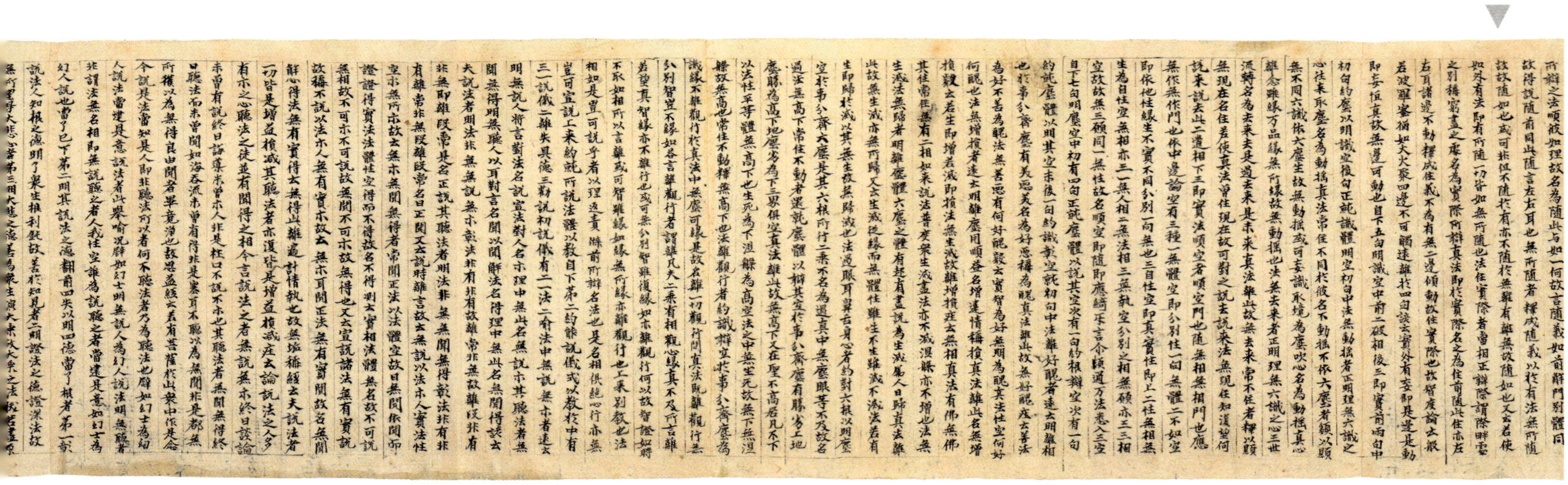

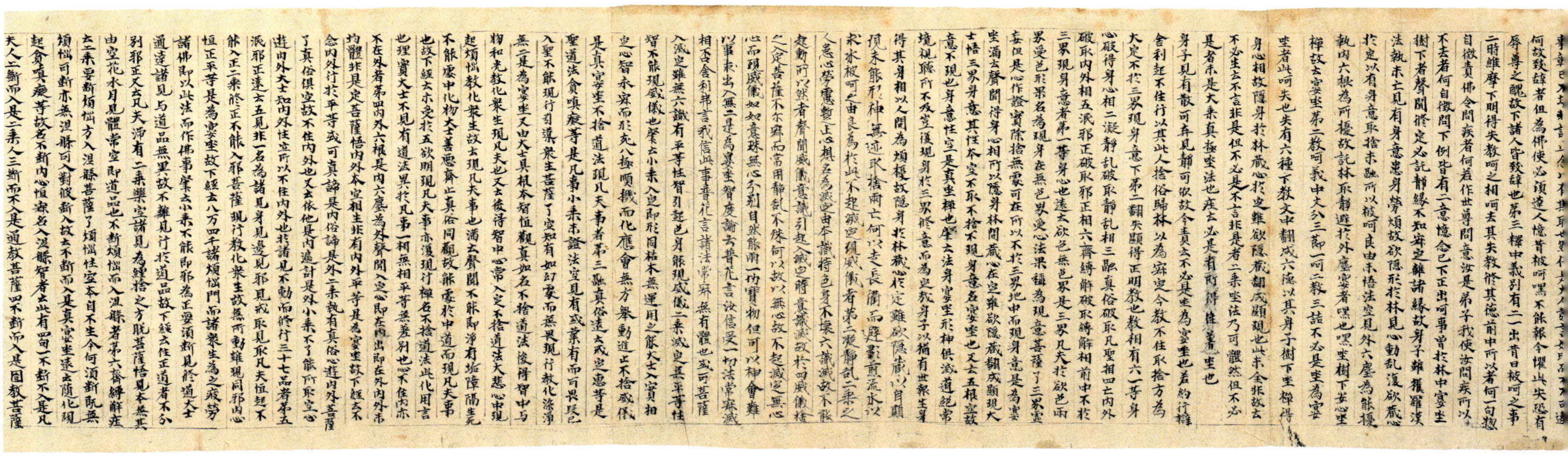

P.2049　　維摩經疏卷三（總圖）　　（一）

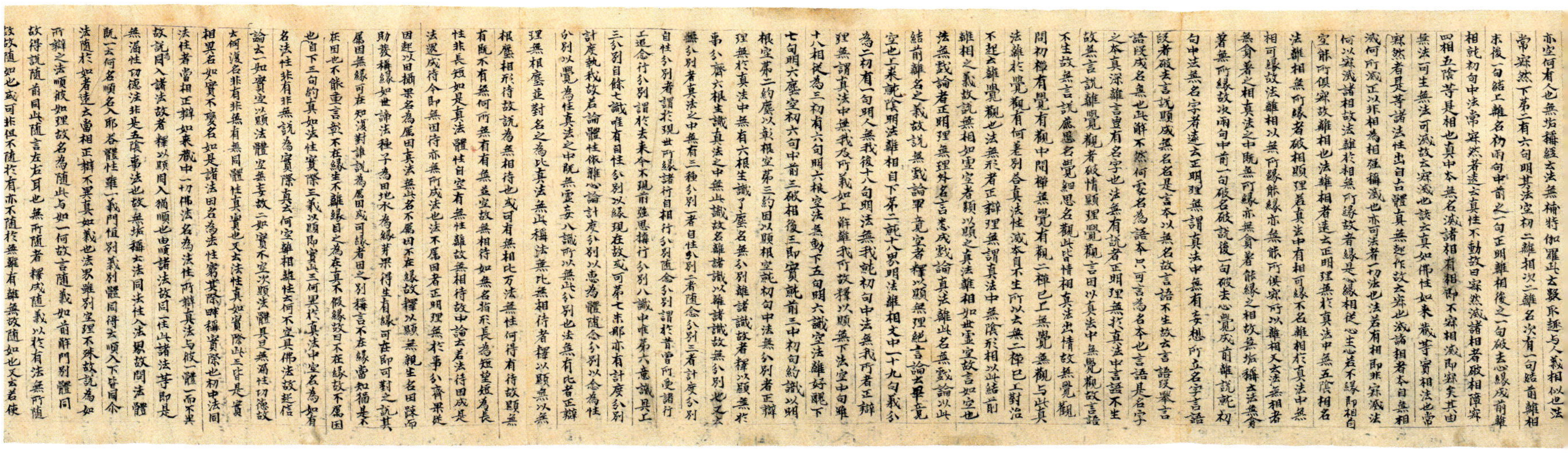

P.2049　　維摩經疏卷三（總圖）　　（二）

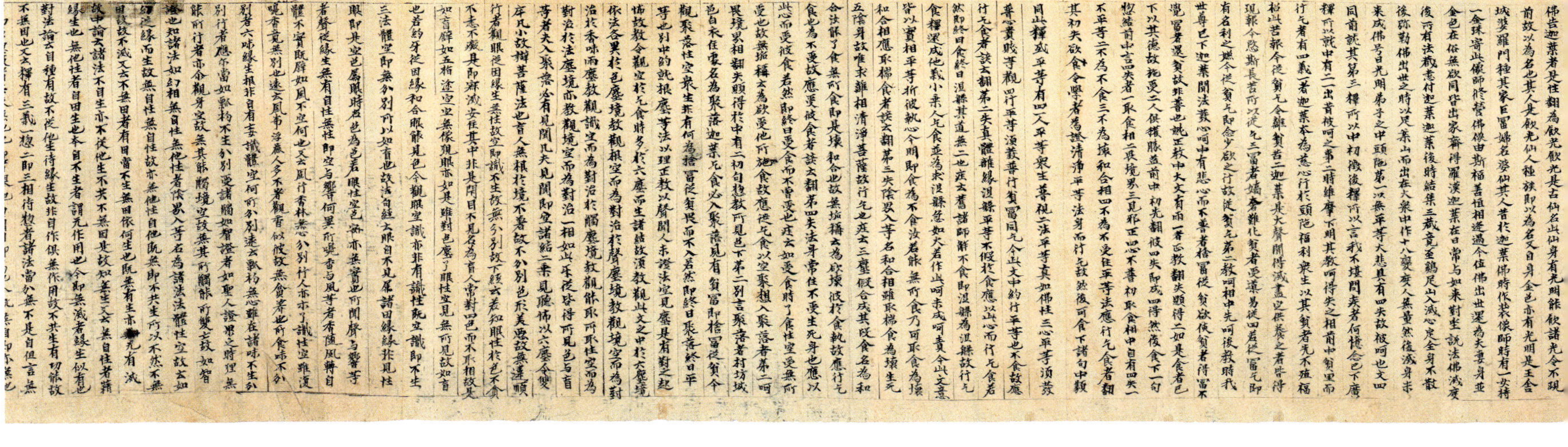

P.2049　　維摩經疏卷三（總圖）　　（三）

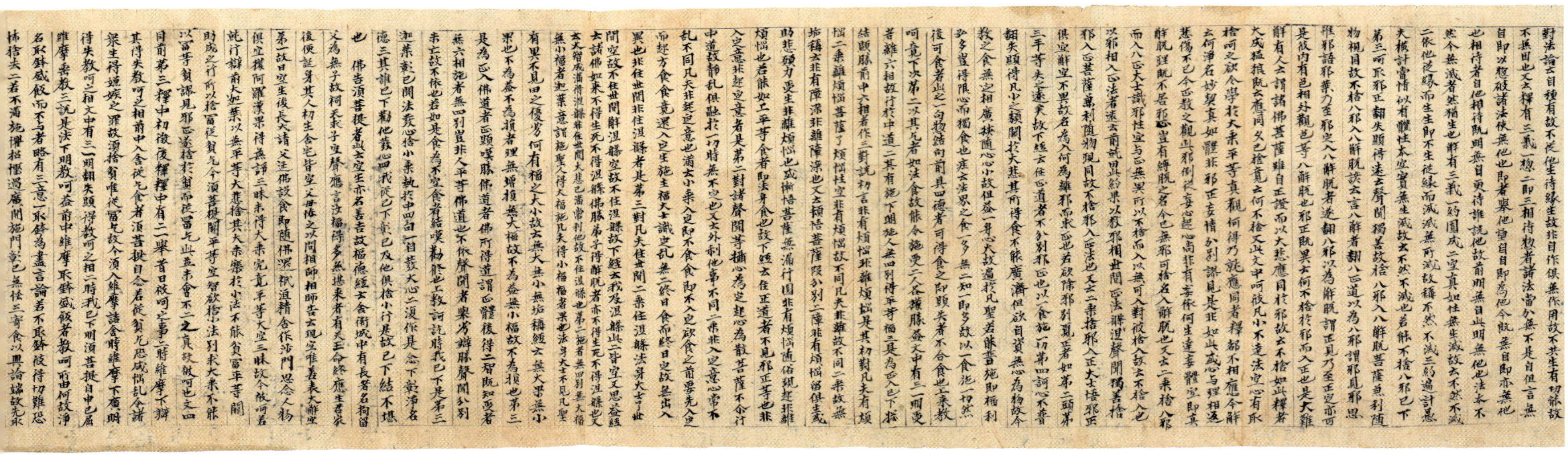

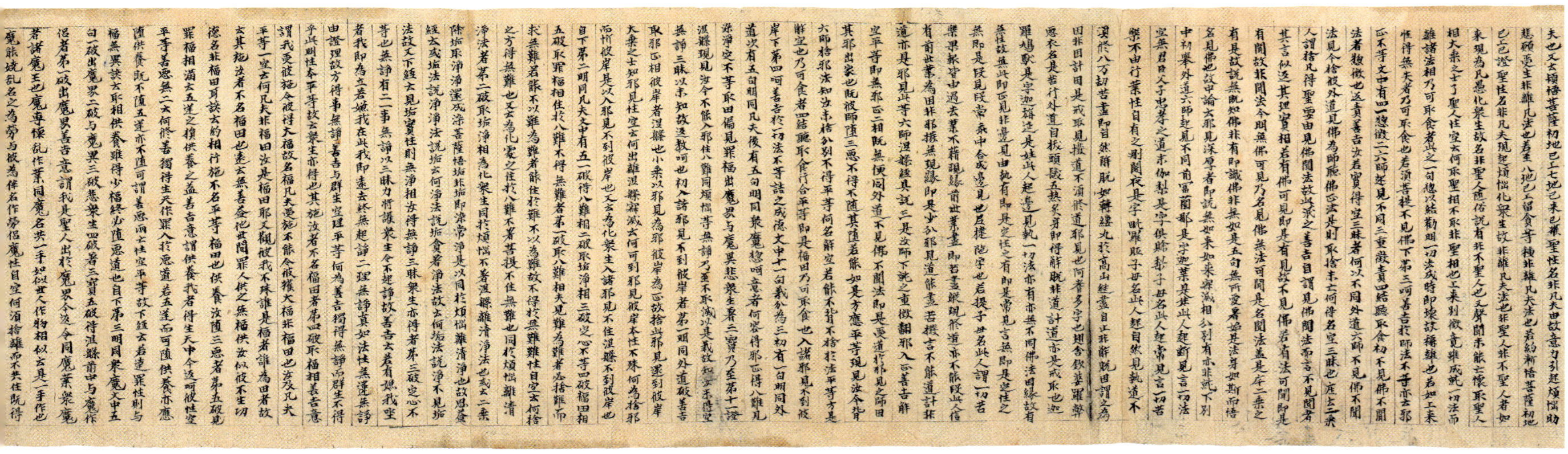

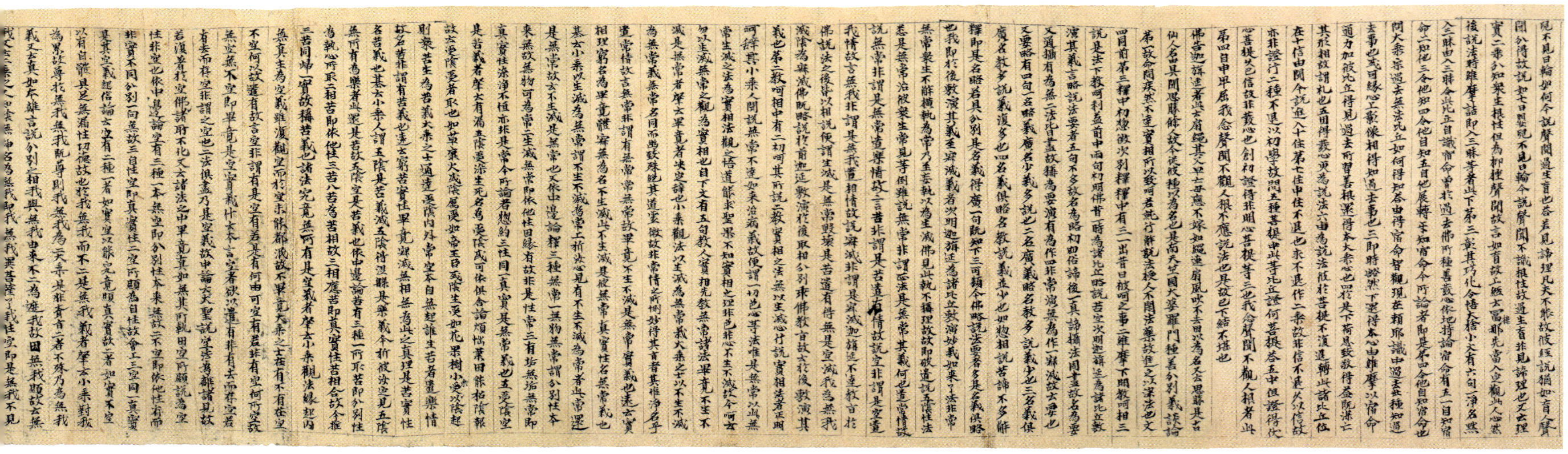

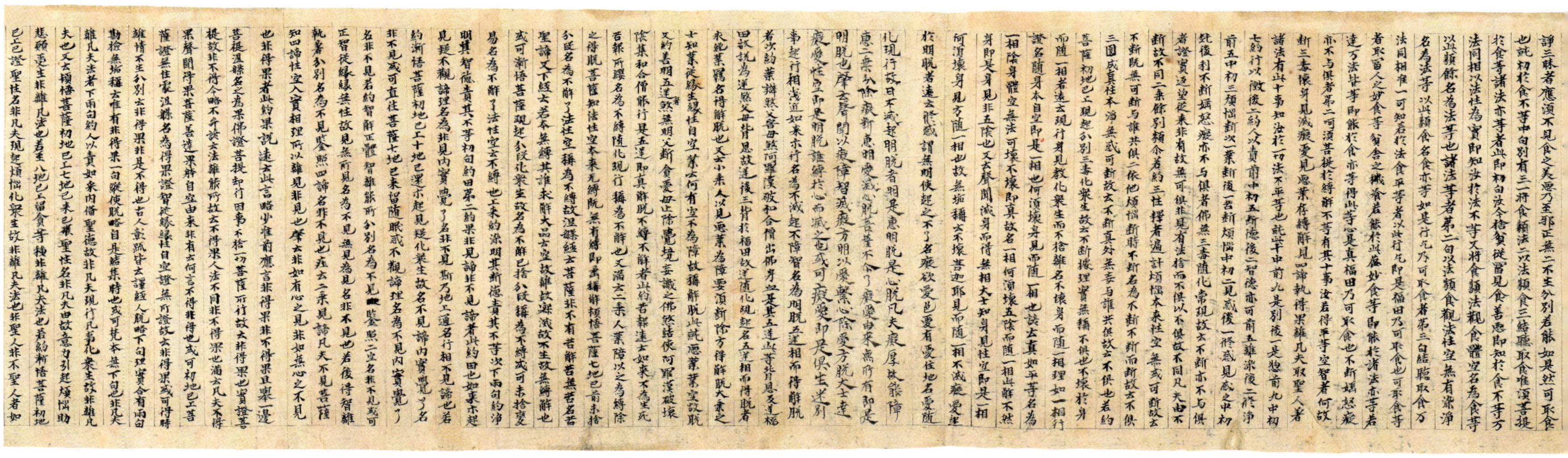

P.2049　　維摩經疏卷三（總圖）　　（四）

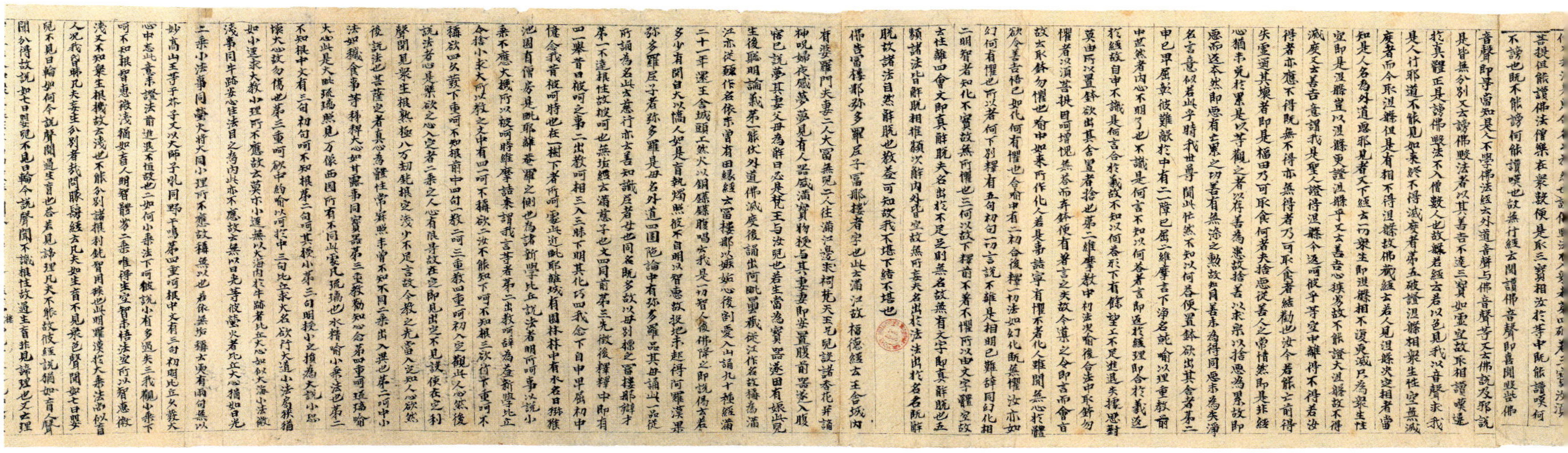

P.2049　　維摩經疏卷三（總圖）　　（五）

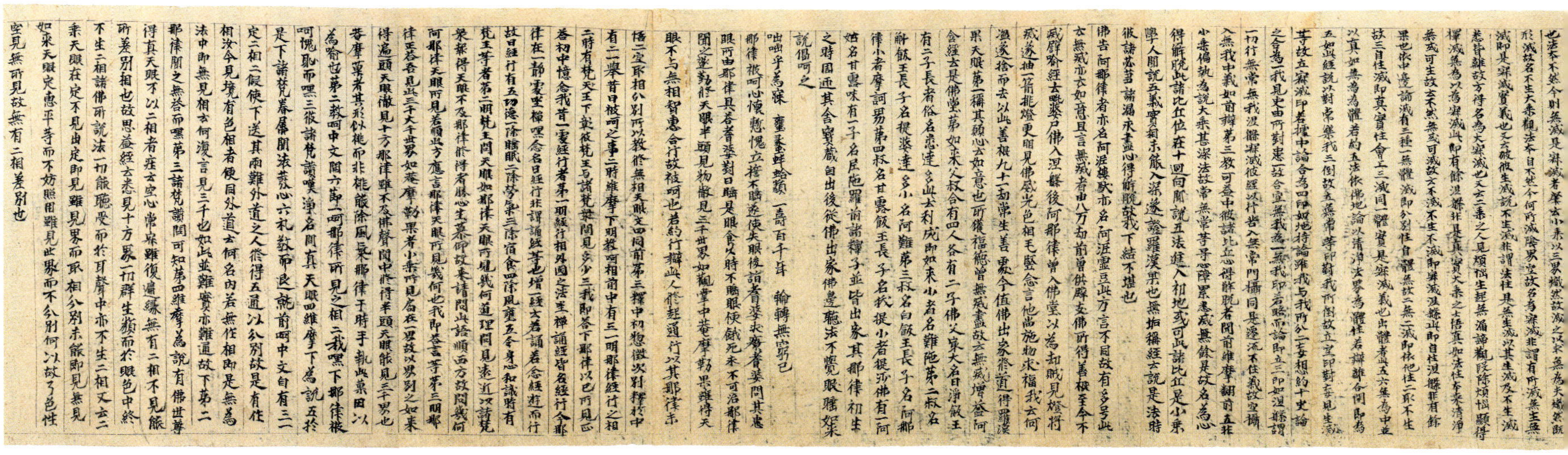

P.2049　　維摩經疏卷三（總圖）　　（六）

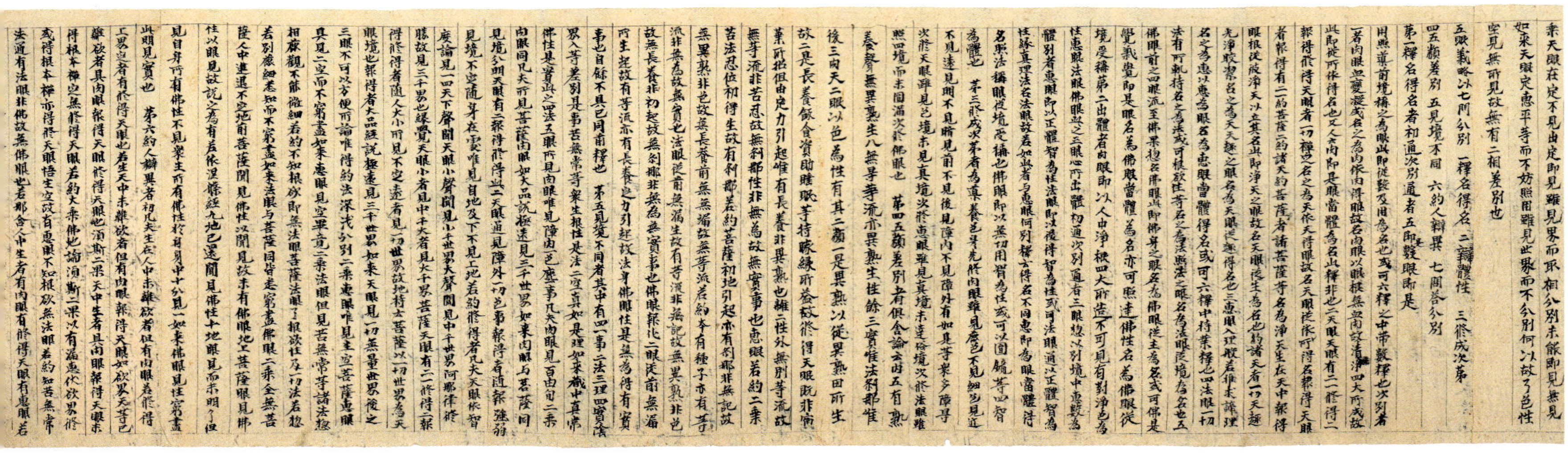

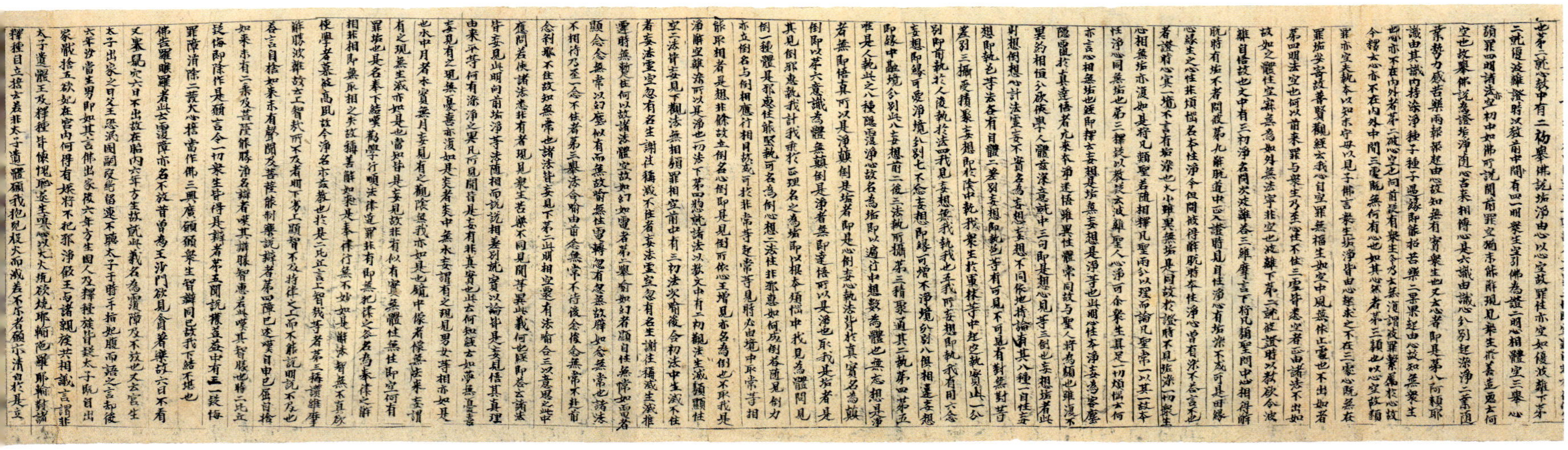

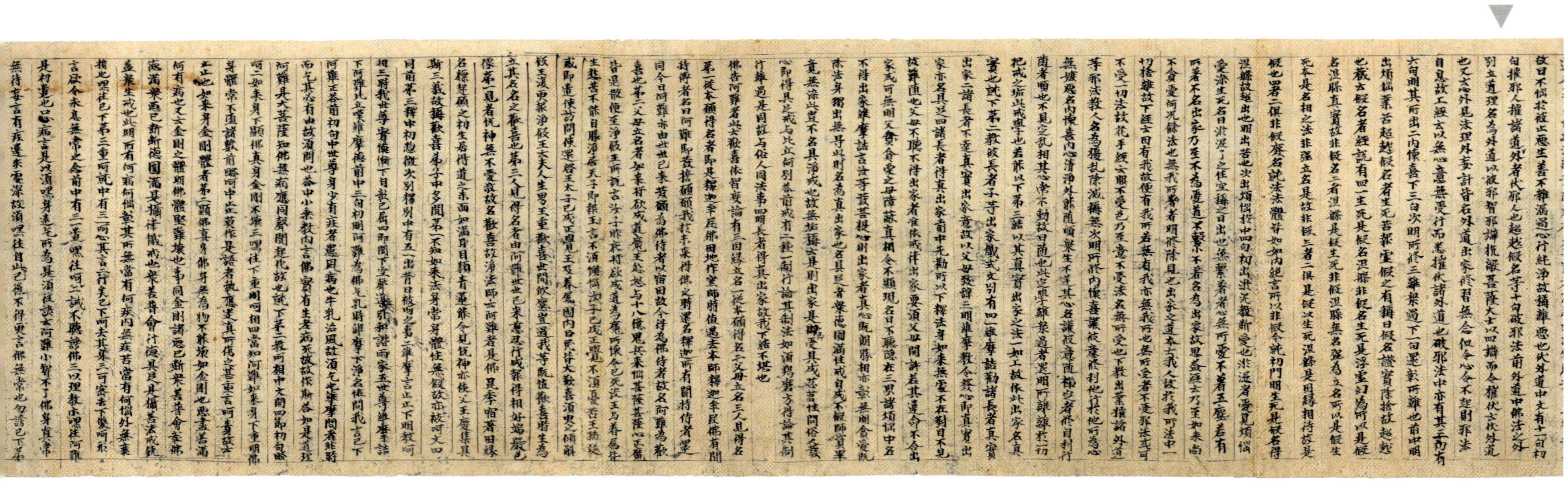

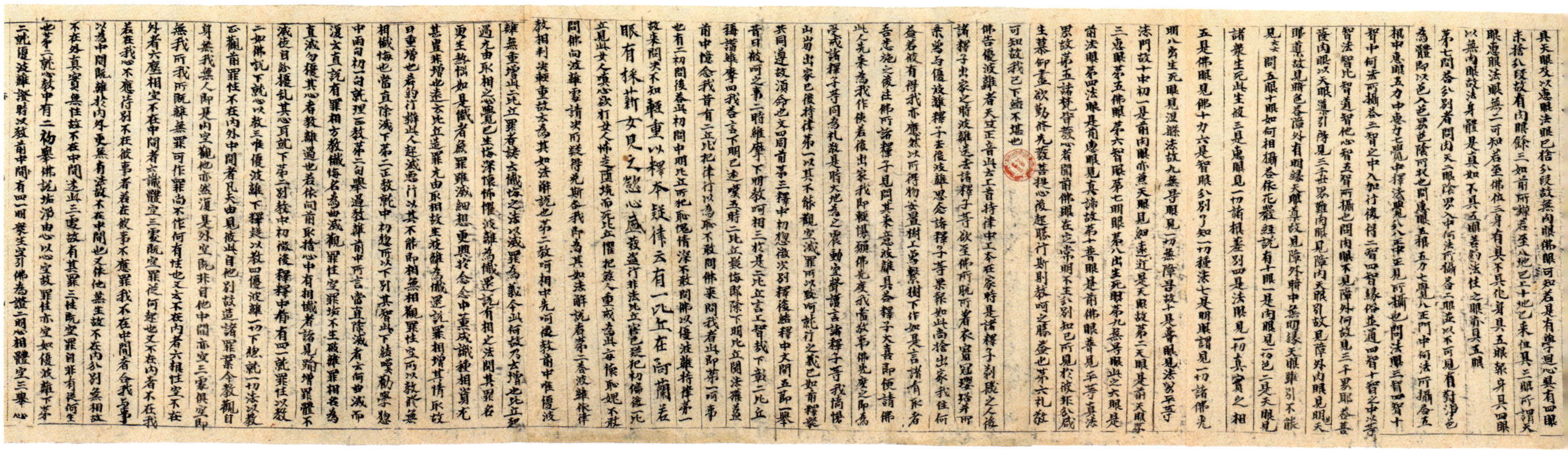

P.2049　　維摩經疏卷三（總圖）　　（七）

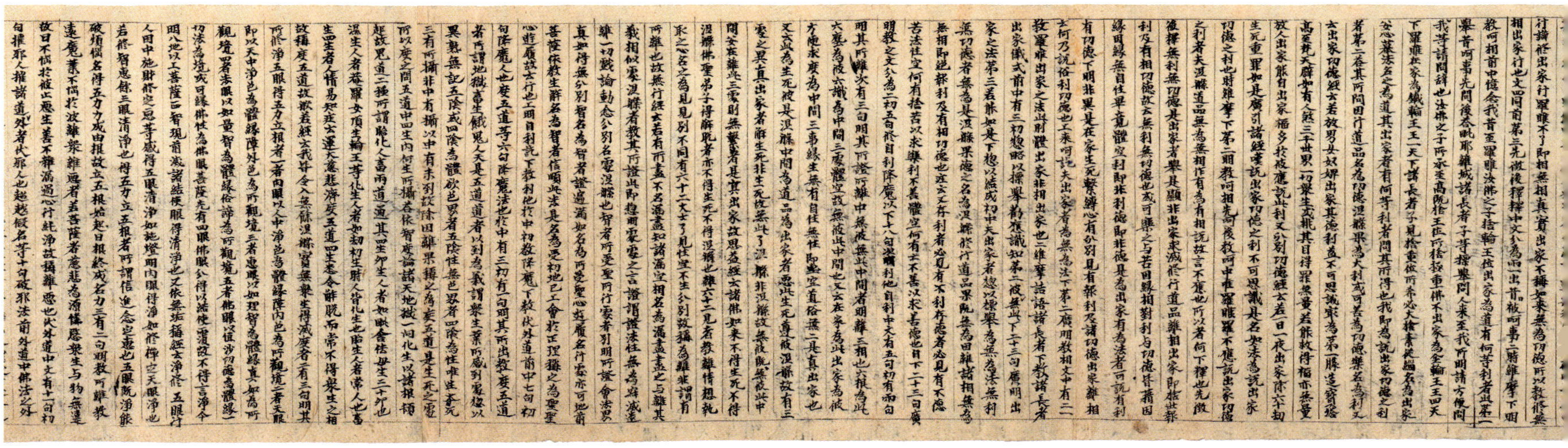

P.2049　　維摩經疏卷三（總圖）　　（八）

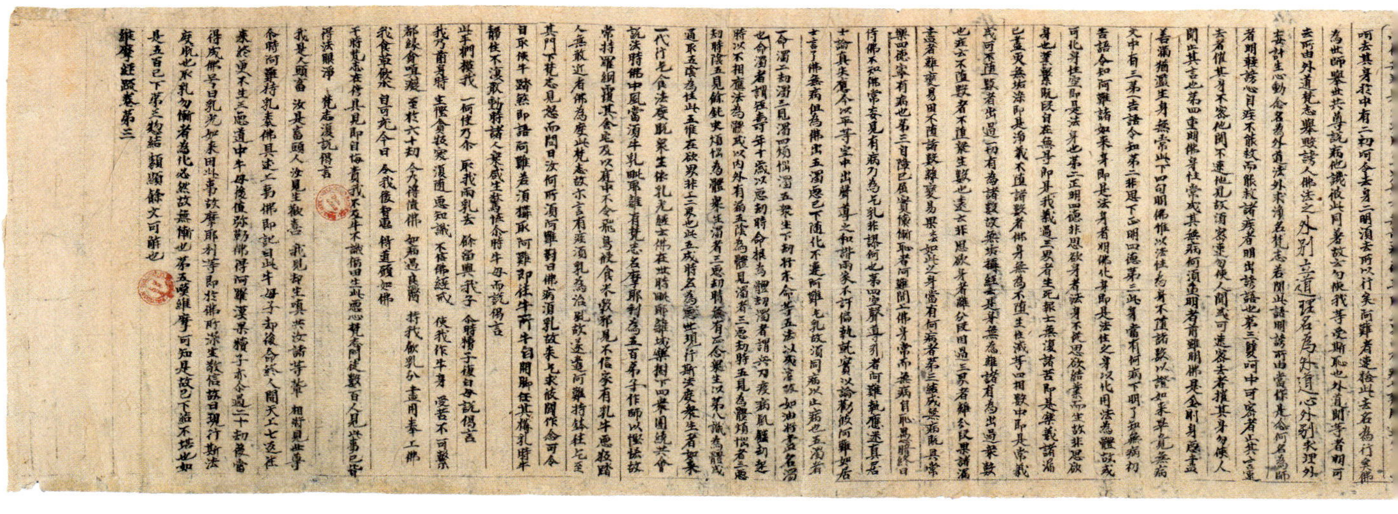

P.2049　　維摩經疏卷三（總圖）　　（九）

維摩經疏弟子品第三　卷第三

此品之內略以三門分別一辯來意二觧品名三釋文義明來意者然聖

人実通權道無二居士為衆生而現疾如来亦懷悲而遣問因共往来

得通化導利益事廣故此品来又前所明般若大悲与衆德合行名為

方便此品即章飛彼二乗諸小菩薩之所能知令欲對之顯其勝德使其

捨劣從勝故此品来或可前品之中因凡問疾明化凡法此品之內因聖問

疾明化聖法教聖之中先教聲聞故此品也第二釋名者佛具勝德名天

人師聲聞莘親蒙佛度稱為弟子此乃師徒弟子相對得名也又云學

在佛後名之為弟従法化生稱之為子所命之人是其弟子就此題章

名弟子品若依無垢稱經云聲聞品若言弟子品恐同菩薩世第三

釋文義者就此文中三門分別一約相顯失分別二就行相始終分別三隨

文釋義初顯失分別者此中有五百聲聞行即五百法門文中略故但明其

十此十即是聲聞之人所得之法令對大乗並是其失相去何初舍利弗聲

十即是聲聞之人所得之法今對大乗並是其尖相去何初舍利弗聲

聞人中智惠第一以其不達常寂三昧是故致呵二目揵連神通第一以其

通不現前說法不當故亦被呵三大迦葉頭陀第一以無平等大悲所以被呵四

湏菩提辯空第一以其不得平等大空故亦被呵也第五冨樓那辯才第一

以其不達深遠根性故亦被呵六迦旃延辯義第一以其不達實相深義

故亦被呵七阿那律天眼第一不与無相智惠合行故亦被呵八優波離

持律第一不能觀空滅罪故亦被呵九羅持戒第一以其不達無利出

家故亦被呵第十阿難多聞第一不了如来法身功德故亦被呵此十並

就弟子尖也二約行相始終分別者一舍利弗終不住行也二目連終入證俗

歸林除乱取靜令教不住取捨行會中道去不住行以其此人捨俗

行以其目連通不現前說法不當教終二空契證真理名入證行也三

大迦葉終助道行以其此人捨冨從貧未會平等教終菩提觀助成菩薩

玄助道行也四湏菩提終大空行以其善吉見有邪正未解真空所以教

終菩提觀不取邪正之相玄大空行五冨樓那終說法行以其此人不觀根欲

云助道行也四須菩提於大空行以其善吉見有邪正未解真空所以教
等觀不耽邪正之相去大空行五富樓那終說法行以其此人不觀根欲
說法差機教知根性稱其所宜利無不普去說法行也六迦旃延終生解
行以其此人敷演五法乖其實相教離分別之心契會無相之行名生解
行也七阿那律終趣通行以其那律有相天眼見境未明教終無相天眼
契悟不二去起通行八優波離終滅惡行以其此人不能觀空滅罪教終
無相懺悔罪垢不生名滅惡行也九羅睺羅終出家行以其覆障不達
即相無相真實出家教終離相平等真實出家去出家行也十阿難
終法身行以其歡喜不了如來法身常住教終出世無為功德未離生
滅之心去法身行第三釋文義者文別有三初明維摩寢疾之意以為
起問由致二佛知下正命問疾三如是五百已下惣結類顯前中尓時維摩
詰自念寢疾于床者尓時者生念時也長者維摩結起念人也自念寢
疾于床者正興念心然此念意念待聖問非念為病良以維摩悲物
情深待問若渴故興此念維摩現病專精為物心雖為物得佛影

疾于床者正與念心忽此念意念意待聖問非念為為疾良以維摩悲物
情深待問若渴故興此念維摩現病專精為物心雖為物得佛影
響化事方成故念自已寢疾于床者於也世尊大慈寧不垂愍者
佛具眾德為世欲承故曰世尊慈中之熱餘莫能加稱理而成豈非大
也寧者能也愍者憐也維摩自去我之小子悲心尚劣猶為物經病況
佛高人能不垂憐而遣問也佛知其意即告已下第二正命問疾以其
特會得益在今故令往問而不可止然下文中擬其正使理歸文殊而命餘
者略有三意一為彰如來心苫不偏所以通告与涅縣中益告大眾令問相
似第二為欲廣寄眾言顯維摩德尊故須通告命不堪彰其德尊
告命堪者顯其德妙第三為欲廣寄眾言以顯維摩所說之法故須通
告故下文中先告不堪彰苫所說後告堪者明今所說是以通告就弟子
之中个別有十先命舍利弗者以其為使不易非通人之不可身子神惠超
絕故先命也智度論六王舍城内有大論師名摩陀羅王以聰明封賞一邑
其生一女眼似舍利鳥即以為名亦名鶖鷺子因鶖愍鷺鳥以彰其号
時南天竺國有大論師名優婆提舍頭戴火盆謂物愚闇銅葉葉腹

其生一女眼似舍利鳥即以為名亦名鶖鷺子因鶖鷺鳥以竟其号

時南天竺國有大論師名優婆提舍頭戴火盆謂物愚闇銅葉裹腹

恐詩書溢出即打論鼓國人皆集欲定優劣摩陁羅路見聞牛知

彼朕我於是入衆論難便墮負霧群臣共議奪其封邑以賞提舍摩

陁羅語提舍言王以汝聦明封賞一邑我以女為妻後時女有娠忽然

夜夢夢見天身被甲曹手執金剛杵攞破一切山然後在一山邊立竆巴

即向夫説其夫解曰汝當有娠所懷必男身破甲曹者此兒必有厚德手

執金剛杵者此兒聦明有大智惠攞破一切山者此當作大論師破一切論義

師也然後在一山邊立者當狀應一人汝為弟子其母復有娠來神智非常

首与兄論義兄恒得勝自妹有娠兄便論屈即知兒智勲母聦歇年

始七歲十六大國中論義第一從佛出家弟子之中智惠第一故餘經論中

讚嘆舍利弗唯除佛如來一切衆生類智惠及多聞欲比舍利弗於十六

分中不能及一即先告之何故先告以其惠勝為是先告問曰前説聲德

劣故佛先告舍利旣是弟子中勝何故先告辭去舍利惠行雖工餘行少

也文導先告若此者徐之九人惠有優劣亦應先告如此論盡里卽不

分中不能盡一良先告以其惠聰聰慈是先告智曰前諸聲德

岁故佛先告舍利既是弟子中勝何故先告辭去舍利惠行難工餘行岁

他故得先告若如此者餘之九人德有優岁亦應先告如此論量理即不

通但是大聖藥別多方應告即告何有先後文中有四一命問疾二聲不堪

三釋所以四結不堪下文例不勑命可知第二聲不堪者皆舉往昔屈辱之

事彰已不堪非謂此念以有斯恥也然佛是大人豈言如即而不達

何故致辭者但為佛使必須達人憶昔被呵嘿不能報今懼此失恐有

辱尊之醜故下諸人皆致辭也第三釋中義別有二一出昔日被呵之事

二時維摩下明得失教呵之相呵去其失教於其德前中所以者何一句總

目徵責佛令問疾者何若作世尊問意汝是弟子我使汝問疾所以

不去者何自徵問下例皆有二意憶念已下正出呵事曾於林中宴坐

樹下者聲聞修定必託靜緣不知宴空離諸緣故身子雖獲羅漢心

法執未亡見有身意勞煩故欲隱形於林見心動乱復欲藏

於定以有身意取捨末融所以被呵良由末悟法空見外六塵為能擾

執内六根為所擾故託林耶靜避於外塵宴者嘿也嘿坐樹下安心坐

於定以有身意取捨未融所以被呵良由未悟法空見外六塵為能擾

執内六根為所擾故託林耶靜避於外塵宴坐者嘿也嘿坐樹下安心坐

禪故去宴坐第二教呵義中大分三節一呵二教三詰不必是坐為宴

坐者此呵失也失有六種下教文中翻成六德以其身子樹下坐禪得

身心相故隱身於林藏心於定雖欲隱藏翻成顯現也此末全非故去

不必生去不言非是但不必是不言非是者二乘坐法乃可體然但不必

是者未是大乘真極坐法也庄去必是有所得佳著坐也

身子見有散可弃見靜可欲故令吉去不必是坐為宴坐也若約行辤

舍利起不住行以其此人捨俗歸林以為宴定今教不住取捨方為

大定不於三界現身意下第二翻失顯得正明教也教相有六一等身

心破得身心相二凝靜乱破取靜乱相三融真俗破取凡聖相四亡内外

破取内外相五泯邪正破取邪正相六齊縛解破取縛解相前中不於

三界現身意者第一等身心也遠去欲色無色界是三界凡夫於欲色兩

界受芭形果名為現身在無色界受心法果福為現意菩薩了三界靈

三界現身意者第一苾身心也遠去欲色無色界是三界凡夫於欲色兩
界受苾形果名為現身在無色界受心法果稱為現意菩薩以三界靈
妄但是心作證實除捨無憂可在所以不於三界地中而現身意是為實
坐滿去聲聞得身心相所以隱身林間藏心在定雖欲隱藏顯現大
士悟三界身意其性本空不取不捨不現身意名宴坐也又云五根空故
意不現也身意性空二是真坐禪也摩云法身宴坐形神俱滅道絕常
境視聽所不及豈復現身於三界修意而為此教身子以猶有世報生身
得其身相以人間為煩惱故隱身於林藏心於定難欲隱藏以自顯
現未能形神無迹取捨兩亡何以支長衞而避影煎流水以
求冰被呵之由長為於此不起滅豈須威儀者第二獎靜亂二乘之
人慈心勞慮輕上心想名為滅定由本識持色身不壞六識滅故不能
起動所以然者聲聞威儀意識引起入滅之時意意識滅故於四威儀捨
之定菩薩不尒而常用靜亂不殊何以故以無心故不起滅定無
心而現威儀如如意珠無心分別目然能兩一切寶物但可以神會難
以事求出入無二足為宴坐智度論云普花言汝信受一切法常寂滅

心而現威儀如如意珠無心分別目然能雨一切寶物但可以神會難

以事末出入無二是為宴坐智度論云普花言諸法常寂滅

相否舍利弗言我信此事普花言諸法常寂無有體也或可菩薩

入滅定雖無六識有平等性智引起也身能現威儀二乘滅定無平等性

智不能現威儀也摩云小乘入定即形同枯木無運用之能大士入實相

定心智永寂而形宛八極順機而化應會無方舉動進止不捨威儀

是真宴坐不捨道法現凡夫事者第三融真俗遠去戒定惠等是

聖道法貪嗔癡等是凡事小乘未證法空見有或業有而可畏斷已

入聖不能現行引導眾生菩薩了空知有如幻妄而無畏現行教化染淨

無二是為宴坐又由大士具根本智恆觀真如名不捨道法後得智中與

物和光教化眾生現凡夫也又去後得智中心常入定不捨道法大悲心中現

起煩惱教化眾生故去現凡夫事也滿去聲聞不能即淨有垢障隔生死

不能處中化物大士善惡齊止真俗同觀故能處於中道而現凡夫事

也故下經去示受於五欲明現凡夫事亦復現行禪名不捨道法此化用言

不能處中化物大士善惡齊止真俗同觀故能處於中道而現凡夫事

也故下經云示受於五欲明現凡夫事亦復現行禪名不捨道法此化用言

也理實大士不見有道法異於凡事一相無相平等無差別也心不住內亦

不在外者第四外六根是內六塵為外聲聞入空即在內出即在外內亦

念內外行於平等武可真諦是內俗諦是外二乘執有真俗心遊內外菩薩

均體非是定菩薩悟內外本空相生非有內外平等是為宴坐故下經云不

了真俗俱空故不住內外也又云依他是內遍計是外小乘不了能所取空心

遊內外大士知內外性空所以不住內外也於諸見不動而修行三十七品者第五

泯邪正遠云五見非一名為諸見身見邊見邪見戒取見取凡夫恒起不

能入正二乘於正不能入邪菩薩現行教化眾生故無所動雖現同邪內心

恒正平等是為宴坐故下經云八万四千諸煩惱門而諸眾生為之疲勞

諸佛即以此法而作佛事云小乘不能即邪為正要須斷見終道大士

通達諸見与道品無異故不離見行於道品故下經云住正道者不分

別邪正又云凡夫滯有二乘樂空諸見為經捨之方脫菩薩悟見本無其

由空花水月見體常空即道品也不斷煩惱而入涅槃者第六齊縛解疾

第一一册 伯二〇四八至伯二〇五〇

別邪正又云凡夫滯有二乘樂空諸見為經捨之方脫菩薩悟見本無其

由空花水月見體常空即道品也不斷煩惱而入涅槃者第六齊縛解疵

去二乘要斷煩惱方入涅槃菩薩了煩惱性空本自不生今何須斷既無

煩惱可斷亦無涅槃可入對彼斷入故去不斷而入是真宴坐遠云隨化現

起貪真瘿芽故名不斷內心恒寂寂名入涅槃智者云此有罰一不斷不入是凡

夫人二斷而入是二乘人三斷而不入是通教菩薩四不斷而入是圓教菩薩

今約第四門也問不斷煩惱而入涅槃四種涅槃之中是何涅槃荅入無住

霧涅槃所以得知淨名以二乘人斷煩惱而入涅槃即證有餘無餘二果

今明菩薩不同於此現起煩惱利益眾生內證涅槃而無所住是為宴坐自性涅槃

稱經云不捨生死而無煩惱雖證涅槃而無所住是為宴坐自性涅槃

凡夫亦有恐同於彼是以不說有餘無餘聲聞亦得恐濫二乘亦不說

證又解前勝益有三義一自性涅槃本來清淨不由斷惑芽得所以不斷

而入涅槃第二是無住處煩悟菩薩留隨眠惑故去不斷證無住處故

六入涅槃第三入有餘涅槃二乘入有餘要須斷煩惱漸悟菩薩了煩

六入涅槃縣弟三入有餘涅槃縣二乘入有餘要須斷煩惱漸悟菩薩了煩

惱性空雖斷斷煩惱斷無所斷不同二乘以斷為斷證有餘故名入涅槃若能

如是坐者佛所印可者二乘教呵訶此下弟二惣結具上六德平等宴坐

聖凡同遵稱可佛心故云印可此句結德時我业尊嘿然不能加報

者上人境界非已所知理出情外故云不能報也此句結失良由問来教呵

益明得失俱說故今雙結者欲令時衆同其得也故我不堪下弟四結

不堪也

佛告目連者目連是姓字拘律陀父為無子困求拘律陀樹得生此兒

因以為名依問疾經目連翻為菜蔬其父好食此物故以為名依部執論

翻為胡豆是王舍城輔相之子先与舍利弗同事那若心専求道而無所

得歎謂無法那若臨終病卧微笑二人請問師何笑也那若荅曰五念世

人恩愛所縛其南天竺國金地國王身死火殯夫人憐憶投火而死吾為

是笑之二人私記那若死後有商人人従金地國来二人訪問如那若語二人便

去師定得道但我非是法器遂失立契若有所得必相告語為之後佛初

出世頌鞞比立入城乞食舍利弗見之進止異常知有勝師舍利便問言汝

去師定得道但我非是法器遂共立契若有所得必相吉語為之後佛初

出世頌辭辯比立入城乞食舍利弗見之進止異常知有勝師舍利便問言發

師是誰頌辭答言是大沙門說諸法因緣沙大沙門何所宣說頌辭答言

諸法因緣生是大沙門說諸法因緣滅是大沙門說舍利聞之廓然悟解即

於言下道證初果迴至本眾目連聞之亦悟初果二人各將二百五十弟子

投佛出家並得羅漢弟子之中神通第一侠不可廢故命之也文四同前

第二辭不堪中以其目連智障未遣不能即事無擁通不現前說法

不稱是以被呵第三輝中所以下惣徵憶念下別中有三一出昔日被

呵之事二時維摩下明其教呵得失之相三朗說益為諸居士說法

者經雖無文以理言之應說施戒修福等事或說小乘生空法苐小不應

大所以被呵護六百衣居士久苾大心目連不識根機為說小法法藥差

故故被呵也就下教呵訶中不當如仁說者居士應開

大乘實相乃說有相之法一說不應法二說不當機此二不當具有四失

一不知根二不達深義三關於大悲四不報佛恩若約行辯目連終入證

行以其此人說施戒苄法不隨真法令教二空已天說法者當如法說

一不知根二不達深義三闕於大悲四不報佛恩若約行辯目連修入證
行以其此人說施戒等法不隨真法令教二空也夫說法者當如法說
第二以理正教於中有二初約所說法體以教二夫說法者無說無示下
約既能說儀式以教前中有三初惣次責後以理返責初云夫說法當如說（法）
者當如大乘實相法說法無眾生下第二隨法別教於中且約五陰十八界門
而渾說之類餘可知先就五陰明法離相法無我所下就十八界明法離相眾
生起計多執二憂前五陰中句別有十約義唯二前之四句明人無我後之六
句明法無我人無我中四句何別宣說陰體以為神主之為我和合之中
計有定實以此而生說為眾生相續之中說有神性任持不段名為壽命
作用之中立有主宰說之為人破相顯賓故無我人眾生壽者故勝鬘經說如
來藏者非我非眾生非壽命非人法無眾生者遠去正明理無謂於實相法
中無有眾生所無有三一無橫計神我眾生二於假名眾生之中無有定性
三無假名眾生之相此等皆是虛妄分別相有理無餘門類不離眾生垢
者破情顯理取我之心名眾生垢真法之中無此我心名離眾生垢以無垢心故

第一一册　伯二〇四八至伯二〇五〇

三無假名衆生之相此等皆是虛妄分別相有理無餘門類不離衆生垢

者破情顯理取我之心名衆生垢真法之中無此我心名離衆生垢以無垢心故

無衆生也藏云衆生者陰界入等諸物和合而生以為主宰法者實實相實

相之法本無衆生若見有衆生即乖於實相故稱為垢若悟實相即其

垢目離也若依無垢稱經云先去無我後云無衆生所以然者外道凡夫先

計身中有我後執衆生以此理推無煩致或廣如無垢稱經說也法無有

我者遠云正明理無我亦真法中無三種我准前可知離我垢者破情顯理義

同前解此兩句中破情顯理後兩句中破相顯理也肇去欲明無有我非謂有

無我又去法無我者執有主名之有我然我不同有其二種一者分別二者

俱生分別我見有其二種一依邪教外道所起二依耶思惟内道所起此二我

見體性不善亦通隱沒無記唯在第六識中有俱生我見亦有二種一在意

識性是不善亦通有覆無記二在末那性唯有覆無記此二種我悟真

法時悉皆永離故云無我也法無壽命者遠云正明理無我亦真法中無三

種壽准前可知離生死者破相顯理若真法中有其生死故可就之說有壽

種壽准前可知離生死者破相顯理若真法中有其生死故可就之説有壽

命既無生死就何説壽也滿云生居命前死居命後中間相續連一持不

段故稱名命百年之期名之為壽生死性空則無有壽命法無有人者遠云

正明理無亦真法中無三種人准前可知後際段者破相顯理有為

之法前後相起前為前際後為後際著真法中有此二際則可就之汉説

於人真中無此就何説人於情為有於理實無翻情顯理故稱為段非有所

除也釋論云不忍作惡行人法故名之為人行因得果往來生死無朽滅故

外道謂之為常前除既段無人造因後際亦段無人受果前後既段中間

亦空何有人也無垢稱經云法無補特伽羅此云數取趣与人戴相似也法

常寂然下第二有六句明其法空初二離一相次二離名次有一句結前離相

末後一句結上離名初兩句中前之一句正明離後之一句破去心緣成前離

相就初句中法常寂然著遠云真性不動故曰寂然滅諸相者破相障寂

四相五陰等是相也真中本無名滅諸相即寂滅諸相滅即寂其由

無法一可生無法可滅故去寂滅也談云真如佛性如來藏等實相法也常

四相五陰等是相也真中本無名滅諸相有相即不寂相滅即寂矣其由

無法可生無法可滅故云寂滅也談云真如佛性如來藏等實相法也常

寂然者是等諸法性出自古體真無起作故去寂滅諸相者本自無相

滅何所滅正以非相為相強稱滅也亦可法者一切法也若有相即非寂滅法

何以寂滅諸相故法離於相無所緣故者緣是心緣相從心生心若不緣即相自

空能所俱寂故離相也法離相者遠云正明理無於真法中無五陰相名

法離相故法離相以無所緣能緣亦無所俱寂所以離相又云法無相者

相可緣故者破相顯理若真法中有相可緣不名離相於真法中無

無貪著之相真法之中既無所緣亦無貪著能緣之相故無垢稱云法無貪

著無所緣故次兩句中前一句破名破說後一句破去心覺成前離說就初

句中法無名字者遠云正明理無謂真法中無有妄想所立名字言語

叚者破去言說顯成無名是言本以無名故言語不生故去言語叚舉言

語叚成名也此解不然何棄名為語本只可言為名本也言語是名字

之本真深離言豈有名字也法無有說者正明理無於真法中言語不生

之本真深離言豈有名字也法無有說者正明理無於真法中言語不生

故益言說離覺觀者破情顯理覺觀言困以真法中無覺觀故言語

不生故無言說慮思名覺細思名觀此皆情相對真法此情故無覺觀

法離於覺觀有何差別答真法性滅本身不生所以云無二禪已上對治

問初禪有覺有觀中間禪無覺有觀二禪已上無覺無觀与此真

不起云離覺觀也法無形者正辯理無謂真法中無陰形相以此結前

離相之義故說無相如虛空者顯之真法離相如世虛空故言如空也

法無戲論者正明理無理外名言悉戒戲論真法離相此名無戲論以此

結前離名之義故說無戲論畢竟空者釋以顯無理絕言論云畢竟

空也上來就陰明法離相目下第二就十八界明法離相文中一十九句義分

為二初有一句明人無我後十八句明法無我就初句中法無我所者正辯

理無謂真法中無我及所義如上解離我所故釋以顯無下法空中句雖

十八相從為三初有六句明六根空法無動下五句明六識空法離好醜下

七句明六塵空初六句中前三破相後三即實就前三中初句約識以明

十八相從為三初有六句明六根空法無動下五句明六識空法離好醜下
七句明六塵空初六句中前三破相後三即實就前三中初句約識以明
根空第二約塵以章根空第三約因以顯根空就初句中法無分別者正辯
理無於真法中無有六根生識了塵名無分別離諸識故者釋以顯無於
事分齊六根生識真法之中無此識故名離諸識以離諸識故無分別也又云
無分別者真法之中無有三種分別一者自性分別二者隨念分別三者計度分別
自性分別者謂於現世所緣諸行自相行分別隨念分別謂於昔曾所受諸行
上追念行分別謂於去來今未現前強思攝行分別八識中唯第六意識其上
三分別自餘七識唯有自性分別以緣現在故或可第七末那亦有計度分別
計度執栽故若論體性依雜心論計度分別以惠為體隨念分別以念為性
分別以覺為性真法之中既無靈妄八識所以無此分別也法無有此者正辯
理無根塵並對名之為此真法無此稱法無此無相待者釋以顯無以無
根塵相形待故說為無相待也或可有無相比萬法無性何得有待故顯益
有既不有無何所無有有無並空故無相待如無名指形長為短望短為長

有既不有無何所無益空故無相待如無名指形長為短望短為長

性非長短如是真法體性自空有無性離故無相待故中論云若法待因成是

法還成待今即無因待亦無所成法也法不屬因者正明理無於事分齊果從

因起以田攝果名為屬因真法無此名不屬因不在緣故釋以顯無親生名田疎而

助發稱緣如世諦法種子為田地水為緣芽果得生有緣可在即可對之說其

屬因無緣可在即知復對誰說為屬因或可緣者因之一別稱言不在緣當知猶是不

在田也不能重言章不在緣生不離緣目之為在真不假緣故曰不在緣故不屬因

也自下三句約真如法性實際三義以顯即實此三何異於真法中空名為如有

名法性非有非無說為實際真云何空離相離性云何不空實具佛法故起信

論云一如實空以顯法體空無妄故二如實不空次顯法體具旦無漏性功德故

云何復名非有非無同體性真實也又去法性真如實際此三皆是實

相異名如實不變名如是諸法因名為法性窮其際畔稱實際也初中法同

法性者當相正辯如來藏中一切佛法名為法性所辯真法与彼一體一而不異

故說同入諸法故者釋以顯同入猶順也由順諸法故同一性此諸法等即是

法住者當相正辯如来藏中一切佛法名為法性所辯真法与彼一體一而不異

故説同入諸法故者釋以顯同入猶順也由順諸法故同一性此諸法苇即是

無漏性功德法非是五隂事法也故無垢稱玄法同法住入法界故問法體

既一玄何名順名入耶荅體性雖一義門悟別義別體同得玄順入下皆同介

法随於如者遠去當相正辯不異真如義也法界雖別空理不殊故説為如

所辯之法順彼如理故名為随此与如一何故言随義如前辭門別體同

故得説随前同此随言左右耳也無所随者釋戍随義以於有法無所随

故故随如也或可非但不随於有亦不随於盖雖有離無故随如也又玄若使

如外有法即有所随一切皆如無所随也法住實際者當相正辯際謂際畔處

之別稱窮盡之處名為實際所辯真法即於實際名之為住前随此住亦右

右耳諸邊不動釋戍住義不為有無二邊傾動故智度論玄般

若波羅蜜猶如大火聚四邊不可觸遠離於四句談玄實外有妄即是邊是動

即妄恒真故無邊可動也自下五句明識空中前二破相後三即實前兩句中

切句約蜜以明識空後句正䟽識體明空初句中法無動摇者正明理無六識之

即妄恒真故無邊可動也自下五句明識空中前二破相後三即實前兩句中

初句約塵以明識空後句正就識體明空初句中法無動搖者正明理無六識之

心往來耶塵名為動搖真法常住不同於彼名不動搖不依六塵者顯以顯

無不同六識依六塵生故無動搖或可妄識耶境為塵吹心名為動搖真心

離念雖緣万品緣無所緣故無動搖也法無去來者正明理無六識之三世

流轉名為去來是過去來是末末真法離此故無去來常不住者釋以顯

無現在名住若使真法曾住現在故可對之說去說來法無現住知復望何

說來說去此二遣相下三即實法順空者順空門也隨無相無相門也應

無作無作門也依中邊論空有三種一無體空即分別性一向無體二不如空

即依他性緣生不實不同分別一向無也三自性空即真實性即止二性無相無

生為自性空無相亦三一無人相二無法相三無執空分別之相無頗亦三三相

空故故無三頗同一無性故名順空即隨即應綺乐言今類通万法悉入三空

自下七句明塵空中初有四句正就塵體以說其空次有一句約根辯空次有一句

約就塵體以明其空末後一句約識就初句中法離好醜者遠玄明離相

自下七句明塵空中初有四句正就塵體以說其空次有一句約根辯空次有一句

約就塵體以明其空末後一句約識章空就初句中法離好醜者遠去明離相

也於事分齊塵有美惡美名為好惡稱為醜真法離此故無好醜座去善法

為好不善為醜法無善惡有何好醜叙云實智為好無期為醜真法性空何好

何醜也法無增損者遠去明離塵用順益名增違情稱損真法離此名無增

損叙云若生即增若滅即損法無生滅故離增損座云無相真法有佛無佛

其性常任無有二相如來說法普度衆生生滅盡法亦不滅涅縣亦不增也法無

生滅法無歸者明離塵體六塵之體有趣有盡說為生滅屬人曰歸真法離

此故無生滅亦無所歸又云生滅從緣而無體性雖生不生雖滅不滅法若有

生即歸於滅以其無生故無歸滅也法過眼耳鼻舌身心者約對六根以明塵

空於事分齊六塵是其六根所行二乘不名為過真中無塵眼等不及故名

過法無高下常任不動者還就塵體以辯其空於事分齊塵有勝劣上地

塵勝為高下地塵劣為下三界俱空真法離此故無高下又在聖不高居凡不下

以法性平等體無高下也生死為下涅縣為高空法之中無生無死故無高下無涅

以法性平等體無高下也生死為下涅槃為高空法之中無生死故無下無涅

縣故無高也常住不動釋無高下也法離觀行者約識辯宣於事分齊塵為

識緣不離觀行於真法中無塵可緣是故名離一切觀行問真法既離觀行無

分別智豈不緣如答言離觀行者謂離凡夫二乘有相觀心緣真不及所言離

若望真智緣亦不離行也或可無分別智雖復緣如亦離觀行何以故智證如時

不取如相所以言離或可智雖緣如緣無所緣亦離觀行也上來別教也法

相如是豈可說乎者以理返責條前所辯名法也是名相俱絕行亦無

豈可宣說上來約就所說法體以教自下第二約能說儀式以教於中有

三一說儀二離失具德三勸說初說儀有二法二俞法中無亦亦者遠去

明無說人將言對法名說宣法對人名亦理中無此名無說亦其聽法者無

聞無得明無聽人以耳對言名聞以聞解法名得理中無此名無聞得讀云

夫說法者明法非無無說無亦蘄法非有非故離常非無故離叚非有

非無即離叚常是名正說其聽法者明法非無無聞無得蘄法非有非

有離常非無叚離叚常名曰正聞又云說時離言故云無說以法亦人實法性

非謂法無名相即無說聽之者人我性空誰為說聽之者當建是意如幻士為

人說法當建是意說法當知是人即非聽法所以者何不聽法者乃為聽法也辟如幻士為幻

今說是法當建是意說法者此舉喻況辟如幻士明無說人為幻人說法明無聽者

所獲以為無得良由聞者畢竟淨也故思益經云若有菩薩於此衆中作是念

曰聽法而未曾聞如海吞流未曾有得非是塞耳不聽以為無聞非是都無

未曾有說終日諮藻未曾亦人非是杜口不說不亦也其聽法者無聞無得終

有亦心聽法之徒並有聞得之相令言說法之者無說亦亦終日談論

一切皆是增益損減其聽法者亦復皆是增益損減庄云論說法之人多

解心得法無有實得云無得亦離遍計情執也故無坊稱經云夫說法之人多

故稱不說以法亦人無有實亦故云無亦耳聞正法無有實聞故名無聞

無相故不可亦不可說故無聞無得也又云宣說諸法無有實

證證得實法法體性空得而不得故名不得則云實相法體無名故不可說

空亦無所示故云無亦無聞無得者常聞正法以法體空故曰無聞依聞而

有離常非無段離段常名曰正聞又云說時離言說故云無說以法亦人實法性

人說法當建是意說法者此舉喻況辟如幻士明無說人為幻人說法即無聽者

非謂說法無名相即無說聽之者人我性空誰為說聽之者當建是意如幻士為

幻人說也當了巳下弟二明其說法之德翻前四失以明四德當了根者弟一章

說法人知根之德明了眾生根利鈍故善於知見者二明證法之德證深法故

無所畏身大悲心著弟三明大悲之德善為眾生演大乘之法拔苦盡原

所以成悲也報佛恩者四明報恩之德善教眾生發菩薩心自致成佛成佛即有

法有法即化眾生是其僧寶展轉相教故名三寶不段即報佛恩也然後說法

者弟三識儀離失勸如法說也維摩詰說是法時者上來弟二教教四竟此

下弟三明八百居士菩心是其教益我無巳下弟四結不堪也

佛告迦葉者是性翻為歙光歙光是古仙名此仙身有光明能歙諸光令不現

城婆羅門種其家巨富婦名婆仙其人昔於迦葉佛時作裝像師時有一女持

前故以為名也其人是歙光仙人種族即以為名又自身金色亦有光明是王舍

一金珠寄此像師修營佛像由斯福善恒相逢遇今值佛出世還為夫妻身並

金色在俗無欲同皆出家齊得羅漢迦葉在日常与如来對坐說法佛滅度

一金珠寄此優師修營佛像由斯福善恒相逢遇今值佛出世還為夫妻身並

金色在俗無欲同皆出家薺得羅漢迦葉在日常与如来對坐說法佛滅度

後而有法藏悉付迦葉後時結集三藏竟至雞足山入滅心定全身不散

後弥勒佛出世之時以足弄山而出在大衆中作十八變疫人無量然後滅身弃

来成佛号曰光明弟子之中頭陁第一以無平等大悲具有四失故被呵也文四

同前就其第三釋所以就中有二一出昔被呵之第二時維摩下明其教呵得失之相前中貧者先不殖福

釋所以中初徵後釋所以言我不堪問疾者何憶念已下廣

行乞者有四義一者迦葉本為慈心行於頭陁福利衆生以其貧者先不殖福

松此苦報今從貧乞令離貧苦二迦葉是大聲聞得滅盡定供養之者皆得

現報今愍斯長苦所以從乞三富者嬌奢難化貧者更藻易從富乞即

有名利之嬿今從貧乞即念少欲之行故從貧乞第二教呵相中先呵後教時我

世尊已下迦葉聞法義心呵中有悲心而不普者撟富從貧欲使貧者得富不

覽富者還貧故非普也就正教中大文有兩一著正教翻失顯得二如是食者已

下以其德故施夏二人俱獲賸盖前中初先翻彼四失即成四得然後食下一句

第一一册　伯二〇四八至伯二〇五〇

償匿者還叙古判菩也竟止亥若柿所一者止教翻失顯得二如員食者已

下以其德故施變二人俱獲勝盖前中初先翻彼四失即成四得然後食下一句

惣結前中言四失者一取食和二受境界三見邪正四不善初取食相中自有四失一

不平等二不為不食三不為壞和合相四不為不受住平等法應行乞食者翻

其初失欲食令學者為證清淨平等法身而行乞故然後可食下諸句中顯

同此釋或平等有四人平等眾生普視二法平等真如佛性三心平等頌誘

普心貴賤乎觀四行平等頌誘善行貧富同乞今此文中約行平等也不食故應

行乞食者談云翻茅二失真體離緣涅槃平等不假於食應以此心而行乞食若

然即終日食終日涅槃其道無二也莊云舊諸師解不食即涅槃為涅槃故行乞

食釋遲成他義小乘人乞食並為求涅槃急如火若作此呵責令此文意

皆以實相應取檛食者談云翻第三失陰累入芽名和合相雖取檛食為壞生死

和合相應取檛食者談云翻第二失陰界入芽名和合雖取檛食為壞

五陰身故唯求離相清淨菩薩故行乞也莊云三塵假合成其段食名為和

合汝餘了食無所食即是壞和合也故無垢稱云為欲壞彼於食執故應行乞

五陰身故唯求離相清淨菩薩故行乞也疏云三塵假合成其㽵食名為和

合汝飯了食無所食即是壞和合也故無垢稱云為欲壞彼於食執故應行乞

食也為不受故應受彼食者誂云翻弟四矢法身常住不受生死身也應以

此心而受彼食若然即終日受食而不曾受也疏云如受食時了食性空受無所

受也故無垢稱云為欲受他所施食故應行乞食以空聚想入聚落者弟二呵

畏境界相謂矢顯得於中有二初句惣教所見邑下弟二別言聚落著村坊城

邑白衣任家名為聚落迦葉乞食必入聚落見有貧富即捨富從貧令

觀聚落性空眾生莊有何為捨富從貧畏而不入若然即終日聚落終日平

等也別中約就根塵等法以理正教以聲聞人未證法空見塵是有對之起

怖故教令觀空於乞食時多於六塵而生諸結故須教觀此文之中於六塵境

依法各異於色塵教觀根空而為對治於聲塵境教觀境空而為對

治於香味兩塵教觀識空而為對治於觸塵境教觀能取所取性空而為

對治於法塵境而教觀境空而為對治一相如此乖從皆得所見色与盲

等者夫入聚落必有見聞凡夫見聞即空諸結二乘見聽怖以六塵令雙

㽵凡小故辯菩薩法也盲人無根於境不著故不分別邑形美惡故無達順

等者夫入聚落必有見聞凡夫見聞即空諸結二乘見聽怖以六塵令雙

庠凡小故辯菩薩法也盲人無根於境不著故不分別色形美惡故無違順

行者觀眼從因緣生無性故空即識不生故無分別故下經云若知眼性於色不貪

不志不憂是即寂滅安任其中非其閉目不見名為盲人常對四色而不耶相故是

如音辟如五指塗空空無像觀眼亦如是雖對色塵了眼性空見無所見故如盲

也約牙從因緣和合眼能見色令觀眼空識亦非有識性既空識即不生

三法體空即無分別所以如盲也故法句經去眼自不見屬諸因緣緣非見性

眼即是空色屬眼時君色為色若眼性空色亦無實也所聞聲與響等

者聲從緣生無有自性即空与響何異所嗅香与風芽者香隨風轉自

體不實既辟如風不空何也又云風行香林無心分別行人亦亦了識性空雖復

嗅香竟無別也遠云風浮巖人多不著觀香似彼故無貪著此所食味不分

別者六味緣生根非自有妄識體空何所分別遠去瓢杓無心雖在諸味不生分

別行者應尔當如瓢杓不生分別受諸觸如智證者如聖人證果之時理無

能所行者亦余觀身空故無其能觸境空故無其所觸能所雙亡故如智

別行者應爾當如飄杓不生分別受諸觸如智證者如聖人證果之時理無

能所行者亦令觀身空故無其能觸境空故無其所觸能所雙亡故如智

證也知諸法如幻相無自性無他性者陰界入等名為諸法法體性空故云如

幻從緣而生故無自性故亦無他性自他既無即不共生所以不然不無

因故故不滅又云不無因者有因當不生無因依何生亦元有滅

故中論云諸法不自生亦不從他生不共不無因是故知無生又云無自性者藉

緣生也無他性者自田生也本自不生者謂元作用也令即無滅者緣生似有也

對法論云自種有故不從他生待緣生故非自作俱無作用故不共生有切能故

不無因也又云擇有三義一惣二即三相待惣者諸法當分無不是自但言無

自即以惣破諸法使無他也即者舉他望自目即為他令既無自即亦無他

也相待者自他相待既明無自更待誰說他故前明無自此明無他也法本不

也令無滅者然猶生也解有三義一約圓成二空真如性無生滅故云不然不滅

二依他從緣而生生即不生從緣而滅滅無所滅故稱不然不滅三約遍計愚

夫橫計當情似有體性本空實無生滅故云不然不滅也若能不捨八邪巳下

二依他從緣遍生生即不生從緣遍滅滅無所滅故稱不生不滅三從遍計思

夫橫計當情似有體性本空實無生滅故云不然不滅也若能不捨八邪已下

第三呵京邪正翻失顯得遠去聲聞獨善故捨八邪入八解脫菩薩兼利隨

物視同故不捨八邪入八解脫讀云言八解者翻八正道以為八邪謂邪見邪思

雖邪語邪業乃至邪定入八解脫者遂翻八邪以為解脫謂正見乃至正定亦可

是彼內有邑相外觀邑等八解脫也邪正既異云何不捨於邪而入正也是大難

解有人云謂諸佛菩薩雖自正證而以大悲應同於邪故云不捨如此釋者

大成猛狼既云應同又已捨竟云何不捨又此文中呵彼凡小不達法空心有耶

捨呵之欲令學於大乘平等真觀何得乃就應同著釋都不相應今解

云何淨名妙契真如體非邪正妄情分別謙見是非如此惑心与理相遠

悲傷不已令正教之觀此邪倒從妄心起豈非有妄依何生達妄體空即真

解脫旣不居邪豈有縛脫之名今已無邪可捨名入解脫也又云二乘捨八邪

而入八正大士識邪性空与正無異所以不捨而入次以無可入對彼捨入故云不捨入也

以邪相入正法者遠云前就因此約果以教邪相世間正法緣涅槃聲聞獨善捨

邪入正菩薩藥利隨物視同故不捨邪入正法也又云二乘捨邪入正大士悟邪正

以邪相入正法者遂云前就此約果以教邪相世間正法謦涅聲聞獨善捨

邪入正菩薩為利隨物視同故不捨邪入正法也又云二乘捨邪入正大士悟邪正

俱空解望不異故名為入何為離邪而求正也若欲除邪別覓正者如第二頭茅

三千等失之遠矣故下結云住正道者不分別邪正也以一食施一切第四訶心不普

翻失顯得凡中之類關於大悲其所得食不能廣濟但欲自資無心為物故今

救之食無乏相廣狹隨心小故但益一身心大故遍於凡聖若能普施即福利

弘多豈得限心而獨食也症云法界之食一多無二知一即多故以一食施一切然

後可食者此之一句物結向前具四德者可得食之即顯失者不合食也二乘教

呵竟下次第二汝其兄者如法食故能令施受二人各獲勝益文中有三一明受

者離六相故行於中道二其有施下明施人無四別得平等福三具為正入已下揔

結顯勝前中六相者作三對說初言非有煩惱非離煩惱是其初對凡夫有煩

惱二乘離煩惱菩薩了煩惱性空非有煩惱故不同凡夫非離故無

垢稱云非有障深非離障深也又云煩悟菩薩段分別二障非有煩惱隨俗現起非離

助悲願力受生非離煩惱也或慚悟菩薩無漏行圓非有煩惱隨俗現起非離

助悲願力受生非離煩惱也或斷悟菩薩無漏行圓非有煩惱隨俗現起非離

煩惱也若能如工平芋食者即法身食也故下經云住正道者不見邪正芋也非

入定意非起定意者是第二對諸聲聞芋攝心為定起心為散菩薩不令行

中道故靜乱俱融於一切時無不定也又去外利他事不同二乘非入定意常不

乱不同凡夫非起定意也滿去小乘入定即不食食即不入定欲食之前要先入定

師起方食食竟還入定生施主福大士識定乱無二終日食而終日定故無出入

異也非住世間非住涅槃者是第三對凡夫住世間二乘住涅槃法身大士ソ世

間空故不住世間解涅槃空故不住涅槃故下經云我及涅槃此二皆空又思益經

云諸佛如來不得生死不得涅槃佛勝弟子得解脫者亦不得生死不得涅槃也又

去大智成滿得涅槃非住世間大悲已滿常利他故不住涅槃也第二施者無四別無大福

無小福者迦葉意謂施聖人得大福施凡夫得小福福者果也法身大士不見凡聖

有異不見田之優劣何有福之大小故去無大無小無垢稱經云無大果無小

果也不為益不為損者理無增損無大福故不為益無小福故不為損也第三

是為正入佛道者正顯嘆勝佛道者佛所得道謂正體後得二智既知受者

無六相施者無四別豈非入平芋佛道也不依聲聞者嫌勝聲聞分別

是為正入佛道者正顯嘆勝佛所得道者謂正體後得二智既知受者

無六相施者無四別豈非人平等佛道也不依聲聞者樂芳辯勝聲聞分別

未亡故不依也若如是食為不空食者結嘆勸於正教訶誎時我已下是第三

迦葉竟已聞法羨心捨小乘軏於中四句一自羨大心二後作是念下章淨名

德三其誰已下勸他羨心四我從已下章已及他俱捨小行是故已下結不堪

也　佛告須菩提者此去空生亦名善吉故福德經去舍衛城中有長者名拘留

父為無子故祠天求子空聲應言汝福得多無堪來者有天王命終應生君家

後便誕身其人初生舍宅皆空父母悔之以問相師相師告去觀察唯善表大辭空

第一故曰空生後長大請父迁佛設食即隨佛選祇迴精舍作沙門思念人物

俱空獲阿羅漢果得無諍三昧未得大乘完竟平等大空三昧故令被呵若

就行辯前大迦葉以無平等大悲捨其大乘藥於小法不能貧平等闕

助成之行所以捨富從貧乞令須菩提闕平等空智欲捨小法別求大乘不能

以富等貧諜見邪正遂捨於貧而從富乞此盖未會不二之真故被呵也文四

同前第三釋中初徵後釋釋中有二一舉昔日被呵之事二蔣維摩下辯

以富等貨謀見邪正遂捨於貧而後冨乞此盖末會不二之真故被呵也文四

同前第三釋中初徵後釋釋中有二舉首曰被呵之事二時維摩下辯

其得失教呵之相前中入舍從乞食者須菩提自念若從貧乞恐成惱乱令諸

眾生得嫉妒之罪故須捨貧唯從冨乞故令須入維摩詰舍時維摩下廣明

得失教呵之相二時我巳下明須菩提自申巳屈

維摩罵教三說是法下明教呵也文中有四一呵益前中維摩耴鉢盛飯著教呵所由何故淨

名耴鉢盛飯而不与者略有三意一耴鉢為盡言論若不耴鉢彼得切難恐

怖捨去二若不滿施懼招慳過廣開施門章巳無慳三寄食以興論端故先耴

鉢盛滿飯也唯須菩提下正明教呵也文中有四一呵於食不等二不段嫉下於縛

解不等三不見佛下於師法不等四入邪見下於一切法不等翻此四失教成四德惣

呵意汲責須菩提汝若實得空無諍三昧者何不於食法乃至縛解諸法

一切皆等莫生分別既見汝今捨貧從冨除貧耴脫背彼邪師歸佛正法正

是相違斯則有見不亡耴捨末息云何得稱空三昧若欲令彼大空平等無

諍三昧者應須不見食之美惡乃至邪正無二不生分別若能如是然可耴食

也就初於食不等中句別有三一將食類法二以法類食三結聽耴食唯須菩提

諍三昧者應湏不見食之美惡乃至邪正無二不生分別若能如是然可取食

也就初於食不等中句別有三一將食類法二以法類食三結聽取食唯湏菩提

於食等諸法亦等者此即初句汝今捨貪從冨見食善惡即知於食不等方

法同相以法性為實即知汝於法不等又將食類法觀食體空名為食等

以類餘名為法等也諸法等者第二句以法類食觀法性空無有染淨

名為法等以此類食名食亦等如是行乞乃可取食者第三句結聽取食方

者取冨人之妙食等貧舍之穢食若能於此麁妙食等即能於諸法亦等若

達万法皆等即能於食亦等得此等心其是真福田乃可取食也不斷婬怒癡

亦不与俱者第二呵湏菩提於縛解不等有其十事汝若得平等空智者何故

断三毒懷身見滅癡愛見惡業存縛解見四諦執得果離凡夫取聖人著

諸法有此十事知汝於一切法不平等也就此十中前九是別後一是惣前九中初

七約行以徵後二約人以責前中初五斷德後二智德亦可前五雜染後二終淨

前五中初三煩惱斷次一業斷後一若斷煩惱中初二見惑後一終惑見惑之中初

前五中初三煩惱斷次一業斷後一若斷煩惱中初二見惑後一修惑見惑之中初

既後利不斷嬌怒癡亦不与俱者佛無三毒隨化常現故去不斷亦不与俱

者證實返望従來非有故無可俱以不俱故不同凡夫由不

斷故不同二乘餘別類亦若約三性擇者遍計煩惱本來性空無惑可斷故去

不斷既無可斷与誰共俱二依他煩惱斷時不斷不斷名為不斷不斷而斷故去不俱

三圓成真性本淨無惑可斷故去不斷真外無妄与誰共俱故去不俱也若約

菩薩初地巳上觀起分別三毒化眾生故去不斷壞理實無壞不俱於身

而隨一相者遠去現行身見教化眾生而不捨雜名不壞身而隨一相理如一相行

證名隨身本自空即是一相也何湏壞身見而隨一相也謊去真如平等名為

一相陰身體空無法可壞即真故名一相何湏壞五陰而隨一相此解不然

身即是身見非五陰也又玄聲聞滅身而得無相大士知身見性空即是一相

何湏壞身見方隨一相也故無垢稱玄不壞菩迦耶見而隨一相不滅癡愛起

於明脫者遠去終惑謂無明使起之不了名癡欲愛邑愛有愛住地名愛隨

化現行故曰不滅起明脫者明是惠明脫是心脫凡夫癡厚故般障

化現行故曰不減起明脫者明是惠明脫是心脫凡夫癡厚故能障

惠二乘分除癡斷惠明愛滅心脫菩薩不余了癡愛由來无所有即是

明脫也摩玄聲聞以癡障智滅癡方明以愛繫心除愛方脫大士達

癡愛性空即是明脫誰縛扵心而滅之也或可癡愛即是俱生迷別

事遲行相淺近如来亦行名為不滅起不障智名為明脫五蓮相而得解脫

者次約業辯繁之菩母繁阿羅漢破和合僧出佛身血是其五蓮此菩北月恩及蓮福

田故說為蓮煞父母背恩故蓮後三背扵福田故蓮隨化現起名五蓮相而得脫者

永絕業羅名得解脫也又云小乘人以見惡業為障要湏斷除方得解脫大乘之

士知業從緣生緣性自空業云何有空不為障故猶解脫此就惡業業空故脫

又約善明五蓮然无明父斷貪愛母止除覺境妄識之佛然結俠阿羅漢破壞

陰集和合僧能行是五蓮即真解脫不縛不解者此約善報速去如来不為生死

苦報所縷名為不縛隨化現行稱為不解也又滿去三乘人業障以之為縛除

之得脫菩薩知法性空本来无縛即善稱解頓悟菩薩七地已前未捨

分叚名為不解了法性空稱為不縛故涅槃經云菩薩非不有苦解苦无苦名苦

之得脫菩薩知法性空本來无縛既無有縛即蚤稱解頓悟菩薩七地已前未捨

分毀名為不解了法性空一稱為不縛故涅槃經云若本菩薩非不有若解苦名苦

聖諦文下經去若本益無縛其誰求解大品古空故離故深滅故無縛也

或可漸悟菩薩現见分毀化眾生故名為不解已捨分毀稱為不縛或可未捨愛

易名為不解了法性空云不縛也上來約染明其斷德責其不芋次下兩句約净

明其智德責其不芋初句約田第二約果非見諦非不見諦者此約因也如來示起

見疑不觀諦理名為非見內實覺了名非不見斯乃地上通名行相不見諦也若

約漸悟菩薩初地已上十地已還示起見疑化眾生故名不見諦內實覺了名

非不見或可直往菩薩七地已來留隨眠惑不觀諦理名為不見內實覺了

名非不見若約智解正體智離惑所分別名為不見鑒照二空名非不見或可

正智從緣緣無性故見無所見名為不見也若後得智離

執著分別名為不見鑒照四諦名非不見也在去二乘見諦凡夫不見菩薩

知四諦性空入實相理所以離見非見也肇云非如有心之見非如無心之不見

也非得果者此約果說遠去此言略少准前應言非得果非不得果且舉一邊

知四諦性空人實相理所以離見非見也肇云非如有心之見非如無心之不見

也非得果者此約果說遠云此言略少准前應言非得果非不得果且舉一邊

菩提涅槃名之為果佛證菩提却行因事不捨一切菩薩所行故云非得果也實證菩

提故非不得今略不弁談云法離能所故云不得果人法不同非不得果也滿云凡夫不得

果聲聞得果菩薩達果辨自空由來非有云何言不得非得也或可初地已上菩

薩證益住家涅槃名為得果證智從緣桂自空證無所證故云非得果或可得時

離情不生分別云非得果非是不得也古人章疏皆云譯經人脫略下句理實合有兩句

勘撿無堪稱云唯有非得果一句縱使脫略自具結集時也或可梵本無下句也非凡夫

離凡夫法者下兩句約人以責如来内備聖德故非凡夫現行凡事化眾生故非離凡

夫也又云頓悟菩薩初地已上七地已来已獲聖性名非凡夫由故意力引起煩惱助

悲願逵生非離凡夫法也若至八地已上留貪等種非離凡夫法也若約漸悟菩薩初地

已已證聖性名非凡夫現起煩惱化眾生故非離凡夫法也非聖人也又聲聞未能忘懷取聖人

来現為凡愚化眾生故名非聖人隨俗說有非非不聖人也

相大乘之士了聖人性空云何取聖相不取非聖相也工来別徵竟雖成就一切法而

相大乘之士了聖人性空云何取聖相不取非聖相也上來別徵竟雖成就一切法而

離諸法相乃可取食者此之一句總次結勸明一切法成時即壞故稱離也若如上來

性得無失者乃可取食也若演菩提不見佛下第三呵善吉挍師法不等亦云邪

匹不等文中有四一總徵二六師起見不同三重徵責四結取食初不見佛不聞

法者惣徵也迷責善吉汝若實得空三昧者何以不同外道六師不見佛不聞

法見今捨彼外道見佛匹法是則取捨未云何得名空三昧也座云二乘

人謂捨凡得聖要由見佛聞法故此迷之善吉自謂見佛聞法而言不見聞者

其言似迷其理實相若有佛可見故不見佛若有法可聞即是

有聞故非聞法本期無佛可見乃名見佛無法可聞是名聞法蓋其序二乘之

有是故說無眹知佛非有即識佛非無如是五句無所愛著如是法身如斯而悟

名見佛也故中論云邪見深厚者即說無如來如是如來深滅相公別有亦非就下別

中初舉外道六師起見不同前富蘭那是字迦葉是姓此人起斷見言一切法

空無君臣父子忠孝之道末伽梨是字俱賒梨子母名此人起常見言一切若

樂不由行業性自有之刪闍夜是字毗羅胝子母名此人起自然見執道不

空無君臣父子忠孝之道未伽梨是字俱賒栔子母名此人起常見言一切苦

樂不由行業性目有之刪闍夜是字毗羅眂子母名此人起自然見執道不

湏終八万劫苦盡即自然解脫如轉縷丸於高山縺盡自止非斫脫因謂之為

因非因計因是戒取見撥道不湏終道邪見也阿耆多字也翅舍欽婆羅弊

惡衣名是苦行外道自拔頭髮五熱炙身即得解脫非道計道亦是戒取也迦

羅鳩馱是字迦旃延迏是娃此人起邊見由執有即是常見言無即是定性之

無性故無此即正見非邊見執一切法亦有亦無不同佛法因緣故有

無即是邪見常乘中合成邊見世尼揵陀字也若提子母名此人謂一切苦

樂果報皆由過去業不藉現緣前世業盡即苦盡縱現於道亦不能陀此人信

有前世業為田非邪撥無現緣即是少分邪見道能盡若撥言不能道計非

道亦是邪見此芽六師涅槃經具說三是汝師下就之重徵翻邪入正善吉解

空平芽即無邪正二相既無便同外道不見佛不聞法即是更遵於邪見之師田

其邪出家也既彼師墮三惡不得不随其墮若能如是方應平芽現見汝令背

六師捨邪法知汝末捨分別不得平芽阿名解空若能不背不捨於法平芽方是

六師捨邪法知汝未捨分別不得平等何名解空若能不背不捨於法平等方是
離空也乃可食者四結聽取食行合平等即是福田乃可取食也入諸邪見不到彼
岸下第四呵善吉於一切法不等詰之成德文中十一句義分為三初有一句明同外
道次有五句明同凡夫後有五句明同眾魔惣呵意者何容得邪正得八難見
染淨空不等取田偏見罪福出魔界与魔異悲眾生著三寶乃至第十一證
涅槃現見汝令不能入邪佳八難同煩惱等無諍乃至不取滅汝未得空
無諍三昧以未知故遂教呵也初入諸邪見不到彼岸者第一明同外道破善吉
取邪正相彼岸者涅槃寂滅云何可到邪見彼岸為正故捨此邪見還到彼岸
大乘之士知邪見性空云何出離涅槃本性不殊何為捨邪
而忻彼岸具以入邪見不到彼岸也又云為化眾生入諸邪見不住涅槃不到彼岸也
自下第二明同凡夫文中有五一破得八難相二破取垢淨相三破㝹心不等四破福田相
五破取罪福相住於八難不得無難者第一破八難相夫見難為難者必捨難而
求無難若能不以難為難者能住於難不以為難故不得於無難性自空云何捨
之方得無難也又云為化眾之往於八難不著菩提不住無難也同於煩惱離清

求無難若能不以難為難者能住於難不以為難故不得於無難難性自空云何捨

之方得無難也又云為化眾之往於八難不著菩提不住無難也同於煩惱離清

淨法者弟二破取垢淨相為化眾生同於煩惱不著涅槃離清淨法也或云二乘

除垢取淨淨還成染菩薩悟垢非垢即染常淨是以同於煩惱離清淨也故思益

經云或垢法說淨淨法說垢云何淨法說垢貪著淨法故云何垢法說淨不見垢

法故又下經云見垢實性則無淨相汝得無淨三昧眾生亦得者弟三破定心不

垢也無諍有二事無諍汝三昧力將護眾生令不起諍故善吉云若有嬈我坐

者我即為立若嬈我在此我即遠去終無起諍二理無諍真如法性無違無諍

由證理故方得事無諍善吉与群生空理平等何為善吉獨得無諍而群生不得

乎此明性本平等故云眾生亦得也其施汝者不名福田者弟四破取福相善吉意

謂我受彼施令彼得大福故名福凡夫受施不能令彼獲大福非福田也汝及凡夫

平等一空云何凡夫非福田汝是福田耶又觀彼我不殊誰是福者誰為田者故

玄其施汝者不名福田也遠云無善益他世間罪人供之無福供汝似彼不生切

德名非福田耳談云約相行施不名平等福田也供養汝隨三惡者弟五破見

德名非福田耳談云約相行施不名平等福田也供養汝隨三惡者第五破見

罪福相滿云五逆之擯供養之益善吉意謂供養我者得生天中令逆呵彼性空

平等善惡無二云何於善獨得生天作罪入於惡道若五逆而可隨供養亦應

隨供養既不隨五逆亦不隨可謂善惡兩云性空平等故下經云若達罪性則与

福無異談云取相供養雖得少福終必隨惡道也自下第二明同眾魔文中五

曰一破出魔界二破与魔異三破悲眾生四破著三寶五破得涅槃前中与魔作

侶者第一破出魔界善吉意謂我是聖人出於魔界令逆令同魔業眾魔

者諸魔王也魔專懷乱作業同魔名共一手如似世人作物相似云是一手作也

魔能燒乱名之為勞与彼為伴名作勞侶魔性目空何須捨離而不共住既得

正見不異於魔所作勞侶也汝与眾魔塵勞無異者第二破与魔異既為其

侶安得有異汝与眾魔平等一空無有二相豈不等也於二切眾生有怨心者第

三破悲眾生魔能害其惠命怨中之甚也起彼慈心具是親友義眾生性空怨

親平等汝於苦中既能起慈何不為惡也又小乘人但說生空教化眾生損

他大乘法身惠命名之為怨也謗佛毀法不入眾者第四破著三寶汝須

親平等汝於等中既能起慈何不為悲也又小乘人但說生空教化眾生損

他大乘法身慧命名之為悲也謗佛毀法不入眾者第四破著三寶汝須

菩提但能讚佛法僧樂在眾數便是取三寶相汝於等中既能讚嘆何

不謗也既不能謗何能讚嘆也故無行經云聞讚佛音聲即喜聞毀此佛

音聲即尋當知是人不學佛法經云外道音聲与佛音聲等又云佛說及邪說

是皆無分別又云謗佛毀法者以其善吉不達三寶如靈空故取相讚嘆還

於真體正是謗佛毀法不入僧數人也故縣若經云若以色見我以音聲求我

是人行邪道不能見如來終不得滅度者弟五破證涅槃相眾生性空無滅

廢者而今取涅槃但是有相不得涅槃故佛藏經云若人見涅槃決定相者當

知是人名為外道惡邪見者天下經云一切眾生即涅槃相不復更滅只為眾生性

空即是涅槃豈以涅槃更證涅槃乎又云善吉心狹劣故不能證大涅槃故不得

滅度又云善吉意謂我是聖人證得涅槃今逐呵彼乎芽空中離得不得若汝

得者亦應不得既無不得本無得者乃可取食者結勸也汝今若能云前得

失靈通其壞者即是福田乃可取食何者夫捨惡從善人之常情然即是非經

P.2049　　維摩經疏卷三　　（90 — 47）

法國國家圖書館藏敦煌文獻

失靈通其壞者即是福田乃可取食何者夫捨惡從善人之常情然即是非經

心猶未兑於累是以菩觀之者以存善為患故捨善以求衆以捨惡為累故即

惡而逐本然即惡有亡累之切善有無染之動故知同善未為得同惡未為失淨

名言意似若此亨時我世尊聞此忙然不知以何荅便置鉢欲出其舍者第二

申巳甲屈歡彼難歉於中有二障巳屬二維摩言下淨名既喻以理重教前

中芷然者内心不明乞也不識是何言即逐於經理即合於義逐

於經故自申不識是何言合於義故不知以何荅形下有餘空工不足進退攘思對

莫由所以置鉢欲出其舍置者捨也第二維摩教中初法次喻後合法中取鉢勿

懼者汝須菩提因呵增愧無荅而弃鉢便有荅言之失故令謨之令即言而會旨

故玄取鉢勿懼也喻中如來所作化人若是事詰寧有懼不著化人雖聞無心於體

欲令善吉悟巳如化何有懼也合喻中有二初合後釋一切法如幻化歆益無懼汝亦如

幻何有懼也所以者何下別釋有五句初句一切言說不離是相明巳難辭同幻化相

二明智者知化不實故無所懼也三何以故下釋前不著不懼所以由文字體空故

玄性離四會文即真鮮脫夫名出於不足足則無名故無有文字即真鮮脫也五

玄住離四會文即真解脫夫名出於不足之則無有名故無有文字即真解脫脫也五

類諸法皆解脫相推類次解内外屯空故無所妄夫名出於名名既解

脫故諸法自然解脫也教益可知故我不堪下結不堪也

佛告冨樓那弥多羅尼子冨那樓者字也此云滿江故 福德經云王舍城内

有婆羅門夫妻二人大冨無兒二人往滿江邊求祠梵天王兄覔誤諸香花并誦

神呪婦夜感夢夢見有人器盛滿寶物授与其妻妻即安置腹前器遂入腹

寤巳説夢其妻父母為解曰必是梵王与汝兒也若生當為寶器遂因有娠此覔

生後聰明論義第一能伏外道佛滅度後誦出阿毗曇藏従江作名故稱為滿

江亦従臝作名依未曾有田緣經云冨樓那以嫉姤心後割愛入山誦九十種經滿

二十一年遷王舍城頭上然火以銅鏤鏤腹喝云我是一切智人後佛降之即説偈云若

多少有開自大以憍人如是盲執燭照彼不自明以智惠故投地未起得阿羅漢果

弥多羅尼子者弥多羅是母名外道四圍陀論中有弥多羅品其母誦此一品従

所誦為名此云慈行亦云善知識尼者女也同名既多故以母別標之冨樓那辯才

第一不達恨主文投訶此無垢絕去蕭蔥子也文四同前第三先徵後釋釋中却有

所誦為名此云慈行亦云善知識启者女也同名既多故以母別標之冨樓那辯才

第一不達根性故被呵也無垢稱云文四同前第三先徵後釋釋中即有

四一舉昔日被呵時也相三入二脉下明其化巧四我念下自申甲屈初中

憶念我昔被呵時也在一樹下者所呵處此近毗耶離城有園林中有水名曰獼猴

池園有僧房是毗耶離菴羅之側也為諸新學比丘說法者明所呵事以說小

乘不應大機所以被呵時維摩詰來謂我言芽者第二出教呵辭為益新學比丘

令捨小来大所以教之文中有四一呵不稱欲二汝不能知下呵不知根三欲行下重呵不

稱欲四以蘵下重呵不知根前中四句一教二呵三重教四重呵初入空觀此人心然後

說法者心是樂欲之心入空者二乘之人心有限尋故在空即見出空不見誤使在空利

聲聞見眾生根熟極八万劫鈍根定笶少不足言故令教之先當入空如人心欲然

後說法也菩薩定者真心為體性常淤照未嘗不知不同二乘出入異也第二呵中小

法如穢食事芽稱釋大心如甘露事同寶器第三重教勸知心念第四重呵琉璃喻

大心此是大毗琉璃照見万像西國所有不同此處凡琉璃也水精喻小乘法也第二

不知根中文有三句初句呵不知根茅二句呵其授小茅三句明授小之損為大說小題

不知根中文有三句初句呵不知根第二句呵其授小第三句明授小之損為大說小恐

壞大心故勿傷也第三重呵欲中約喻以呵於中三句比立求大名欲行大道小法局狹猶

如小逕求大教小理所不應故云莫亦小逕無以大海內於牛跡者比丘大心如似大海小法微

淺事同牛跡安心住法目之為內此亦不應故云無以日光芋彼螢火者比丘大心猶如日光

二乘小法事同螢火將大同小理所不應故稱無以也若依無垢稱去實有兩句無以

妙高山王芥子芥子文以大師子乳同野干鳴茅四重呵根中文有三句初明比丘久薺大

心中志此意未證法前進退不恒故也二如何小乘法下呵彼說小有多過來三我觀小乘下

呵不知根智惠微淺猶如盲人明智體芳二乘唯得生空智未悟法空所以智惠微

淺又不知眾生根機故去淺也不能分別諸根利鈍智用狹也此明羅漢於大乘法劣似盲

人況我賀聯凡夫妄生分別者哉問縢曼經去凡夫如盲生盲不見眾色聲聞如七日嬰

兒不見日輪如何今說聲聞過生盲也答若見諦理凡夫不能故彼經說猶如盲聞如聾

聞分得故說如七日嬰兒不見日輪不識根性故過生盲非見諦理也又去理

寶二乘分知眾生根性但為抑挫聲聞故言如盲故上經去富那先當入定觀此人心然

後究去時維摩詰印人三昧第三會善大舍爭名然

寶二乘分知衆生根性但為抑挫聲聞故言如盲故上經去富那先當入定觀此人心然

後說法時維摩詰即入三昧苐者此下苐二歎其巧化令悟大捨小夫有六句一淨名黙

入三昧由入三昧令此比丘自識宿命曾於過去佛所種善菱心依地持論宿命有五一目知宿

命二知他三令他目知五目他展轉乎知宿命今所論者即是苐四令他目知宿命也

問大乘宗過去無法比立如何得知宿命智觀現在賴耶識中過去無種知過

去事也或可緣心上蒙像相得知過去事也三即時豁然下還得本心由維摩以宿命

通力加彼比立得見過去所習善根還得本大乘心也四於是下荷恩致敬得益既渓亡

其形相故謂礼也五因得菱心更為說法彼於菩提不復退轉此諸比立位

在十信由聞今說進入十住苐七住中住不退也求不退作二乘故非信不退夫次信故

亦非證行二種不退以初學故問五種菩提中此苐比立證何菩提荅五中但證得伏

心菩提夫已信故非菱心也創初證得非明心菩提苐三也我念聲聞不觀人根者此

苐四目申甲屈我念聲聞不觀人根不應說法也其故已下結不堪也

佛告迦旃述者此去肩繩其父早亡母戀不嫁如繩連肩風吹不去因次為名天云思膝其古

仙人名畱其聞思膝餘人故令迷彼種以為名也是南天竺國大婆羅門種善分別義讀論

佛告迦葉迷者此云扇繩其父早亡母戀不嫁如繩連扇風吹不去因以為名又云思勝其吉

仙人名其聞思勝餘人故今迷彼種以為名也是南天竺國大婆羅門種善分別義談論

第敬命問疾然不達實相所以致呵若戴行解說法梗人不閑法藥故迷之以深法也文

四同前第三釋中初惣徵次別釋釋中有三一出昔日般呵之事二維摩下期教呵相三

說是法下教呵利益前中兩句初明佛昔一時為諸比立略說苦空次明迦葉迷為諸比立敷

演其義言略說法要者五句不多故名為略初四俗諦後一真諦攝法周盡故名為要

又要略有四句一名略義廣名少義多說也二名廣義略名教多說義少也三名義俱

廣名教多說義復多也四名義俱略名教說義並少也如惣相說苦諦不多解

文通攝有為無二法比目盡故攝為要演有為作四非常演無為作一寂滅故云要也

釋即是名略若具分別其名義得廣一句既知下三句類今佛略說法要者多是名義俱略

也我即於後敷演其義至寂滅義者次明迦葉迷為諸比立敷演妙義如來了法非常

無常眾生不解橫執為常乃至妄執以為生滅佛見此執不攝理故即破遣說五陰性法

悉是無常治彼眾生常見芽倒雖說無常非謂匹法其無常何也遣常情故

說無常非謂是無常遣樂情故三言苦非謂是苦遣有情故說空非謂是空遣

說無常非謂是無常遣樂情故言苦非謂是苦遣有

我情故言無我非謂是無我遣相情故說寂滅非謂是寂滅迦旃延不達教音於

佛說法之後皆以相說便謂生滅是無常毀壞是苦遣有得無是空滅我為無我

滅陰為寂滅佛既略說於前迦延敷演於後取相分別來佛教音故玄於後敷演其

義也第二教呵相中有二初呵其所說二教實相之法無以生滅心行說實相法者正明

呵辭其小乘人聞說無常不達如來治病義故便謂一切色心芽法唯是無常以此無

常生滅之法為實相法觀之悟道能求聖果不知實相之理非色非心不生不滅故今呵玄

勿以生滅無常之觀為實相也自下文有五句教人實相先教無常諸法畢竟不生不

滅是無常者舉玄畢竟者決空辭也小乘觀法以生滅為無常義大乘之玄以不生不滅

為無常義無常名同而幽致殊絕其道盡微故非常情之所惻妙得其音者其惟淨名乎

遣常情故言無常非謂有無常無常故畢竟不生不滅是無常實義也遠玄實

相理窮名為畢竟體寂無為名不生滅此不生滅為彼無常真實性名無常義也

基玄小乘以生滅為無常謂不生不滅為常上折汝心見有不生不滅為常者此常遷

是無常故玄不生滅是無常也文依中邊論釋三種無常一無物無常謂分別性本

基去小乘以生滅為無常謂不生不滅為常上折汝心見有不生不滅為常者此常還

是無常故云不生滅是無常也文依中邊論釋三種無常一無物無常謂分別性本

來無故無物可為常二生滅無常即依他性因緣有故非是性常三有垢無常即

真實性染淨不恒亦非是常今所論者惣約三性同一真實是無常義也五受陰空

是苦義者攝去有漏五陰受染生死名為受陰或可依俱含論煩惱業因能招陰報

故去受陰受者取也如草秉火或陰屬受如帝王曰或陰生受如花果樹小受以陰起

故名苦非謂有苦義也遠去窮苦實性畢竟寂滅無相無為此之真理是苦實性

則衆苦生為苦義大乘之士通達受陰內外常空本自無起誰生苦者遣樂情

名苦義也甚去小乘人謂五陰是苦義滅五陰待涅縣是樂義今折彼汝定見五陰

無所有為樂者此還是苦故五陰空是苦義也依中邊論苦有三種一所取苦即分別性

為執心所取二相苦即依他性三苦八苦為苦相故三相應苦即真實性苦相合故今推

三苦同歸一實故稱苦義也諸法究竟無所有是空義者攝去小乘觀法緣起內

無真主為空義雖復觀空未能都泯故不畢竟大乘之士在有不有在空

不空何以故遠有故言空非謂有是空有若是有何由可空有若非有空何所空故

不空何以故遷有故言空非謂有是空有若是有何由

無空無不空即畢竟是空實義什公本言空者欲次遷有非有去而存空若

有去而存空非謂之空也二法俱盡乃是空義故中論云大聖說空法為離諸見故

若復著於空佛諸耶取不化又云諸法之中畢竟真如無其所軌田空所顯說為空

性非空也依中邊論空有三種一本無空即分別性本来無故二不空即依他性有而

非實不同分別一向無故三自性空即真實性二空所顯為自性故會上三空同一真實

是其空義起信論云空有二種一者如實空以餘究竟顯真實故二者如實不空

以有自體具足無漏性切德故於我無我而不二是無我義者肇云小乗對我

為累故尊於無我既尊則我無我為天乗是非齊音二者不殊乃為無我

義又云真如本離言說分別之相我與無我由来不二為遣我故因無我顯故云無

我又云三乗之人知陰無神名為無我即我異菩薩了我性空即是無我不見

無我異於有我所以令者遣一於我故名為無我非謂有無我与無我俱無所

有是無我義故中論云或說於無我諸法實相中無我無非我又依中

邊論有三無我一無相無我即分別性我相無故二異相無我即依他性与妄所執

第一一册　伯二〇四八至伯二〇五〇

有是無我義故中論玄說於有我或說於無我諸法實相中無我無非我又依中

邊論有三無我一無相無我即分別性我相無故二異相無我即依他性与妄所執

我相異故三自相無我即真實性無我所顯為自相故會上三種同一真是無我義

也法本不然今則無滅是寂滅者摩訶小乘以三界熾然故滅之以求無為夫熾然既

形滅故名不生大乘觀法本自不然今何所滅陰界空故名為寂滅非謂有所滅無生無

滅即是寂滅實義也又云破彼生滅說不生滅非謂法住是無生滅以其生滅及不生滅

悲皆離故方得名為大寂滅也又云三乘之人見煩惱生起無漏諦觀段除煩惱顯得

擇滅無為以為寂滅此即有餘涅槃非是真實如法住本來清淨

無或可生故云不然無或可滅故云不滅即寂滅涅槃非有餘

果也依中邊論滅有三種一無體滅即分別性自體無故二滅即依他住二取不生

故三自性滅即真實性會上三滅同一體實是寂滅義也出體者此五六無為中並

以真如無為為體若約五法依佛地論以清淨法界為體性若辯離合開即為

五如此經說以對常樂我三倒故立五無常苦即對我所倒故立空即對妄見生滅

等故立寂滅印若據中論合為四印如地持論雖我与我所分二妄想約十史論

等故立寂滅印若據中論合為四印如地持論雖我与我所分二妄想約十史論

之合為一我見史由所對憲故合空無我為一無我即若略所論即立三即如涅槃謂

一切行無常無我涅槃寂滅彼經以行若入無常門攝同是遷流不住義故空攝

入無我中義如前辯第三教可益中彼諸比丘心得解脫者聞前維摩翻前五莊

小乗偏執為説大乗甚深法故常無常芽尋心障累悉滅無餘是故名為心

得解脫此諸比丘位在十迴向聞説五法進入初地或可此諸比丘是小乗

學人聞説五義實相末能入深遂證羅漢果也無垢稱經云説是法時

彼諸苾菩諸漏永盡心得解脫敦我下結不堪也

佛告阿那律者亦名阿泥樓馱亦名阿泥盧豆此方言不同故有多号此

去無滅亦云如意且言無滅者由八万劫前曾供辟支佛所得善根至今不

滅辟喻經去毗婆尸佛入涅槃後阿那律曾入佛堂以為却賊見燈將

滅遂抽一箭挑燈更明見佛威光色相毛豎念言他尚施物求福我云何

滅遂捨而去以此善根九十一劫常生善處今值佛出家於道得羅漢

果天眼第一稱其頭心云如意也所獲福德曾無滅盡故云無滅增益阿

盜遂捨而去以此善根九十一劫常生善處令值佛出家修道得羅漢

眾天眼第一稱其頹心去如意也所獲福德曾無減盡故云無減增益阿

舍經去是佛堂弟如來父叔合有四人各有二子佛父叔名難陁第二叔名

有二子長者俗名悲達多此去利成即如來小者名難陁第二叔名

辭飯王長子名提婆達多小名阿難第三叔名白飯王長子名阿那

律小者摩訶男弟四叔名甘露飯王長子名跋提小者提沙佛有一阿

姟名甘露味有一子名屈阤羅前諸釋子並皆出家其那律初生

之時固述其舍寶藏自出後從佛出家佛邊聽法不覺眼睡

說偈呵之

咄咄乎為寐　蚰蟲蚌蛤類　一壽百千年　輪轉無窮已

那律被呵心懷慙愧立擗不睡遂使失眼後詣耆婆求療耆婆問其患

眼所由那律具荅耆婆對曰瞯是眼食父時不睡眼便餓死來不可治那律

聞之遂勤於天眼半頭見物徹見三千世界如觀掌中菴摩勒果雖得天

眼不与無相智惠合行故被呵也若為約行辯此人於起通行以其那律未

眼不与無相智惠合行故被呵也若約行辨此人於起通行以其那律未

悟二空耶相分別所以教修無相天眼文四同前茅三擇中初惣徵次別擇於中

有二擇昔日被呵之事二時維摩下明教呵相前中有三一明那律經行之相

二時有梵天王下章被梵眾問見多少三我即答下那律汉巳所見正

答初中憶念我昔一零經行者茅一明經行相外國之法坐禪誦經皆名經行今那

律在一静處坐禪默念名曰経行非謂誦経茅也增一経云若誦若念経遊而行

故曰經行有五切德一除瞇眠二除㤷氣三除宿食四除風壅五令身心和識時有

梵王茅者茅二明梵王問天眼如那律天眼所見幾何道理問見逺近汉諸梵

眾寨得天眼不及那律於得者勝心生慕仰故乘請問此語順西方故問幾何

阿那律天眼所見若順此方應言那律天眼所見幾何也我即答言茅三明那

律正若吾見此三千大千世界如菴摩勒果者小乗所見居在一男故以男別之如來

得遍頭天眼徹見十方那律雖不及佛聲聞中於得半頭天眼能見三千界也

蕃摩菓者其形似桃而非桃能除風氣那律于時手執此菓因以

蕃摩菓者其形似桃而非桃能除風氣那律以

為喻也第二教阿中文開六節一阿那律所見之相

呵愧恥而嘿三彼諸梵讚嘆淨名問真天眼四維摩下為說五於

是下諸梵眷屬聞法菻心六礼敬而退就前呵中文自有三一

定二相二假使下送其兩難外道之人於得五通以分別故是有作

相次今見境有色相者便同外道去何名內若無性相即是無為

法中即無見相玄何復言見三千也如此並難實亦難通故下第二

那律聞之無荅而嘿第三諸梵讚問可知第四維摩為說有佛世尊

得真天眼不以二相者莊玄空心常寂雖復遍緣無有二相不見能

所差別相也故思益經云悉見十方界一初群生類而於眼色中終

不生二相諸佛所說法一初能聽受而於耳聲中亦不生三相又云二

乘天眼在定不見出定即見雖見累而耵相分別未能即見無見

如來天眼定惠平等而不妨照用雖見世累而不分別何以故弓色性

如來天眼定惠平等而不妨照用雖見世界而不分別何以故弓色性

空見無所見故無有二相差別也

五眼義略汰七門分別 一釋名得名 二辯體性 三從成次第

四五類差別 五見境不同 六約人辯異 七問答分別

第一釋名得名者初通次別通者五即發眼即是

用照蓮前境補之為眼此即從數及用為名也或可六釋之中帶數釋也次別者

一著肉眼血變凝成名之為肉依肉得眼故名肉眼以眼根無血南竖清淨四大所成故

此即從所依得名也又人云肉即是眼當體為名此釋非也二天眼有二一從得二

報得於得天眼者一切禪也名之為天依天得眼故名天眼從依所得名報得天眼

者報得有二約菩薩二約諸天約菩薩者諸菩薩等名為淨天生在天中報得

眼根從彼淨天汰立其名此即淨天之眼故名天眼從生為名也約諸天者一切天趣

光淨收索名之為天天趣之眼名為天眼從趣得名也三惠眼入理般若推末諸理

名之為惠以惠為眼名為惠眼當體得名或可六釋中持業釋也四法眼一切

名之為惠以惠為眼名為惠眼當體得名或可六擇中持業釋也四法眼一切

法有所軌持名之為法或可根欲性等若之為法照法之眼名為法眼五

佛眼前之四眼流至佛果揔名佛眼此即佛身之眼名為佛眼從主為名或可佛是

覺義覺即是眼名為佛眼當體為名亦可照達佛性名為佛眼從

境受稱第二出體者肉眼即以人中淨根四大所造不可見有對淨色為

性惠眼法眼佛眼此之三眼心所出體初通次別通者三眼揔以別境中惠數為

體別者惠眼即以正體智為性法眼即以後得智為性或可法眼通以正體智為

性緣真理法名法眼故若如此者与惠眼何別釋云得名不同惠即為眼當體得

名照法稱眼從境受稱也佛眼即以無切用智為性或可以圓鏡等四智

為體也　苐三於成次苐者為填養色导先終肉眼雖見麁色不見細色見近

不見遠見明不見暗見前不見後見障內不見障外有如是等業多障导

次於天眼雖見色境未見真境次於惠眼雖見真境未達俗境次於法眼雖

照四境而未圓滿次於佛眼也　苐四五額差別者俱舍論云內五有熟

照四境而未圓滿次於佛眼也　第四五額差別者俱舍論云内五有熟

養齊無異熟生八無尋等流亦異熟生性餘三實唯法剎那唯

後三肉天二眼以色為性有其二額一是異熟以從異熟因所生

故二是長養飯食資助睡眠等持瞬緣所益故從得天眼眠非病

藥所拍但由定力引起唯有長養非異熟也離二性外無別等流故

無等流非苦忍故無剎那性非無為故無實事也惠眼若約二乘

苦法忍位初得生故有剎那若約菩薩初地引起亦有剎那非無記故

無異熟非色故無長養前無無漏故無等流若約本有種子亦有等

流非無為故無實也法眼從前無漏生故有異熟非色

故無長養非初起故無剎那非無為故無實事也佛眼報化二眼從前無漏

所生起故有等流亦有之力引起故法身佛眼性是無為得有實

事也自餘不具已同前釋也　第五見境不同者其中有四一事二法三理四實等義

界入等差別是事苦無常等衆生根性是法二空真如是理如來藏中真常

事也自餘不具已同前釋也　第五見境不同者其中有四一事二法三理四實陰

界入等差別是事苦無常等眾生根性是法二空真如是理如來藏中真常

佛性是實此之四法五眼所見肉眼唯見障肉色塵事凡夫肉眼見百由旬二乘

肉眼同凡夫所見菩薩肉眼如大品說極速見三千世界如來肉眼與菩薩同

見境分明天眼有二報得從得此二天眼通見障外一切色事報得者凡夫天眼依智

見境不定隨身在處唯見自地及下不見上地若約從得者隨報強弱

廢論見一四天下聲聞天眼小聲聞見小千世界大聲聞見中千世界阿那律從

勝故見三千男也緣覺天眼小者見中千大者見大千界菩薩天眼有二修得二報

得從得者隨人大小所見不定遠者見一切世界故地持去菩薩以一切世界為天

眼境也報得者大品經說獨遠見三千世界如來天眼見一切無量世界後之

三眼不可以方便所論唯得約法深淺分別二乘惠眼唯見主空菩薩惠眼

具見二空而不窮盡如來惠眼見空畢竟二乘法眼但見菩薩無常等諸法惣

相麤觀不能微細若約不知根欲即無法眼了根欲性及一切法若惣

若別麤細卷知布不窮盡如來法眼与菩薩同皆卷窮盡佛眼二乘全無菩

若別處細忘知而不窮盡如来法眼与菩薩同皆走窮盡佛眼二乗全無菩

薩人中進退不定地前菩薩聞見佛性汉聞見故未有佛眼地上菩薩眼見佛

性以眼見故説之為有若依涅槃經九地已還聞見佛性十地眼見而未明了但

見自身所有佛性不見衆生所有佛性於自身中十分見一如来佛眼見性窮盡

此明見實也　第六約人辨異者初凡夫生在人中未離欲者但有肉眼若於得

工界逆者有於得天眼也若生天中未離欲者但有肉眼報得天眼如欲界天苦已

離欲者具肉眼報得天眼於得天眼也須斯二果天中生者具肉眼報得天眼未

得根本禅空無於得天眼若約大乗佛地論須斯二果汉有漏惠伏欲易修

或得根本禅亦得於天眼悟生空故有惠眼不知粗欲無法眼若約知苦無常

法通有法眼非佛故無佛眼也若那舍人中生者有肉眼具於得天眼有惠眼若

生天中得報得天眼無餘二眼如前應知羅漢辟支有肉眼具於得報二種天眼

悟生空故有惠眼無餘二眼如前應知菩薩位中地前頼悟菩薩有肉眼天眼及

以法眼未得無漏無惠眼非佛故無佛眼也若至初地已工七地已来猶未捨於段

悟生空故有惠眼無餘二眼如前應知菩薩位中地前頹悟菩薩有肉眼天眼及

以法眼未得無滿無惠眼非佛故無佛眼也若至初地已工七地已来猶未捨分段

身故有肉眼於空故有天眼得無滿智故具惠法二眼佛眼可知若至八地已

二但具三眼以捨分段故無肉眼非佛故無佛眼也若是地前無學迴心漸悟菩薩

具天眼及以惠眼法眼巳捨分段故有肉眼佛眼可知若是有學迴心異有四眼

未捨分段故有肉眼餘三如前所辨若至八地巳上十地巳来但具三眼所謂天

眼惠眼法眼無二可知若至佛位三身有具五眼報身具四眼

以無肉眼故法身體是真如不具五眼若約法住之眼亦具五眼

第七問答分別者問肉天二眼陰界入中何法所攝答二眼並以不可見有對淨色

為體即汉色入色男也陰界所攝也問惠眼五根五力七覺八正門中何法所攝答十

根中惠眼五力中惠力七覺中擇法覺八正中正見所攝也問惠眼五根

智中何法所攝答三智之中入如行後得二智四智緣俗並通四智十智之中汉等

智法智比智道智他心智五智所攝也問肉眼不見障外何故見三千男耶答菩

薩肉眼以天眼漢引得見三千世男難肉眼見障內天眼別故見障外肉眼見明天

薩肉眼以天眼薄别得見三千世界難肉眼見障內天眼别故見障外內眼見明天

眼薄故見暗色若障外有明緣天眼薄故見障外暗中無明緣天眼雖别不能

見去云 問 五眼十眼如何相攝各依花嚴經說有十眼一是肉眼見一切色二是天眼見

諸眾生死此生被三是惠眼見一切諸揾差别四是法眼見一切真實之相

五是佛眼見佛十力六是智眼分别了知一切種法七是明眼謂見一切諸佛光

明八出生死眼見涅槃法故九無導眼見一切無障導故十是普眼見法嶽平等

法門故十中初一是前肉眼亦無天眼見細逺一近是天眼故第二天眼是前天眼菜

三惠眼茅五佛眼茅六智眼茅七明眼茅八出生死眼茅九無導眼此之六眼是

前法眼茅四法眼是前惠眼見真諦故茅十普眼是前佛眼普見平等真法

界故茅五諸梵皆菩心者聞前佛眼在这常明不生又别知已所見於彼非分感

生莫卬盡欲勤於先菽菩提心後起勝行斯則教呵之勝益也茅六礼敬

可知故我已下結不堪也

佛告優波離者天竺正音此去工音持律中工本在家時是諸釋子剃髮之人後

可知故弟已下皆不堪也

佛告優波離者天竺正音此云上首持律中上本在家時是諸釋子剃髮之人後

諸釋子出家之時波離送去諸釋子等欲至佛所眈所著衣寶冠瓔珞并所

乘鳥為優波離釋子去後波離思念諸釋子等果報如此尚捨出家我住何

益若波有得我亦應然以所得物安置樹上夢繫樹下作如是言諸有所者

吾悉施之後往佛所諸釋子見問其來意波離具荅釋子大喜即便請佛

此人先来為我作俠若後出家我即輕懱頭佛先度我當敬事佛先度之即為

受戒諸釋子等同為礼敬是時大地為之震動空聲讚言諸釋子等我憍慢

山崗出家已後持律第一以其不能觀空滅罪所以致呵就行之義已如前釋裝

共同遵故湏命也文四同前第三釋中初惣徵次別釋後結釋中文開五節一舉

昔日被呵之事二時維摩下明教呵相三於是二比丘言上聲裁下章二比丘

稱讚維摩四我荅言下明已述嘆五時二比丘髮悔郎除下明比丘聞法獲益

前中憶念我昔有二五比丘律行以為耻不敢問佛來問我者此即第一呵事

也有二初問後荅此初問中明比丘所犯耻愧情深不敢問佛以優波離持律第一

也有二初問後荅此初問中明比立所犯耶愧情深不敢問佛以優波離持律第一

故来問次不知輕重以釋本疑律云有一比丘在阿蘭若

眼有採薪女見之慾心盛鼓盜行非法比立密邑婬犯初偏後二比

立見此女人嗔心欲打女人怖走堕坑而死比立懼犯第人重戒為此女懷恥媿不敢

問佛向波離雲請决所疑得免斯咎我即為其如法解說者第二荅波離徇律

教相决輕重故去為其如法解說也第二教呵相中先呵後教前中唯優波

離無重增此二比立罪者讀去懺悔之法以滅罪為氣令此何故乃去增也比立起

過元由取相之心覺已生悔深懷怖懼波離為懺還說有相之法間其罪名

更生熱惱如是懺者為罪雖滅細想更與於念念中薰成識種相資尤

甚豈非增也遠玄比立造罪元由取相故生波離為懺還說罪相增其情取故

日重增也若約行辯此人起滅惡行以其不能即相無相觀罪性空所以教於無

相懺悔也當直除滅下第二正教就中初惣所以下別其智此下結嘆勸學惣

中兩句初一句就理正教茅三句舉過教離前中所言當直陳滅者云向曲滅而

相備悔也當直除滅下第二正教章中初摠下以下明其禪止下緣凹四觀摩懺

中兩句初一句就理正教雜前中所言當直除滅者云何曲滅而

復云直訖有罪相方教懺悔名為曲滅觀罪性空罪垢不生破離罪相若為

直滅勿擾其心者教離過也若依何前取捨心中有相懺者諸見踰增罪體不

滅徒自紛擾亂其心耳就下第二別教中初徵後釋釋中有有四一就罪性以教

二如佛說下就心以教三惟優波離下釋彗以教四優波離一切下惣就一切法以教

正觀前罪性不在内外中間者凡夫由見彼此自他別故造諸罪業今教觀目

無我所我既離無罪可作罪尚不作何有性也又云不在内者六相性空不在

身無我無人即是内空觀他亦然復是外空既非自他中間亦空三界俱空即

外者六塵相空不在中間者六識體空三界既空罪從何起也又不在内者不在我

若在我心不應待別不在彼事者若在彼事不應罪我不在中間者合我与事

以為中間既離於内外更無有法故不在中閒也又依他無生故不在内分別無相故

不在外真實無性故不在中間述此三業故有其罪三性既空罪目非有復何生

也第二就心教中有二初舉佛說垢淨由心以心空故罪性亦空如優波離下茅

也第二就心教中有二初舉佛説垢淨由心以心空故罪性亦空如優波離下第

二就優波離證時以教前中間有四一明衆生空引佛為證二明心相體空三舉心

顯罪四明諸法空亦空初中如佛呵説間前罪空猶未能解現見衆生從善造惡云何

空也故舉佛説為證垢淨隨心古来相傳心是六識由識心分別起染淨二業隨

業勢力感苦樂兩報報起由心故知無有實衆生也又云心者即具第八阿頼耶

識由其識內持染淨種子種子遇緣即能招苦樂二果果起由心故知無衆生

也心亦不在內外者第二破心空也問前説有衆生今乃云無復謂彼罪繫屬於心故

今釋云心亦不在內外中間三處皆無何有心也如其心然者第三顯也以心空故顯

罪亦空夫執本以知末守母以見子佛言衆生垢淨由心辡求之不在三處心既無在

罪垢尖寄故普賢觀經云我心自空罪無福生如空中風無休止處也不出如者

第四明法空也何以前来罪与衆生乃至心性不住三處皆悉空也不出如

故如之體性空寂無為如外無法寧非空也波離下第二就彼證時以教欲令波

離自悟故也文中有三初淨名問次波離荅三維摩言下將凡類聖問中心相得解

脱時有垢不者問彼第九解脱道中正入證時見自性淨心有垢染不成可是因緣

離自悟故也文中有三初淨名問次波離荅三維摩言下將凡類聖問中心相得解

脫時有垢不者問彼第九解脫道中正入證時見自性淨心有垢染不戒可具田緣

緣生之心性非煩惱名本性淨今但問彼得解脫時本性淨心曾有染不荅言不也

者證時心實一境不言有垢染也大小雖異無垢是同故於證時不見垢染一切眾生

心相無垢亦復如是將凡類聖若隨相擇凡聖兩分以理而論凡聖常一故本

性淨心同無垢也第三釋荅以教荅玄波離聖人心淨可余眾生具足一切煩惱玄何

亦言心相無垢也經即擇玄妄想是垢無妄想是淨芽也此明心性本淨妄為客塵

隱覆於真達悟者元來本淨迷悟雖異性體常同故与聖人將為類也雖復不

異約相恒分欲俠學人體茲深意就中三句即是想心見芽三倒也妄想垢者此

即想倒想心計法實妄不實名為妄想不同依地持論有其八種一目妄

想即執色芽法各有目體二別妄想即執色芽有可見不可見有對無對芽

差引三攝受積聚妄想即於陰中執我我所於軍林芽中起之執實此一公

別即前執於人後執於法四我見妄想無我執我也五我所妄想即執我有用六念

妄想即緣可愛淨境分別七不念妄想即緣可憎不淨境分別八俱相違妄想

妄想即緣可愛淨境分別七不念妄想
即緣中融境分別此八妄想前二後三法執所攝第
二積聚通其二執第四第五

唯是人執此之八種隱覆淨心故名為垢即以遍行中想數為體也無忘想其淨
者無即悟真所以是淨顛倒妄心執法背於真實名為顛

倒即以莘六意識為體無顛倒是淨者無即達悟所以是淨也
其見倒邪惠執我計我乘於正理名之為垢即以根本煩惱中我見為體問見

倒一種體是邪惠性能堅執可名為倒心想二法住非邪惠如何成倒荅隨見倒力
亦立倒名与倒相應行相同故或可於非常等見時必由境中取常等相

能取相者是想非餘故立倒名心倒即是見倒所依心王增見亦名為倒也不取我見
淨解空離染所以其淨也一初法以教文中有二初觀法生滅顯性

空二法皆妄見下觀法無相顯罪相空前中有三初法炎喻後合初法中生滅不住
者妄法靈空忽有名生謝往稱滅不住者妄法靈空忽有名生謝往稱滅推

遷時無暫住何以故諸法體空故如幻如電者第二舉喻自性無常如電者
顯念念無常以幻塵似有而無故喻無住電轉忽有忽無故辟如念無常也諸法

遷時無暫住何以故諸法體空故如幻如電者第二舉喻如幻者顯自性無常如電者

顯念念無常以幻喻無故喻無性電轉忽有忽無故辟如念無常也諸法

念剎那不住故知無常也諸法皆妄見下第二此明相空還有法喻合三汉意思之此中

不相待乃至一念不住者第三舉法合喻由前念無常不待後念後念無常不待前

應問若使諸法悉非有者現見眾生苦樂不同見聞等異此義何也經即答云諸法

皆妄見此明向前垢淨等法隨相而說說相差別就實以論畢是妄見悟其真理

由來平等何有染淨之異凡所見聞皆是妄有非真實也此去何知經云如夢無憂喜

妄見有之現無憂喜亦復如是炎者失中無水妄謂有之現見男女等相亦如是

也水中月者木實無月妄見有之觀陰無我亦如是鏡中像者像無法來妄謂

有之現無生滅亦如是也當知皆是妄見故非有似有實無體性無住即空一何有

罪垢也是名奉下結嘆勸學行順法律違罪非有即無犯謀之名為奉律之解

相非相即無取相之失故福善解如來是奉律其是奉律行無不妙如是解法智無不真欲

使興學者慕彼高風故今淨名亦茲教也於是二比丘言上智我等者第三稱讚維摩

辞勝波離故云上智我所不及者明下劣上顯智不及持律之上而不能說明說不及也

辭勝波離故去工智於所不及者明下劣工顯智不及持律之工而不能說明說不及也

吾言目揵如來未有聲聞及菩薩能制藥說辯者茅四障已述嘆目申已屈自捨

如來未有二乘及菩薩能勝淨名辯者嘆其辯勝智惠若此嘆其智勝也持二比丘

懺悔即除作是願言令一切眾生皆得其辯者茅五聞說獲益中有二一懺悔

罪障消除二義大心擔當作佛三興廣頗願眾生智辯同已故我下結不堪也

佛告羅睺羅者此去覆障亦名不放昔曾為王沙門欲見貪著樂故六日不看

又塞晶穴六日不出故在胎內六年方生故就此義名為覆障及不放也又去宮生

太子出家之日父王恐泯國嗣段絕留連不聽太子于時于指妃腹而語之言却後

六年汝當生男即如其言佛出家後六年方生國人及釋種族皆甚太子疏自出

家戰捨五欲如在宮內何得有娠將不犯邪淨飯王与諸親族共相議言謂非

太子遺羅睺王及釋種皆懷愧恥遂生嗔心汶大火坑欲燒耶輸陌羅耶輸對諸

釋種目立擔去若非太子遺體顧我抱兒投火而滅若不不者顧亦清白於是立

擔竟抱兒入大於時母子俱存火竈涼池蓮花捧出王与親族臣寶方信是太

子兒故号宮生佛成道已還宮之時羅睺始年五六歲如來將至于守憂千比丘眾

攬竟抱見入大於時母子俱存火變涼池蓮花棒出王与親族臣賓方信是太

子兒故号宮生佛成道已還宮之時羅睺始年五六歲如来将至寺變千比丘眾

如佛於羅睺直尓往至佛邊佛以手摩頭將還精舍勅告舍利弗目連度之

雖得出家以特貴族憍慢不樂聽法薰多惡口形名他人佛於一時以法制約於

斯永段打辱不嗔佛嘆其人忍辱持戒密行第一不達無剎出家故破呵此若約

行辯修出家行羅睺不了即相無相真實出家不稱如来無為呵德所以教徒無

教呵相前中憶念我昔至羅睺汝佛之子捨輪王位出家為道有何呵利者此第一

舉昔呵事先問後荅毗耶離城諸長者子芽摽舉問人来至我所明請方便問

我芽請問辞也汝佛之子所承至高阮捨王位所捨皆重佛不出家為金輪王王四天

下羅睺在家為鐵輪王王一天下諸長者子見捨重位所希心大捨素從緇名為出家

安心菓法名之為道其出家者有何芽利者問其所得也我即為說出家呵德藥名為利

著第二卷其所問因行道品名為呵德涅槃果為大利戓可善為呵德藥名為利文

云出家呵德經云若故男女奴婢出家其德割益不可思議寔寔為第一勝造寶塔

云出家功德經云若放男女奴婢出家其德利益不可思議寧為苐一勝造寶塔

髙至梵天辟如有人煞三千世界一切衆生戒挑其目得罪無量若能救得福亦無量

放人出家脈自出家福多於彼應説此利文分别功德經云若一日一夜出家陳六十劫

生死重罪如是廣引諸經嘆説出家功德之利不可思議是名安岳為説出家功德

功德之利也時維摩下苐二明教呵相先呵後教呵中唯羅睺羅不應説出家功德

之利者夫涅縣道品無為無相作有為有相説故言不應也所以者何下釋也先徴

後釋無利無功德是出家者舉是顯非出家求滅於行道品離相出家即捨世報

利及有相功德故云無利無功德也或可樂之与若因縁相對利与功德皆藉因

縁因縁無自性畢竟體空利即非利德即非德是為出家有為法者曰説有利

有功德下明非異是在家生死繋縛心有分别見有報利及諸功德出家離相

云何乃説俗利功德也上来呵説夫出家者為無為法下苐二廣明教相文中有二

教羅睺出家之法此刖體出家非相出家也二維摩詰語諸長者下教諸長者

出家儀式前中有二初惣略以標舉勸懀識知苐二被無此下二十三句廣明出

教羅唯出家之法此則體出家非相出家也二維摩詰語諸長者下教諸長者

出家儀式前中有二(初惣略以摽舉勸進識知第二役無此下二十三句廣明出

家之法第三若脫如是下惣以結成初中夫出家者惣以摽舉為無為法無利

無功德者無為是涅槃果德之名為涅槃修行道品果既無為因離諸相無為

無相即絕報利及有相功德也並去文存利者必見有不利存德者必見有不德

苦法性空何有捨苦以求樂利不善體空何有去不善汰求善德也目下二十三句廣

明教之文分為二(初五句終目利降魔以下十八句次明利他自利中文有五句初有兩句

明其所離次有三句明其所證所離中無彼無此中間者明離三相也六根為此

六塵為彼六識為中間三處體空故無彼此中間也又去在家為此出家為彼

方便求度為中間三事緣生無有自性無性即畢空直俗無二其真出家也

又六以為生死彼是涅槃中間為道品為出家者惡此生死導彼涅槃故有三

零之異真真出家者解生死非生死故無此中涅槃非涅槃故無彼既無彼此中

間安在離此三處則無輕重著者是真出家故思益經云諸佛如來不得生死不得

涅槃佛聖弟子得解脫者亦不得生死不得涅槃也雜六十二見者教雜情想執

涅槃佛聖弟子得解脫者亦不得生死不得涅槃也離六十二見者教離情想執

取之心名之為見見別不同有六十二大士了見性空不生分別故稱為離非謂有

所離也故無行經云若有所盡不名漏盡知諸漏空相名為漏盡知盡之与離其

義相似裹涅槃者教其所證此即惣冊裹之言證謂證法性無為寂滅遠

離一切戲論動念分別名裹涅槃也智者所受聖所行裹者別明所證會法界

真如得無分別智名為智者證遍滿如名為所受聖心遊履名行裹亦可地前

菩薩依教生解名為智者信順此法是名為受初地已上會於正理稱之為聖聖

心遊履故云行也工明自利說下教利他於中初教降魔下教伏外道前中七句初

句降魔人也度五道苟六句降魔法也於中有三初有一句明其所出教度五道

者所謂地獄畜生餓鬼人天是五道道者以到為義謂眾生業所感到裹惣以

三有所攝非中有攝以中有未到故除因離果攝之為度五道是生死之裹

黑熟無記五陰或四陰為體欲色界者五陰無色界者四陰為性唯性本究

所以度之問五道中四生內何生所攝答依智度論諸天地獄一向化生以諸根頓

起故兒道二種所謂胎化人畜兩道通其四聖邪生人者如眦舍佉母生三十兒也

所以慶之問五道中四生內何生所攝若依智度論諸天地獄一向化生以諸根頓

起故兒道二種所謂胎化人畜兩道通其四生卯生人者如卵會生母生三十卵也

濕生人者菴羅女頂生輪王等化生人者如劫初生時人皆化生也胎生人者常人也畜

生四者人情易知迮去運大慈悲濟度五道四生悉令解脫而常不得眾生之相

故稱度五道故歡若經云我皆令入無餘涅槃實無眾生得滅度者二有三句明其

所修淨五眼得五力立根者一者肉眼以人中淨色為體緣障內色為所觀境二者天眼

即以天中淨色為體緣障外色為所觀境三者惠眼汉如理智為體緣真如為所

觀境四者法眼以如量智為體緣俗諦為所觀境五者佛眼以恒沙切德為體緣一

切法為境戒可緣佛性為佛眼菩薩先有四眼佛眼分得以結使雲復故不得言淨今

明八地以上菩薩四智現前滅諸結使眼得清淨也又依無垢稱經云淨修 五眼行

人因中施財修定息菩感得五眼清淨如施燈明肉眼得淨如修禪空天眼淨也

若修智惠餘三眼清淨也得五力立五根者所謂信進念定惠也五眼既淨能

破煩惱名得五力力成由根故立五根始起日根終成若力三有二句明教所辨教

遠魔業不惱於波離眾雜惠者若菩薩者慈悲為源懷愍眾生与物無違

遠魔業不惱於波離眾雜惡者羞菩薩者慈悲為源懷愍眾生与物無違

故曰不惱於彼離惡生善不雜漏過心行純淨故稱離惡也伏外道中文有十一句初

句摧邪人摧諸道外者伏邪人也超越假名芽十句破邪法前外道中佛法之外

別立道理名為外道以破邪智邪辯撗殼菩薩大士以四辯而令摧伏玄伏外道

也又玄心外見法理外妄計皆名外道出家於君無念但令心令不起則邪法

自息故工經云以無心意無受行而惹摧伏諸外道也破邪法中亦有其三初有

六句明其所出二內懷喜下三句次明所於三雜眾過下一句還章所雜也前中明

出煩惱業苦超越假名者生死苦報靈假之有稱曰假名證實陰捨故超越

也藏云假名者經說有四一生死是假名涅槃非假名生死是浮靈幻為所以是假

名涅槃真實故非假名二者涅槃是假生死非假涅槃無名強為立名所以是假生

死本是名相之法非強立名是故非假三者二俱是假次生死涅槃是因緣相待故是

假也四者二俱非假廢名就法赤體皆如如內絕言所以非假令就初門明生死是假名得

涅槃故超出也明出苦也次出煩惱於中四句初出於涅槃教断受也於涅者愛見煩惱

假也四者二俱非假廢名就法法體皆如如内絶言所以非假令就初門明生死異彼名得

涅縣故超出也明出苦也次出煩惱於中四句初出淤泥教斷愛也淤泥者愛見煩惱

愛染生死名曰淤泥之性空稱之曰出也無繫著者心無所愛不著五塵若有

所著不名出家乃至不為愛道不繫小不著名為出家故思益經云乃至如來尚

不貪愛何況餘法也無我所著者明從除見也出家之道本亡我人故於我所法中一

不受一切法故花手經云眼不受色乃至意不受法名無所受也下教出業權諸外道

切捨雜故下經云因有我故便有我所若無有我亦無我所受者不受邪法戈可

苹邪法教人名為擾乱除滅稱無次明所從内懷喜謙彼意於利他行於他所為心

無嫉惡名内懷喜内心清淨外能隨順衆生不違其心名謙彼意隨禪定者於目利行

隨者順也不見乞乱相其心常不動故曰隨也此迆順學離衆過者還明所離於一切

把戒之垢此戒學也若能以下第三結以其真實出家之法一如上故依此出家名真

實也戒下第三教彼長者子苹出家戲式文別有四維摩詰勸諸長者真實

出家二諸長者不達真實出家意故以父母致辭三明維摩教令發心即真實出

家亦名具足四諸長者得真出家前中先勸所以下擇法身如來無處不在對目不見

出家二諸長者不達真實出家意故以父母發辝二明維摩教令發心即真實出

家亦名具足四諸長者得真出家前中先勸所以下釋法身如来無處不在對目不見

故難陁也父母不聽木不得出家者崔依戒律出家要湏父母開許若其違命不合出

家戒可無明父貪貪愛之毋障蔽真捐令不顯現名曰不聽隱在三界諸煩惱中五

不得出家維摩詰言汝芽菱菩提心即出家者真心既朗勝相亦彰無明貪愛既

陳法身獨出無导此則名為真出家也名具足者衆德圓満性戒貝戒不假師資畢

竟無染此豈不名具淨戒也故無垢穢玄真則出家是即受具戒蕬菩性問俗令菱

心即得具足戒与比立何別苔前戒有二種一制行論其制法如湏鵝磨方得論其制

行難過是同故与俗人同法事四明長者得真出家故我下結不堪也

佛告阿難者此去歡喜依智度論有三回緣立名一從本頭得名二父母立名三人見得名

第一從本頭得名者即是釋迦牟尼佛田地作窰師時值遇過去本師釋迦牟尼佛有聞

持傳者名曰阿難即菱擔頭頭我於未来得佛之時還名釋迦所有聞持侍者還

同令曰阿難亦由世世已来菱頭為佛侍者以宿田故今得為佛侍者故名阿難為歡

喜也第二父母立名者如来将欲成道魔王忿怒与十八億鬼兵来惱菩薩菩薩心正驚

喜也第二父母立名者如来将欲成道魔王慈怒与十八億鬼兵来惱菩薩菩薩心正魔

皆退散便至淨飯王所説言汝子昨夜将欲成道為魔所懷令已死没王与眷屬皆

生慈苦不能目睹淨居天子即報王言不須懊惱汝子已成正覺不須憂苦王猶慈

藏即遣使訪問使逻啓王太子已成正覺見王及眷屬國内臣民皆大歡喜須更之傾斜

飯王復更報淨飯王六夫人生男王重歡喜世間欲寶豈過我等既恒歡喜時生為

立其名之歡喜也第二人見得名者由阿難世已来慈忍行咸報得相好端嚴色

像第一見者悦神無不愛敬故名歡喜故涌法師云阿難者是佛見季宿著田緣

名標颗頤之初生居得道之赤面如滿身目類青蓮能令見犹神亦侠之王慶集具

斯三戴故輒歡喜弟子中多聞第一不知如来法身常身體性無假故亦被阿文四

同前茅三釋中初惣徵次別釋中有五一出昔日被阿之事二維摩言止上下明教呵

相三時我世尊實慚慚下目覩已屬四即聞下空聲導引和諧雨家五世尊維摩詰

下阿難比立嘆維摩德前中三句初明阿難為佛乞乳時維摩下净名恠問我言已下

阿難正荅前初句中世尊身少有疾者患風病也牛乳治風故須乞此維摩問者非時

而乞其心有由故須問也荅中小乘教内言佛實有生老病死故作斯荅如是道理

阿難正者前初合中世尊身少有病者患風病也牛乳治風故須乞乳也維摩問者非皆

而乞其必有由故須問也答中小乘教內言佛實有生老病死故作斯答如是道理

阿難具大菩薩知佛無病應同聲聞起化故也就下第二教阿相中文開四節初句略

呵二如來身下顯佛真身金剛不壞三嗎往下重開呵相四當知阿難如來身下重明佛

身體常不墮諸歎前略呵中止正莫作是語者執應迷真所傷之甚重言呵責故云

止止也如來身金剛體者第二顯佛真身佛身無為物不能壞如金剛也惡盡善普會章佛

何有病也又云金剛之體明佛體堅難壞也事同金剛諸惡已斷衆善普會章佛

德滿衆惡已斷斷德圓滿是攝律儀戒也衆善普會行德具是其攝善法戒競

益衆生戒也此明所有何病何惱章其所無當有何疾內無疾苦當有何惱外無棄

捐此嘿往已下第二重呵就中有三二呵心其言三行矣已下呵其身三一呵密去下雙呵形

言欲令永息無常之念前中有三一道嘿往呵二誡不聽謗佛二以理教示嘿往阿難

其初道也已恩病言是汝須往讀云阿難小智不了佛身真常

無待妄言有疾遠尖憂深故須嘿往目此已後不得更言佛身無常也勿謗已下第

二呵也如來無病而言有病是則為謗又堉執實無亦為謗佛莫使與人間者異

二呵也如来無病而言有病是則為謗矣妨執實無亦為謗佛莫使異人聞者異

學情逐難与理親耽聞斯語謂佛實病即輕佛也無令大威德諸天者五淨居

天名世界頂十住菩薩多生是處也若聞此言則知人者不達如来方便之意於汝而

生芳想他方菩薩知佛無病復輕汝矣轉輪王下第三以理正教轉輪聖王以少福故

當得無病舉岁況勝豈況如来無量福德普勝三界而有病也辯勝過一步第二

呵去其身於中有二初呵令去身二明湏去所以行矣阿難者速捨此去名為行矣佛

為世師舉世共尊說病他識彼此同著故云勿使我芳受斯恥也外道聞芳者明可

去所由外道梵志舉毀謗人佛法之外別去道理名為外道心外別求理外

妄計生心動念名為外道法外求淨名梵志若聞此語明謗所由當作是念何名為師

者明輕謗心目疾不能救而能救諸疾者明出謗語也第三雙呵中可密者止其言速

去者催其身不密他聞不速他見故湏密速勿使人間或可速密去者催其身勿使人

聞此其言也第四重明佛身性常戒其無病何湏重明者前雖明佛是金剛身豈盡

善滿猶遍濫生身無常此下四句明佛惟以法性為身不墮諸數以證如来早竟無病

文中有三第一告語令知第二作患下正明四患第三此等當有何病下明了知無病可

文中有三第一告語令知第二非思下正明四德第三此身當有何病下明了知無病初

告語令知阿難諸如来身即是法身者明佛化身即是法性之身汉化用法為體故戒

可化身性空即是法身也第二正明四德非思欲欲身者法身不從思欲結業流生故非思欲

身也業繫既段自在無与即是我義過三界者生死報士無復諸漏

已盡与無垢染即是淨義不墮諸數者佛身無為不墮生住滅等四相數中即是常義諸漏

戒可不墮數者出過一切有為諸數故無垢攝經云其身無為離諸有為出過衆數

也延云不墮衆生數者不墮衆生數也遠云非思欲身者離分段因過三界者離分段果諸漏

盡者離變易田不墮諸數離變易果云如此之身當有何病者第三結成無病既具

藥四德寧有病也第三目障巳盡實懷慚耻者阿難聞上佛身常希無病自耻愚闇終日

侍佛不知佛常妄見有病刀為乞乳非謀何也第四空聲導引者阿難執應迷真居

士論真失應令汉平等空中出聲導之和諧雨家不許偏執就實汉論勸彼阿難如居

士言了佛無病但為佛出五濁愿巳下隨化不達阿難乞乳故湏同病汉止病也五濁者

一命濁二劫濁三見濁四煩惱濁五衆生下劫将末命等五法汉戒蕓飯如油將盡名濁

也命濁者謂延壽年十歲汉惡劫時命根為體却濁者謂兵刀疫病飢饉劫起

也命濁者謂短壽奇年十歲以惡劫時命根為體劫濁者謂兵刀疫病飢饉劫起

時以不相雇法為體或以內外有漏五陰為體見濁者三惡劫時五見為體煩惱濁者三惡

劫時陰五見餘鈍使煩惱為體眾生濁者三惡劫時無有正念眾生以弟八識為體成

通取五陰為性此五惟在欲界非上二界也此五成時名為惡世現行斯法度眾生者如來

一代行乞食法度脫眾生依乳光緣去佛在世時毗耶離域樂樹下四眾圍繞其會

說法時佛中風當須牛乳毗耶離有梵志名摩耶利為五百弟子作師以慳悋故

常持羅綱覆其舍宅及以庭中不令飛鳥棲食米穀邪見不信家有乳牛惡牧踏

人無敢近者佛為度此梵志故求言有疾須乳為治風故來遣阿難持鉢往乞至

其門下梵志見怒而問曰汝何所須阿難對曰佛病須乳故來乞求被閉作念可令

目耶侠牛踏然即語阿難若須犢取阿難即往牛所牛白開脚任其穥乳時牛

靜住不演敢動時諸人眾咸生驚怪余時牛母而說偈言

此手捫摸我　一何使乃尒　取我兩乳去　餘留與我子

我乃前身時　生懷貪恡竅　復通惡知識　不信佛經戒

都緣貪嗔癡　至扵六十劫　今為得渲佛　如病遇良醫

我食草歃水　日可充令日　今我後智惠　得直頭如佛

侠我作牛身　受苦不可繫　持我歃乳分　盡用奉工佛

我食草歒　目可充今我後智遠　得直碩如佛

于時梵志在傍具見即自悔責我不及牛不識稿田生此惡心梵志門徒數百人見此事已皆

得法眼淨　梵志復說偈言

我是人頭畜　汝是畜頭人　汝見生歡喜　我見却生嗔　共汝諸等輩　相將見世尊

尒時阿難持乳奉佛具述二事佛即記曰此牛母子却後命終人間天上七返往

來終更不生三惡道中牛母後懷弥勒佛得阿羅漢果犢子亦不過二十劫後當

得成佛早曰乳光如來田此事故摩耶剎芋即於佛所深生敬信故已現行斯法

廢脫此所乳勿慚者為化必然故無慚也茅五嘆維摩可知是故已下結不堪也如

是五百已下茅三惣結　類顯餘文可解也

維摩經疏卷第三

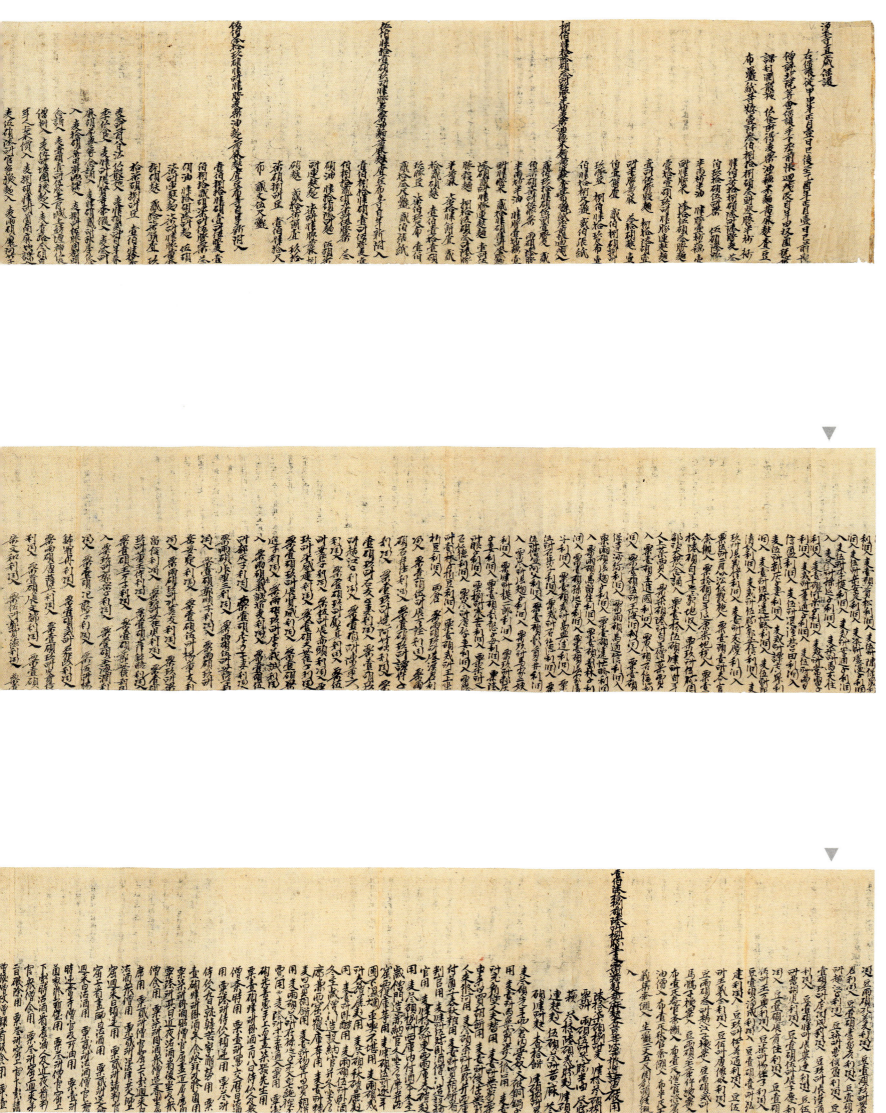

P.2049v　　後唐同光三年（925）正月沙州淨土寺直歲保護手下諸色入破曆算會牒等（總圖）　　　　（一）

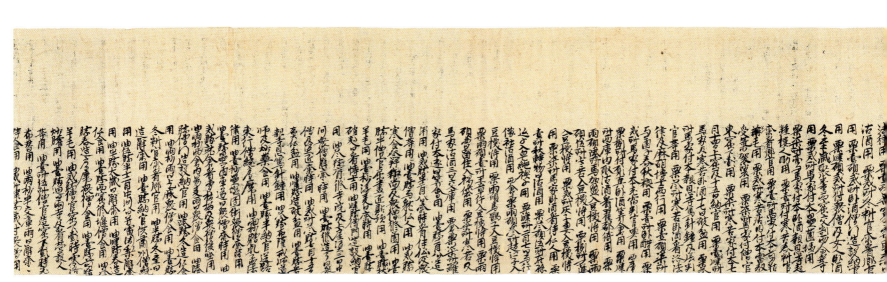

P.2049v　　後唐同光三年（925）正月沙州淨土寺直歲保護手下諸色入破曆算會牒等（總圖）　　　　（二）

P.2049v　　後唐同光三年（925）正月沙州淨土寺直歲保護手下諸色入破曆算會牒等（總圖）　　　　（三）

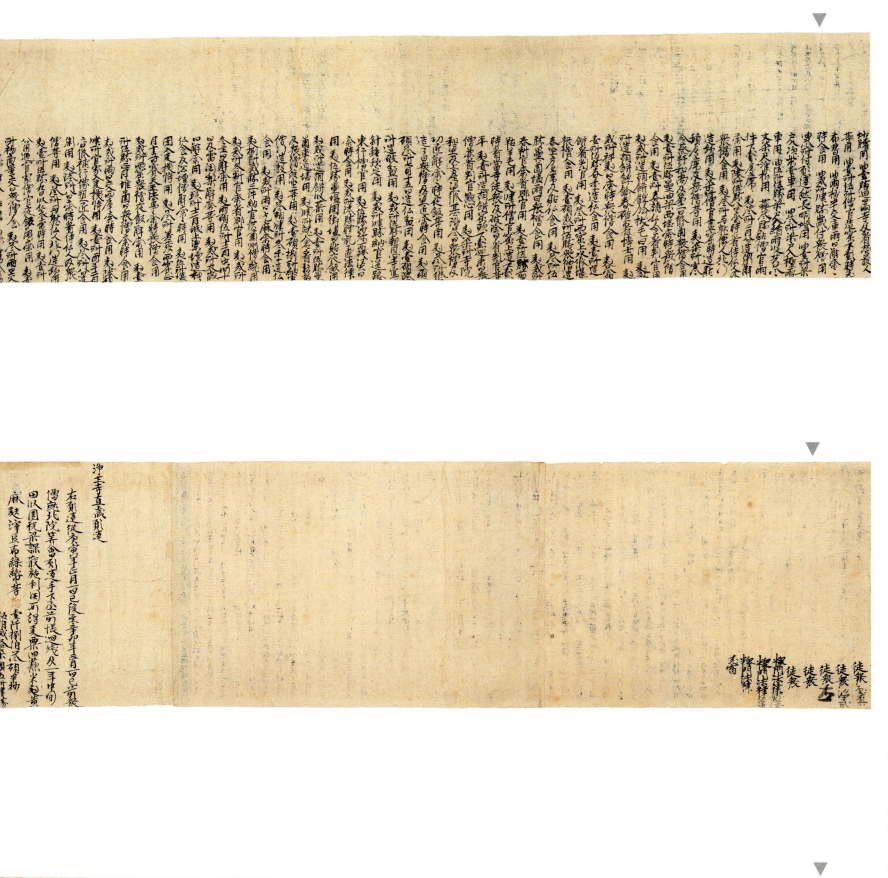

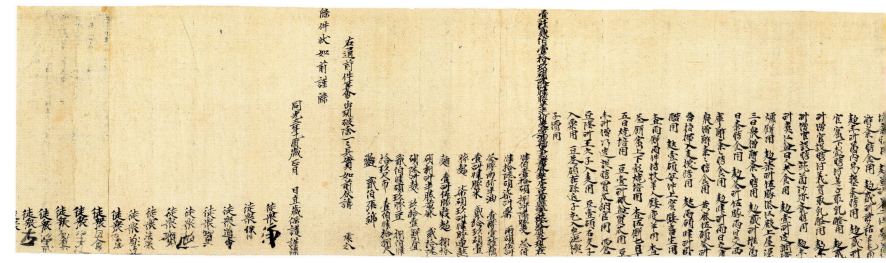

P.2049v　　後唐同光三年（925）正月沙州浄土寺直歳保護手下諸色入破曆算會牒等（總圖）　　（四）

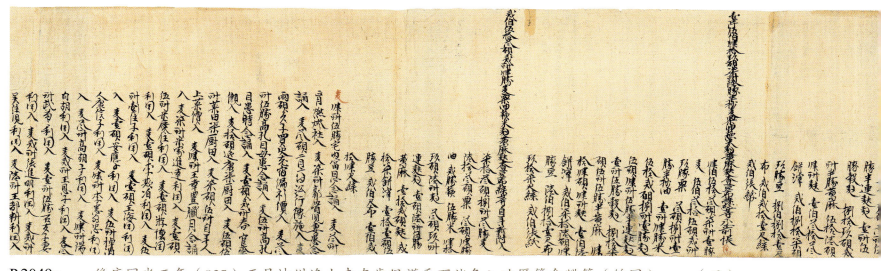

P.2049v　　後唐同光三年（925）正月沙州浄土寺直歳保護手下諸色入破曆算會牒等（總圖）　　（五）

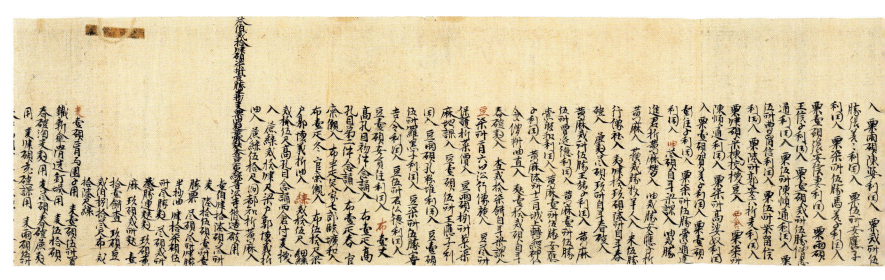

P.2049v　　後唐同光三年（925）正月沙州浄土寺直歳保護手下諸色入破曆算會牒等（總圖）　　（六）

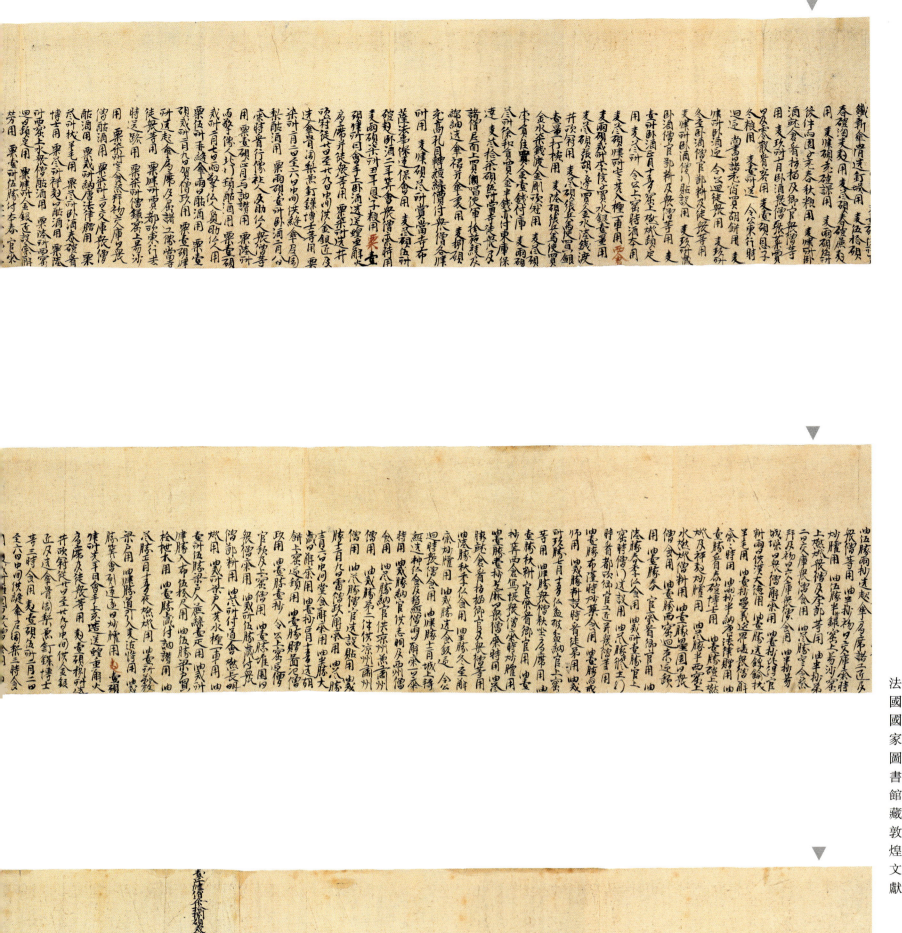

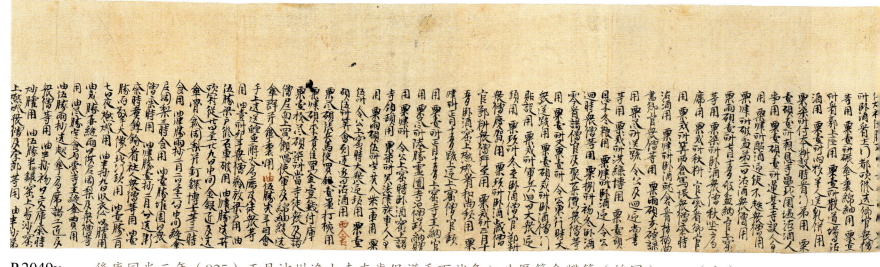

P.2049v　　後唐同光三年（925）正月沙州浄土寺直歲保護手下諸色入破曆算會牒等（總圖）　　　　（七）

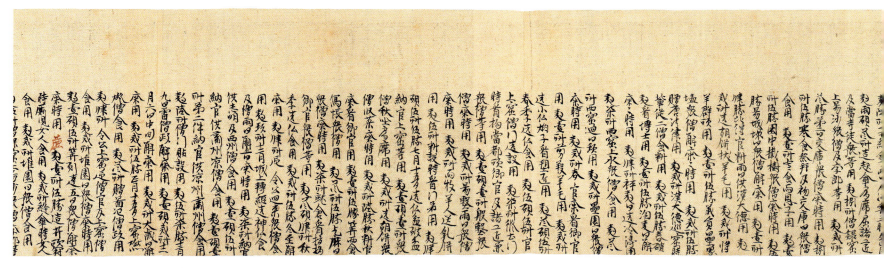

P.2049v　　後唐同光三年（925）正月沙州浄土寺直歲保護手下諸色入破曆算會牒等（總圖）　　　　（八）

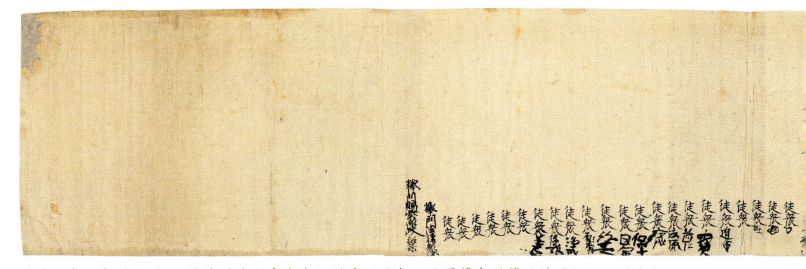

P.2049v　　後唐同光三年（925）正月沙州浄土寺直歲保護手下諸色入破曆算會牒等（總圖）　　　　（九）

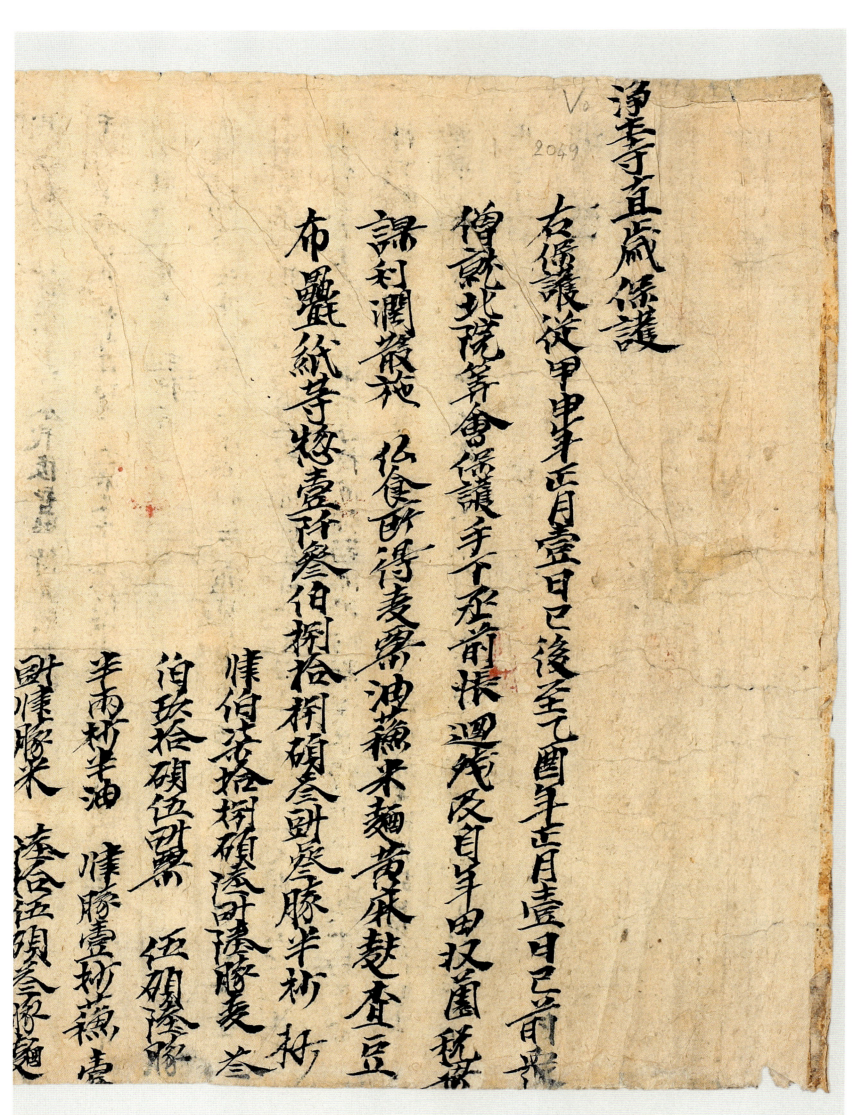

P.2049v　　　1. 後唐同光三年（925）正月沙州淨土寺直歲保護手下諸色入破曆算會牒　　　（85—1）

法國國家圖書館藏敦煌文獻

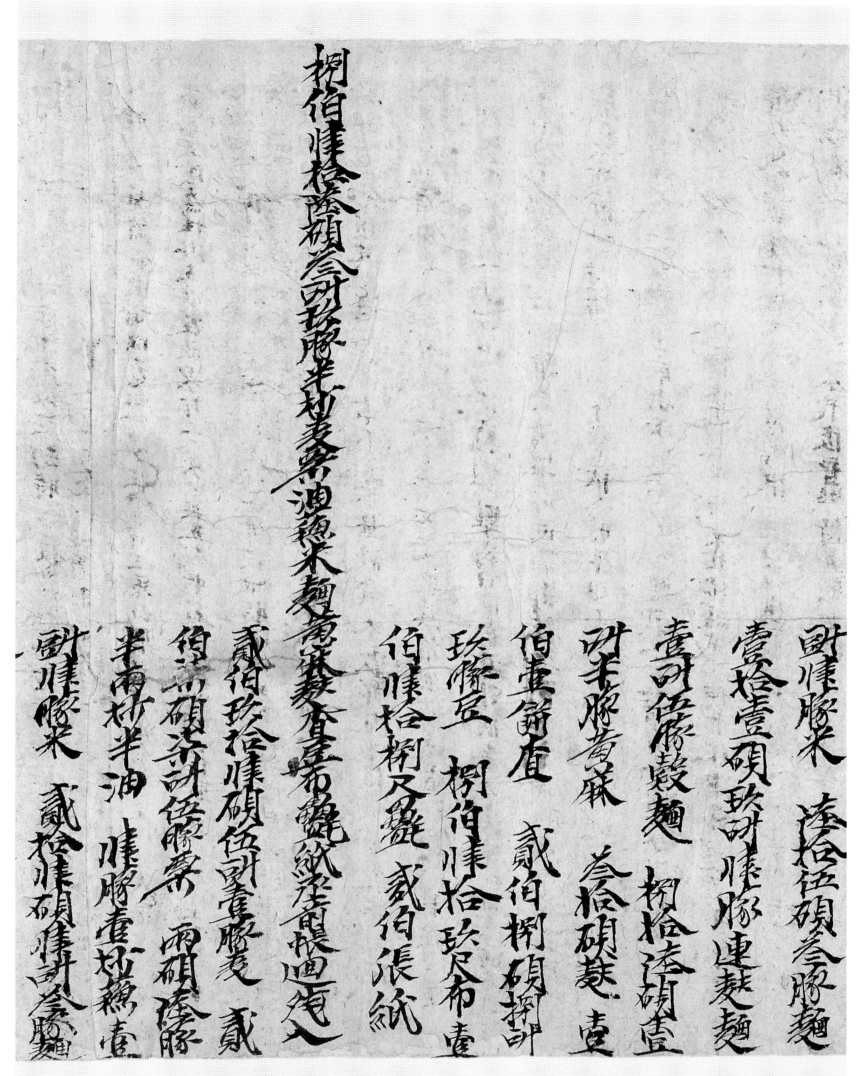

P.2049v　　　1. 後唐同光三年（925）正月沙州淨土寺直歲保護手下諸色入破曆算會牒　　　（85—2）

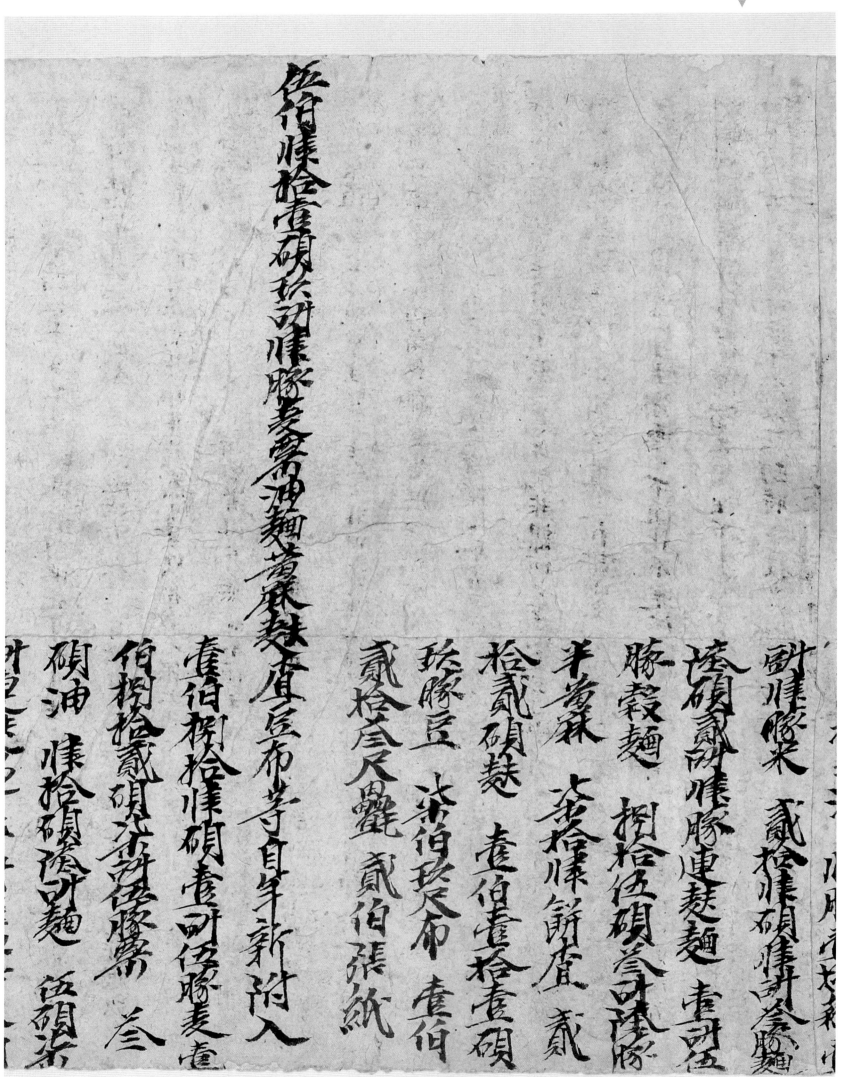

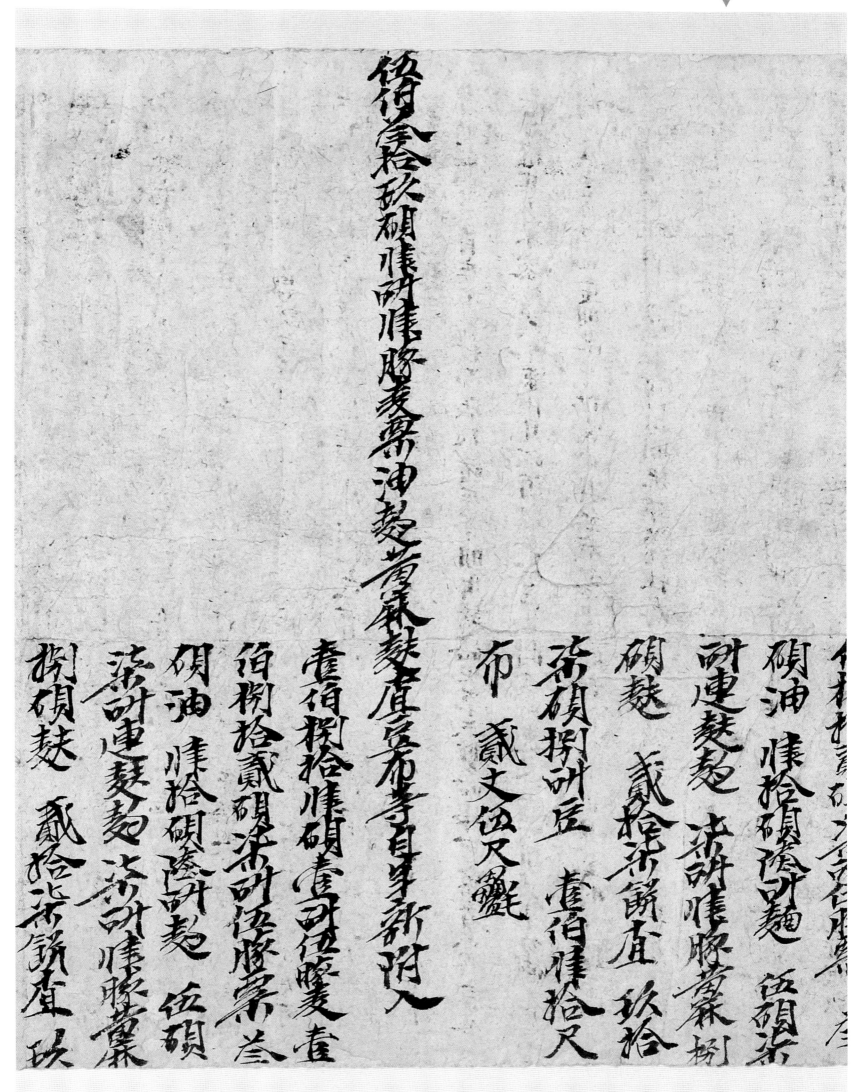

P.2049v　　　1. 後唐同光三年（925）正月沙州净土寺直歲保護手下諸色入破曆算會牒　　　（85—4）

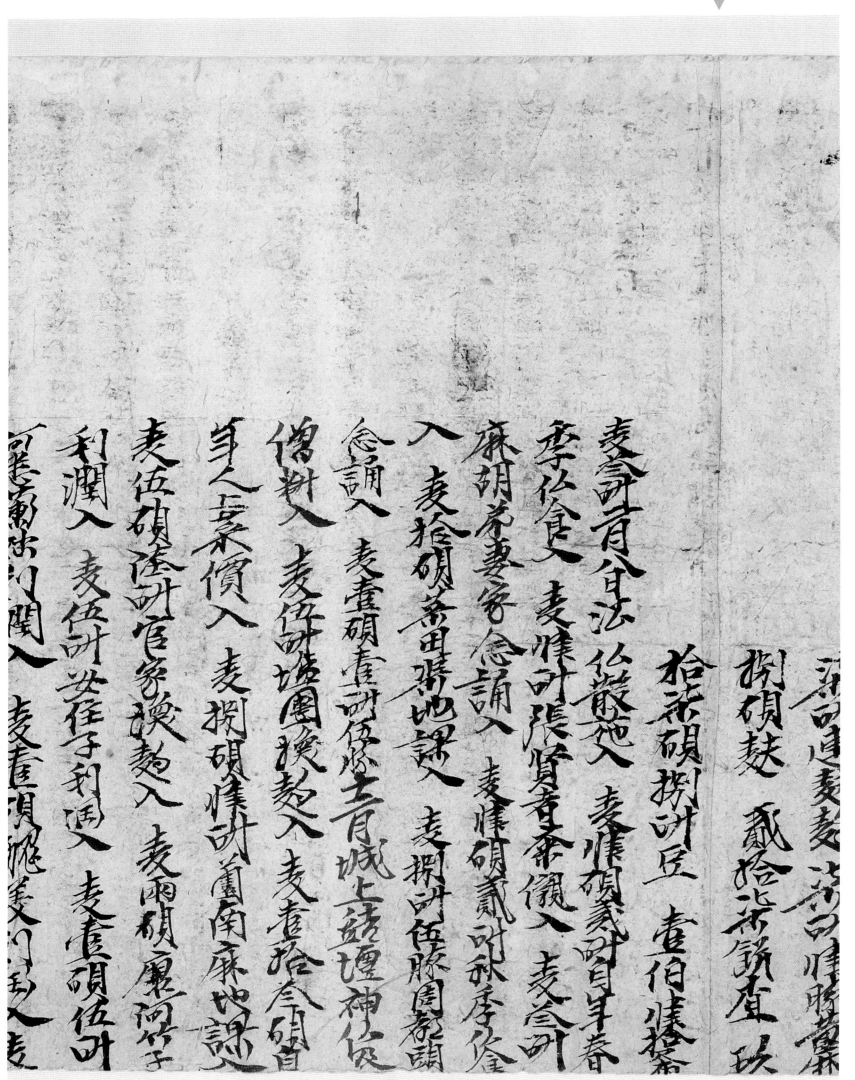

P.2049v　　1. 後唐同光三年（925）正月沙州净土寺直歲保護手下諸色入破曆算會牒　　（85—5）

利潤入　麦伍㪷安住子利潤入　麦壹碩伍㪷
阿悪薄妹利潤入　麦壹碩脇美利潤入　麦
壹碩玉文達利潤入　麦壹碩張道君利潤入
麦肆㪷羅家蓮通利潤入　麦壹碩曹住子利潤
入麦遠碩孔善支利潤入　麦壹碩任姜通莉
潤入　麦碩玖㪷米有住利潤入　麦壹碩
盡孝君利潤入　麦兩碩玉鷹子男利潤入　麦
兩碩廉鏵昽利潤入　麦兩碩安秋堆利潤入
利潤入　麦伍㪷孔善信利潤入　麦壹碩康香利潤入
麦叄㪷李通達利潤入　麦伍㪷曹香利潤入
麦兩碩氾安荅利潤入　麦壹碩康懁利潤入
叶氾車□利利潤入　麦壹碩懁㪷鉤猪□利潤入
利潤入　麦壹碩□時猪□利潤入
麦壹碩玉妥任利潤入　麦遠㪷氾定子利潤入

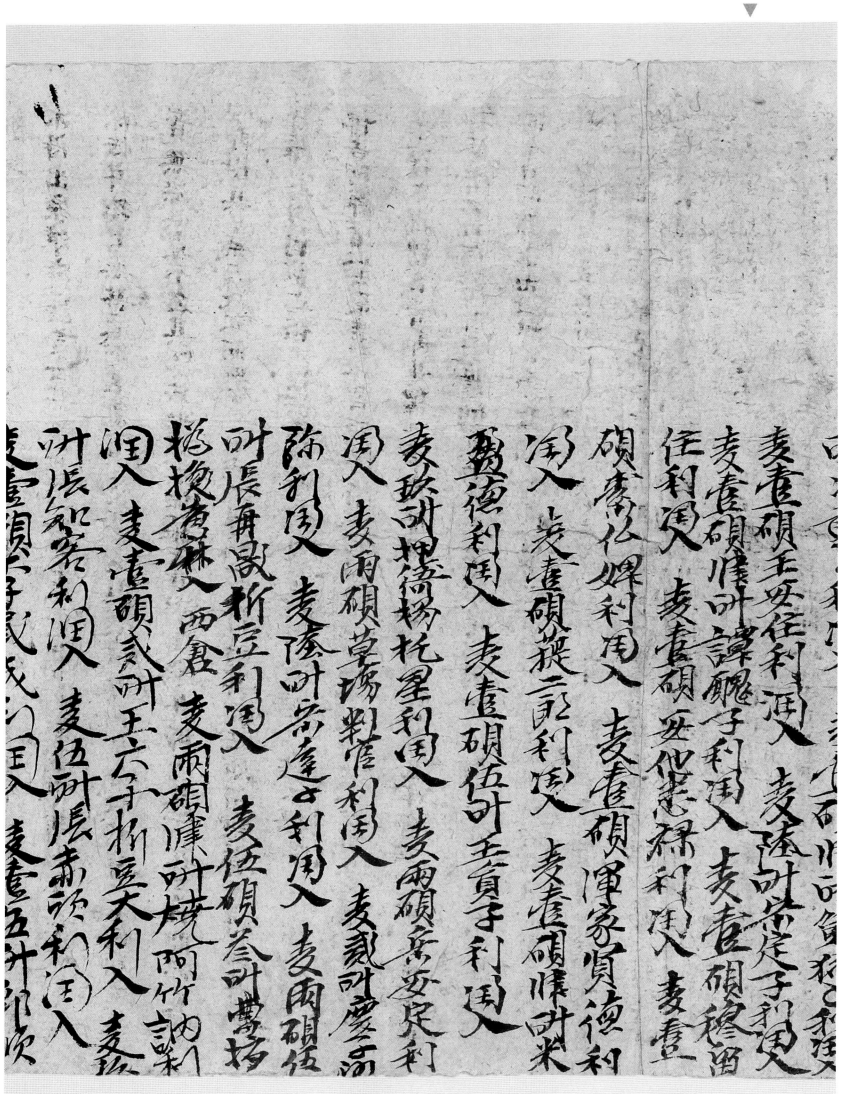

P.2049v　　1. 後唐同光三年（925）正月沙州淨土寺直歲保護手下諸色入破曆算會牒　　（85 — 7）

麦壹硕李義成利润入　麦壹伍斗郭順
ゟ利润入　麦兩硕壹力ゟ利润入　麦壹伍斗王
瀋利润入　麦壹硕曹仵澤兵利润入　麦兩硕壹卅慕容雲候利
ゟ入　麦伍斗曹德利润入　麦伍斗高
婆奴利润入　麦兩硕壹卅陳曾信利润入　麦伍斗
ゟ入　麦壹硕安暎德利润入　麦伍斗李者ゟ利润
壹硕安暗德利润入　麦兩硕君伍　麦伍斗
德利润入　麦壹硕儒福慶利润入　麦伍斗
入麦壹硕趙善信利润入　麦伍斗
縜娃利润入　麦伍斗陳青ゟ利润入　麦伍斗隆
圓ゟ利润入　麦伍斗張和客利润入　麦伍斗王
留ゟ妻利润入　麦伍斗王軍退利润入　麦壹硕
傳胥ゟ利润入　麦壹硕勝ゟ利润入　麦壹硕
安懷信ゟ利润入　麦壹硕伍斗李文黑利润入

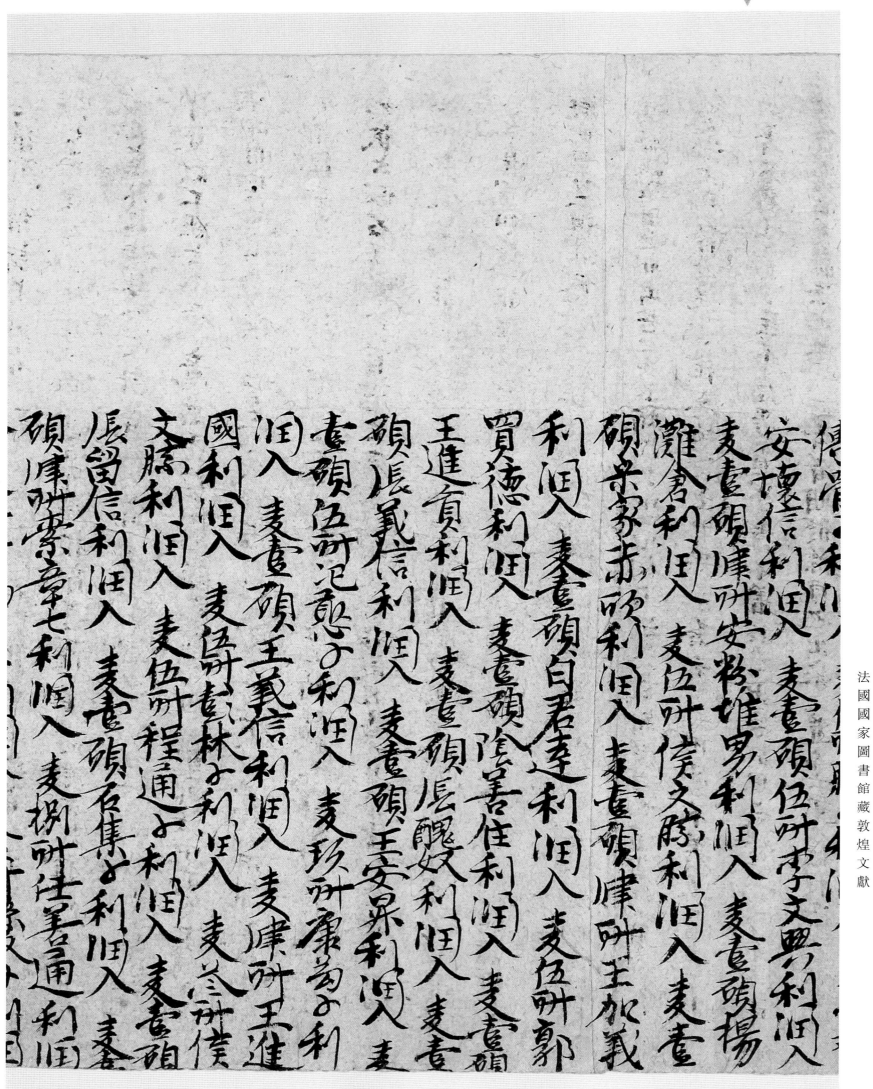

P.2049v　　1. 後唐同光三年（925）正月沙州浄土寺直歳保護手下諸色入破曆算會牒　　（85 — 9）

碩肆斗索章七利潤入　麥捌斗住富通利潤
入　麥柒斗馬乡子利潤入　麥伍斗孫奴子利潤
入　麥壹碩捌斗郭卿官利潤入　麥玖斗羅
留住利潤入　麥玖斗張留子利潤入　麥壹碩
壹斗女女利潤入　麥玖斗郭莫賢利潤入　麥
伍斗何留奴利潤入　麥叁斗張留子利潤入　麥
伍斗陳章六利潤入　麥壹碩何賢威利潤入
麥貳斗都厂子妻利潤入　麥伍斗索赤頭利潤入
麥壹碩陰杲子利潤入　麥貳斗安黑見利潤入
麥伍斗石加政利潤入　麥伍斗李君君利潤入　麥
麥叁斗安員通利潤入　麥叁斗李買子利潤
入　麥壹碩安文信利潤入　麥伍斗李粉堆利
潤入　麥伍斗郭萬見利潤入　麥伍斗杜通信
利潤入　麥壹碩貟松利潤入　麥伍斗陳保晟利

P.2049v　1. 後唐同光三年（925）正月沙州浄土寺直歲保護手下諸色入破曆算會牒　（85—10）

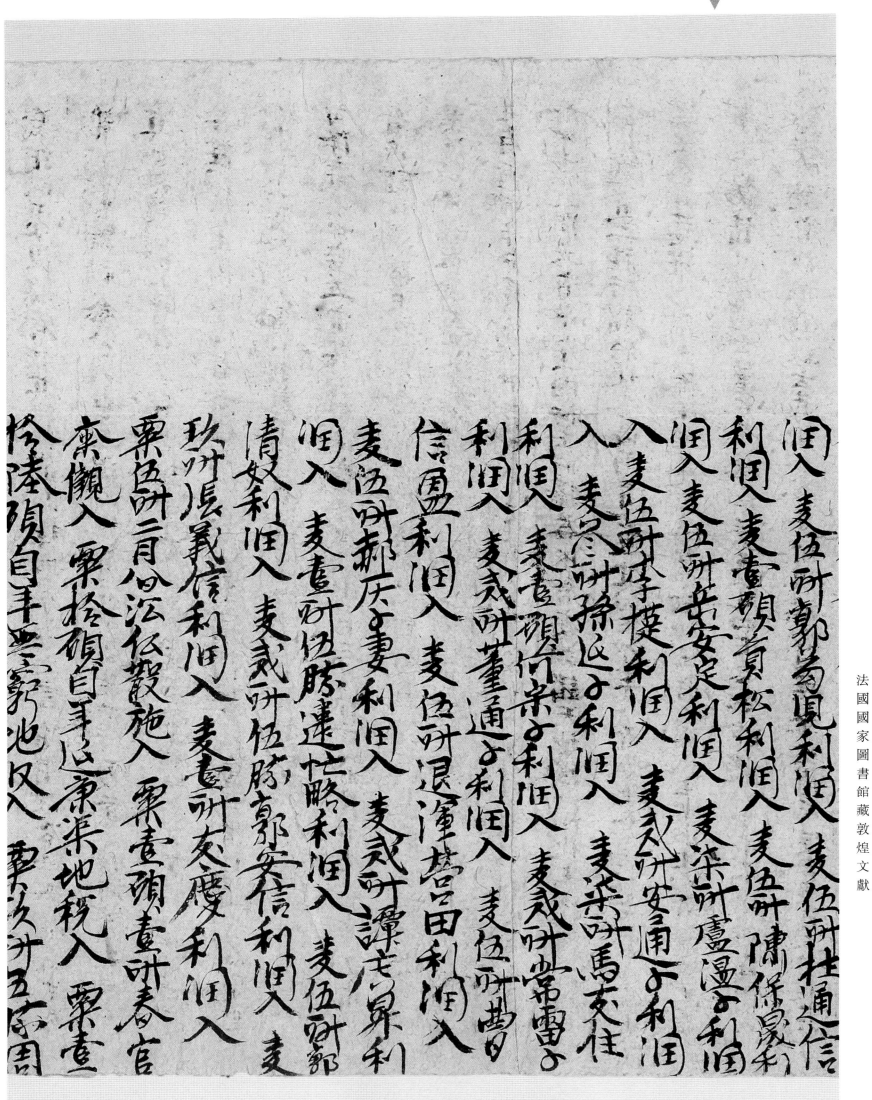

P.2049v　　　1. 後唐同光三年（925）正月沙州淨土寺直歲保護手下諸色入破曆算會牒　　（85—11）

第一一册　伯二○四八至伯二○五○

粟玖㪷馬家三娘

入粟...計張麴乙利潤入

伍㪷僧宣阿父利潤入粟壹碩彭員子井利潤

伍㪷石集子利潤入粟壹碩達利潤入粟

子利潤入粟貳㪷馬□達利潤入粟

潤入粟壹碩孫□乙利潤入粟壹碩長家

入粟兩碩馬留住利潤入粟壹碩彭株乙利

粟兩碩長麴乙利潤入粟壹碩達世略利潤

保達沙彷利潤入粟兩碩馬通信利潤入

潤入粟壹碩伍㪷王海利潤入粟壹碩

入粟壹碩王進國利潤入粟貳碩石德利

人上菜買入粟柒碩陸㪷自手僧菜買

部吹大衆念誦入粟壹碩...自手

於陸碩自手□□郭地收入粟玖㪷伍膝周

棗懶入粟拾碩自手□康柴地稅入粟壹

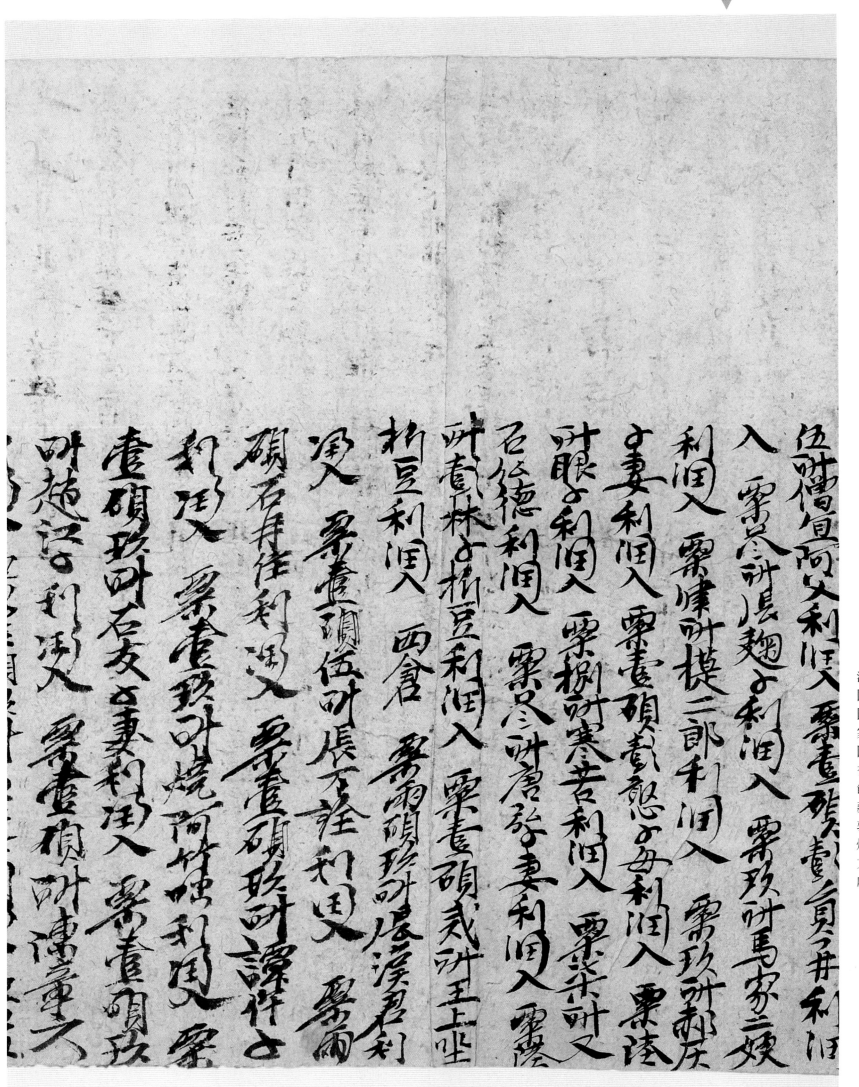

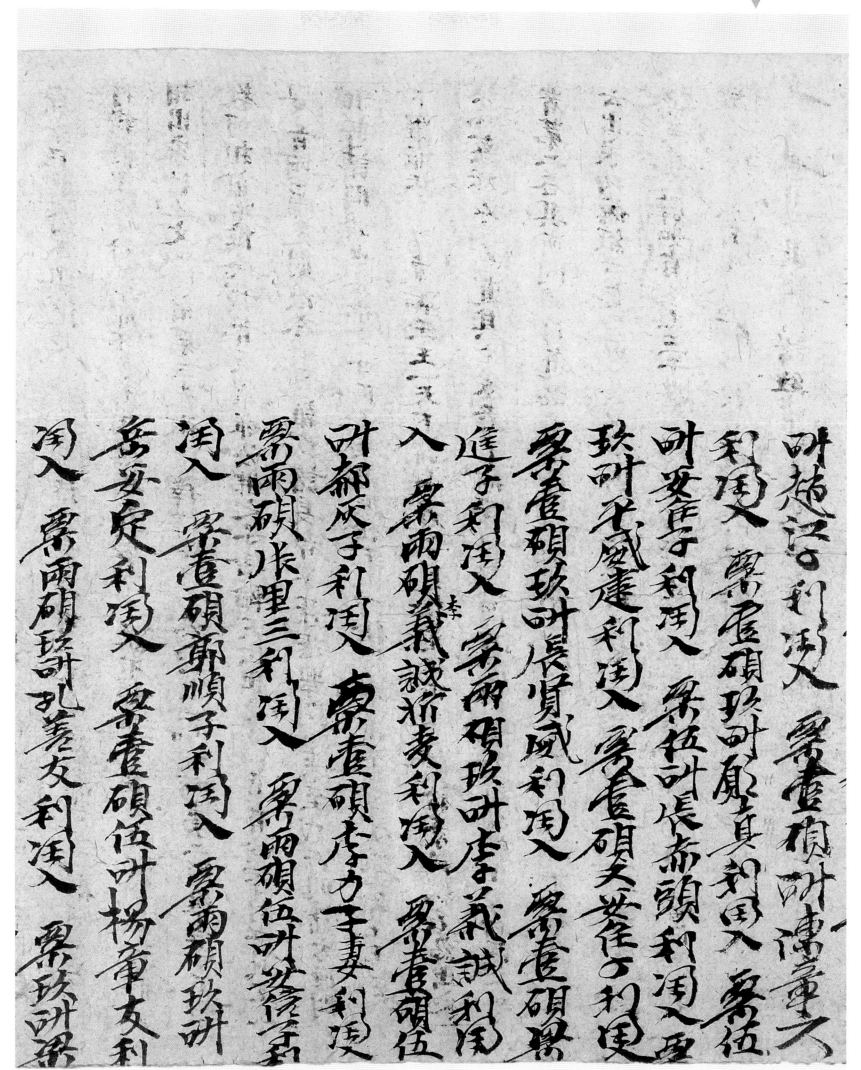

P.2049v　　1. 後唐同光三年（925）正月沙州浄土寺直歳保護手下諸色入破曆算會牒　　（85 — 14）

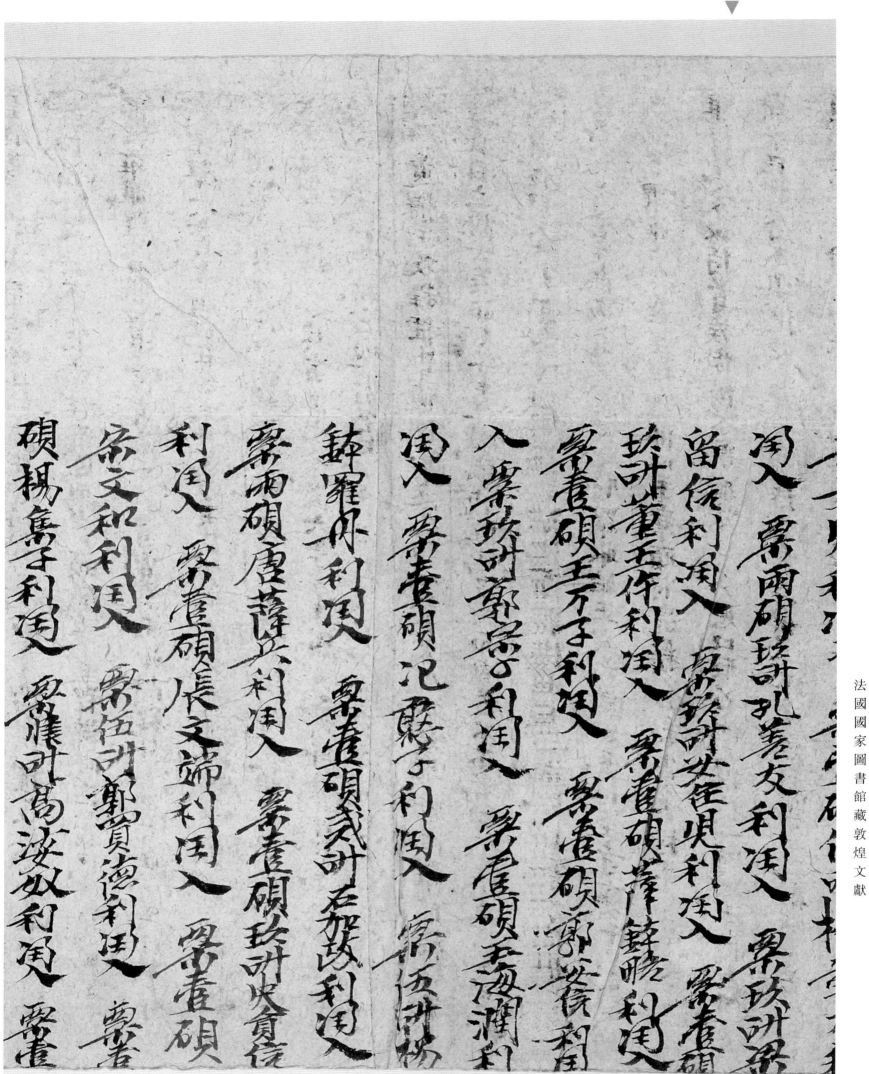

壹碩張留德利潤入　粟玖斗李吾七利潤入　粟

玖斗□運□□禪利潤入　壹碩張慶達利

入　粟玖斗楊他倉利潤入　粟伍斗石竹羅

草利潤入　壹碩康阿□子利潤入　粟玖斗

孔庭子利潤入　壹碩石童文利潤入　壹碩

碩張都翎利潤入　壹碩馬加盈利潤入　粟

壹碩李薩利潤入　壹碩張□住利潤入　粟

玖斗張胡乙麥粟利潤入　壹碩安子童利

困入　粟伍斗安殺奴利潤入

利困入　壹碩李舟通折麥文利潤入　壹

叶安遠子利潤入　粟兩碩張漢君利潤入

碩玖斗石友主新豆利潤入　粟伍斗安信利潤入

粟捷斗成文藏折麥利潤入　粟兩碩石張盈

P.2049v　　1. 後唐同光三年（925）正月沙州浄土寺直歲保護手下諸色入破曆算會牒　　（85—19）

豆壹碩孫迎子利潤入

豆兩碩馬集子利潤入 豆壹碩高飛子利潤入

豆捌叶武通子利潤入 豆壹碩李買子利潤入 豆壹碩情叶騎驢利

捌叶珠泊子利潤入 豆捌叶馬慶住利潤入 豆玖叶高飛子利潤入

豆陸叶灰子妻折麥利潤入 豆捌叶馬慶住利潤入

豆捌叶石婆換粟入 豆貳叶灰子妻換粟入 兩會 豆壹碩

陸叶馬加圓換粟入 豆兩碩伍叶塞菩換粟入

王牽松利潤入 豆伍叶騎驢官利潤入 豆兩碩

叶安文信利潤入 豆陸叶安昏子利潤入 豆伍叶

閏入 豆壹碩情叶王氣圓利潤入 豆柒

利潤入 豆壹碩李宏奴利潤入 豆兩碩石賢者

豆壹碩羅恒信利潤入 豆叁叶李章端新

碩貳叶王安住利潤入 豆柒叶曹保威利潤入

豆兩碩馬集子利潤入　豆玖斗赤龍子利潤入

豆壹碩孫迎子利潤入　豆壹碩悰斗縣驗利

豆兩碩孫定乙利潤入　豆玖斗長智後利

渠豆兩碩乃索麥利潤入　豆壹碩玖斗麥當

君利潤入　豆壹碩麥蜀虎利潤入　豆壹碩玖

趙江子利潤入　豆染斗曹僧圖利潤入　豆

壹碩斗彥潤戍利潤入　豆玖斗長漢通

利潤入　豆壹碩悰斗長黃達利潤入　豆伍

曹胡兒利潤入　豆壹碩伍斗長子慶利

渠豆壹碩長貞住利潤入　豆壹碩

伍斗壬勿奧利潤入　豆染斗楊保子利潤入

豆壹碩净戍利潤入　豆壹碩壹弘

建利潤入　豆玖斗任善通利潤入　豆伍

伍斗威金利潤入　豆伍斗唐家收

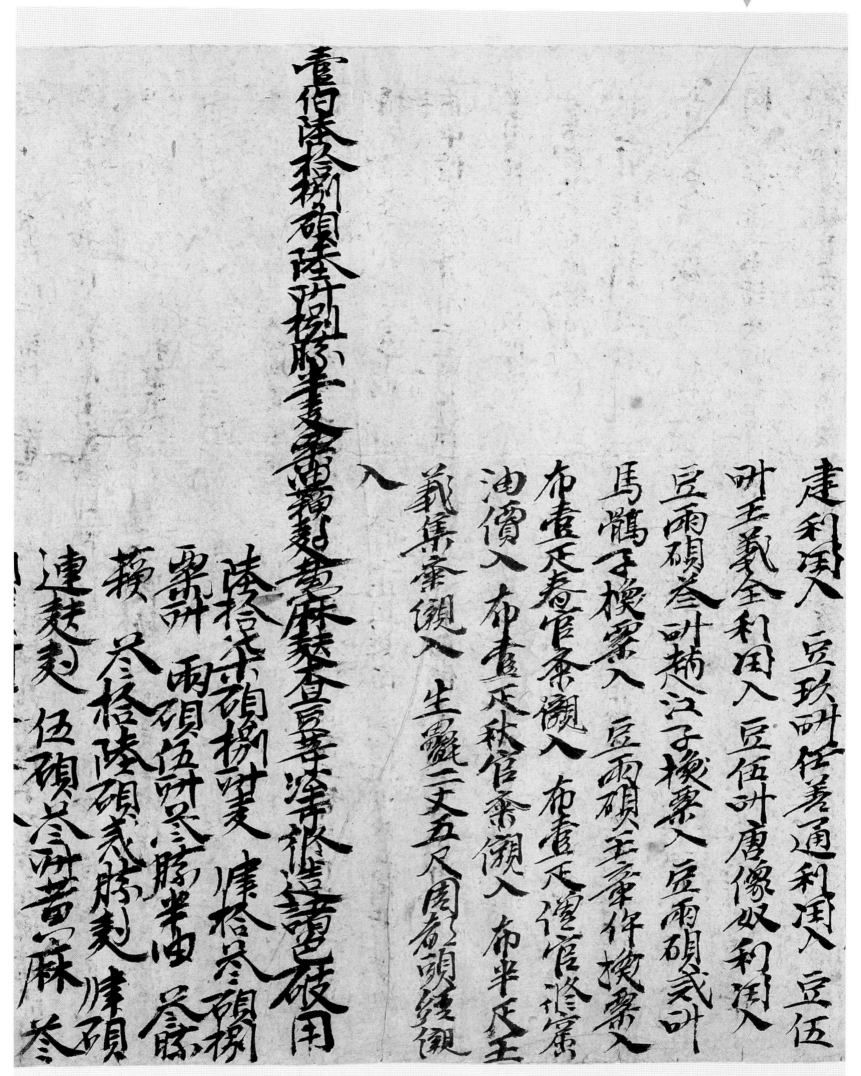

P.2049v　　　1. 後唐同光三年（925）正月沙州浄土寺直歲保護手下諸色入破曆算會牒　　　（85—22）

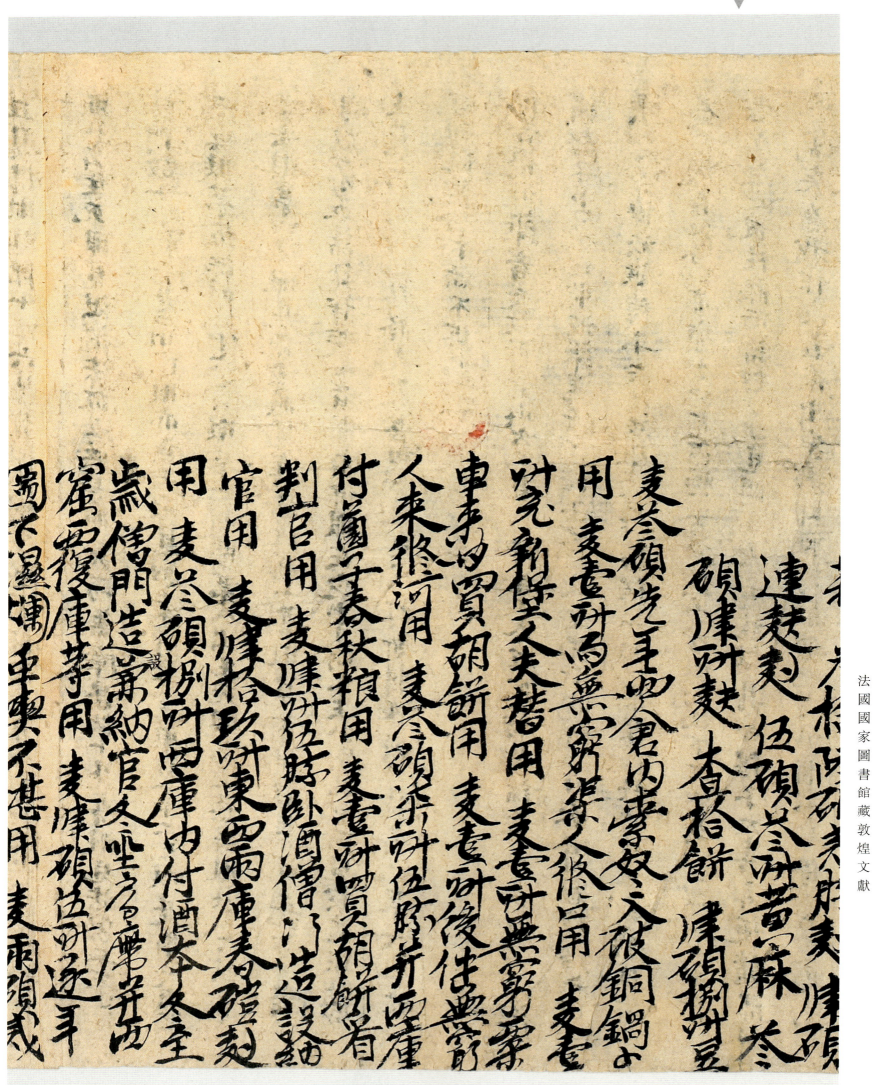

P.2049v　　1. 後唐同光三年（925）正月沙州浄土寺直歲保護手下諸色入破曆算會牒　　（85—23）

窟㕔復庫等用　麦壹碩伍㪷逐手
圍下温堝重奠不堪用　麦雨碩戋
㪷夫飯竈展麦用　麦冬碩秋礶盡慶
用　麦壹㪷卧醹用　麦雨碩伍㪷卧原酒
冬至㦵僧众覆庫等用　麦壹㪷轉
㕔众窑窒僧人造設納官并冬坐㕥房
麦日買胡餅用　麦壹㪷初筆㸦買胡餅
用　麦雨碩叄㪷在孫把尔充入皂絕褸紊
賈用　麦陸㪷壶壶通入窑用　粟壹
碩先善惠手上畫染器先生用
粟壹碩肆㪷卧酒二月八日待仏人众衆
僧众時用　粟壹㪷㝵交麿日潘
用　粟陸㪷侍伩頍連用　粟叄㪷
侍伩各就轉吉家潘勞用　粟
壹碩肆㪷卧酒宽人飲𣴠蘩及㳂圍用

侍後九日就韓菩家潤勞用　粟

壹碩肆卅团酒寒人食燃鞋及陰圍用

粟柒卅团酒貼僧官屈畫近房屋席用

粟陸卅其目近夜活酒者後坐及眾屬

僧食用　粟柒卅团酒眾僧造春坐屬

席用　粟貳卅僧官窖工下畫迴來日

活酒眾僧用　粟貳卅法津共文師

窖迴來日鎮遠用　粟貳卅諸料官

窖工者畫師日活酒用　粟貳卅法律僧官造送餘

迴來日活酒用　粟貳卅活酒僧官窖

時远當寺僧官及所油用　粟壹卅

園家從新壁用　粟叁卅僧官窖工

下壹時活酒者賣油人及近夜者料

官眾僧食用　粟叁卅窖工迴來弟

...余判　粟叁卅窖工官下...

P.2049v　　　1. 後唐同光三年（925）正月沙州淨土寺直歲保護手下諸色入破曆算會牒　　　（85—25）

P.2049v　　1. 後唐同光三年（925）正月沙州淨土寺直歲保護手下諸色入破曆算會牒　　（85—27）

粟捌斗付負直郎酒筭升金用　粟陸
斗肆庫內取沽酒者羅都衙用　粟
兩碩陸斗馬加塩入豆模將用　粟兩
碩伍斗七者入豆模將用　粟捌斗逐
入豆模將用　粟貳斗丙三妻入豆模將
用粟染斗馬家臥酒者侍仏人用　粟
壹斗秋轉物日沽酒用　粟兩碩叁斗入
迎八入皂絶褋乂用　粟兩碩染斗四馬行
像祇酒用　四舍粟兩碩叁斗趙江子入
豆模將用　粟兩碩馬鵲子入豆模將用
粟兩碩壹斗作入豆模將用　粟兩
碩賣昌住入褐袋用　粟柒斗其金若又
馬家沽酒三豆交庫用　粟柒粟染斗羅
家付本家逐昌筭會用　曲書藤一月廿造

P.2049v　　　1. 後唐同光三年（925）正月沙州浄土寺直歳保護手下諸色入破曆算會牒　　　（85—28）

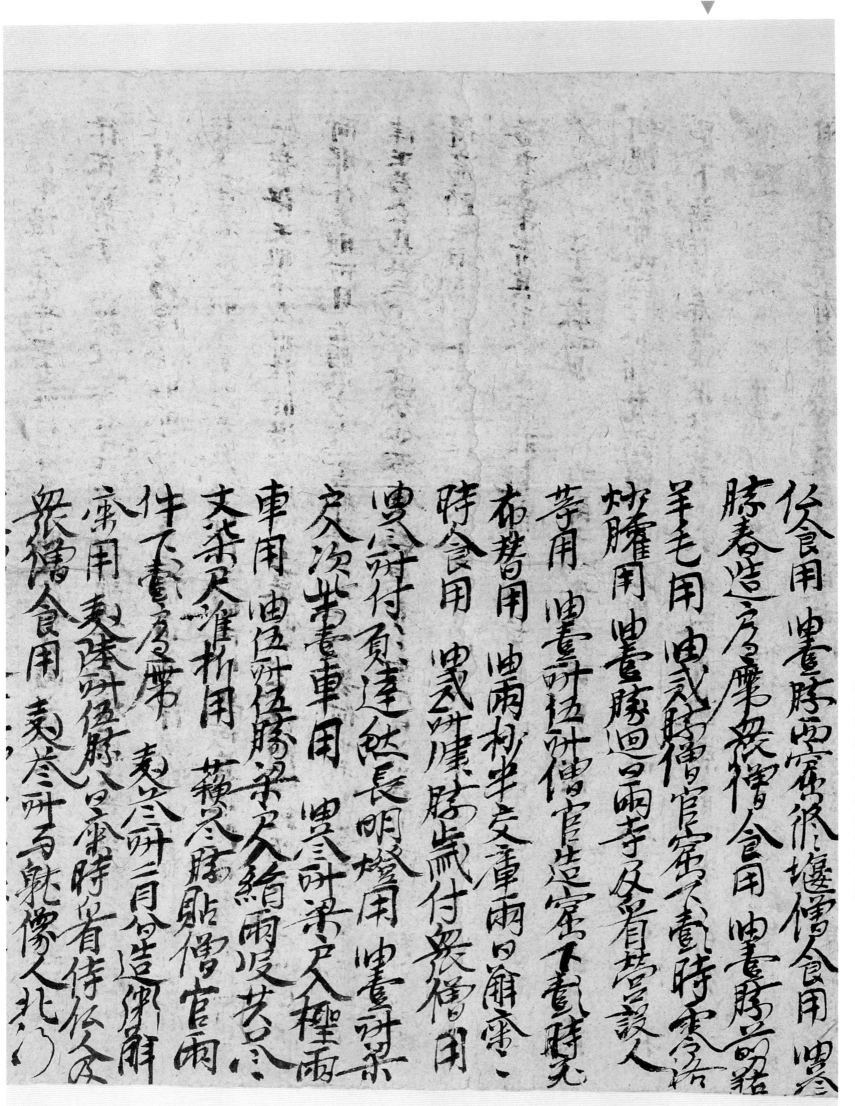

P.2049v　　　1. 後唐同光三年（925）正月沙州浄土寺直歲保護手下諸色入破曆算會牒　　　（85—31）

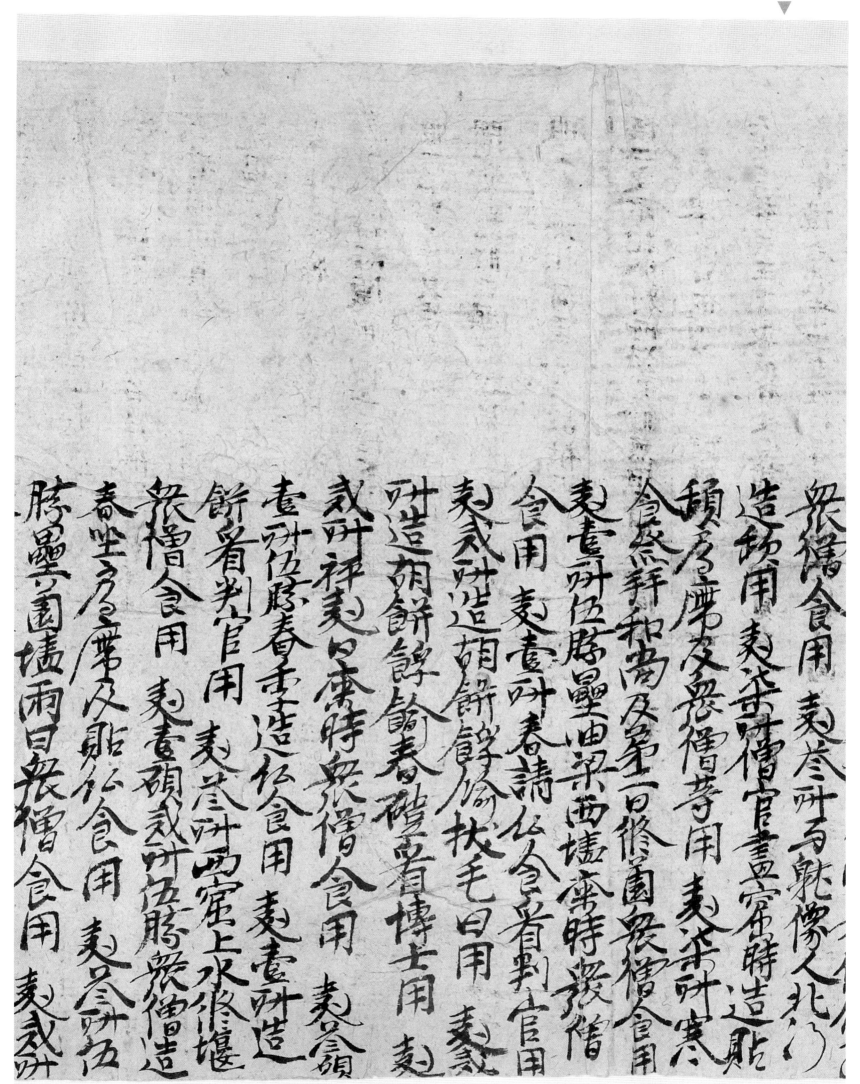

P.2049v　　1. 後唐同光三年（925）正月沙州浄土寺直歲保護手下諸色入破曆算會牒　　（85—32）

第一一册　伯二〇四八至伯二〇五〇

春坐及廳及黏佛食用　麥叁斗伍

胼疆圍墙兩日報禈食用　麥貳斗

春料官本需首卿官用　麥壹斗伍　勝圓

黏笔毛用　麥壹斗五　僧官窟上造不氈　　造

時省當寺徒眾及破陰四省料官等

平麥壹斗造胡餅窟頭下壹迴素四氈

僧眾省料官點忙用　麥柒斗造寺院

和墼及上屋泥修其基階并眾僧及

切近解需時夜飯苹用　麥叁斗徃

造了旦眾僧及墼近需時食用　麥兩

硯叁斗七日十五日造仏盆用　麥壹硯陸

叼造破盆用　麥貳斗四沼勝報恩寺寫

針鐘頸定用　麥貳斗四沼膝脉納官逯路

東子當官用　色五斗四沼貳斗五截叁

東行僧官用　麦伍勝沙弥殘漫口

寨時食用　麦貳碩柒勝豬膽乞正面法集

用麦伍勝墨塩用街墻日貼衣飯用

麦貳碩造胡餅收菜用　麦壹碩伍勝墨

園車道墻用　麦壹碩就人看拍搞

及衆僧後坐菜等用　麦壹碩捌勝納麺

僧門造設用　麦叁碩集研冬至造社

食用　麦貳碩兩口乞麻寨時食用

麦捌碩貳勝三件納官伏肅州僧統用

冬至日蒯寨用　麦兩碩伍勝三月出軍

麦貳碩冬料官寨者即官用　麦貳碩

日蒯寨用　麦兩碩蒯寨等用　麦貳碩太歲

日蒯寨用　麦玖碩廿二月城上庫壇造神

從食及泛埵僧蒯寨三時用　麦伍碩埵

麨初商量王交日衆僧人食

庫家僧解齋二時用　麨壹

日衆僧解齋三時用　麨貳

用麨末叶与作么接頼食用

僧食用　麨貳叶兩伴付範

叶与西窟玉永僧用　麨貳

墻叁柔時用　麨叁叶第三

餙柔時食用　麨貳叶剪䊆

麨末叶萬內易整柔時用

官窟下盡時付善么取乳酪用

叶僧官設時竹萬沙弥柔時用

叶賣么益日入夫食用　麨壹

夷冬叁叶兩旦又

夷壹叶兩倉易

春淘麦日衆

範負取乳酪

麨叁

墨萬

麨貳

件與萬墻

毛用

麨貳

麨貳

取乳酪用

麨柔

麨貳

麨志

叶造調糟

卅麦伮益日人夫食用　麵壹卅造調語

爐餅用　麵柒卅伍豚徙仪殿上屋渥

三日衆僧觧秊之時用　麵貳卅堆庫

日齋時食用　麵叁卅伍豚兩日文西

庫觧秊之時食用　麵准卅兩日文庫

衆僧觧秊之時食用　黃麻伍碩叁卅

曹挭揮入麦攪將用　麵兩碩唯卅卧

醋用　麵壹碩每件上寬腰畜生用

查兩餅兩件付牧羊人腰痩羊用　查

叁餅窑上下鼓燒焙用　查伍餅七目

五日燒焙用　豆壹卅破益買花用　豆

赤卅僧乃造設時買花納官用　雨香

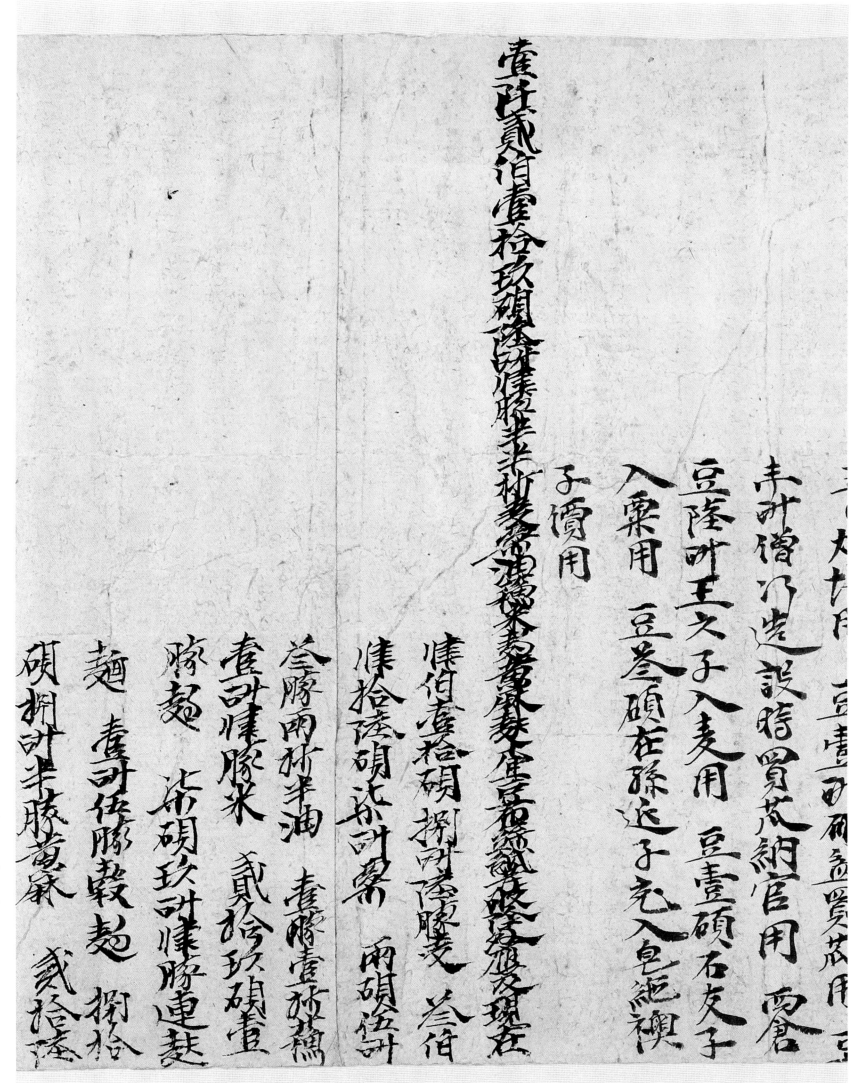

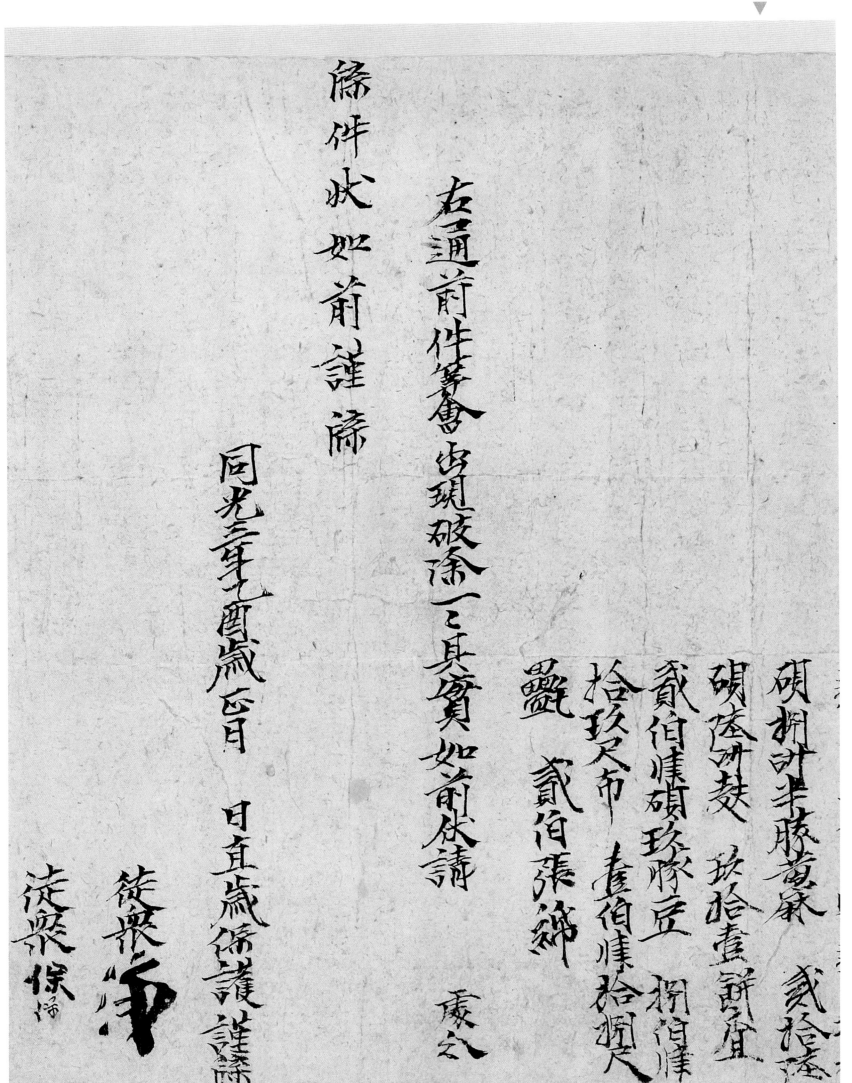

右通前件筭會出現破除□之具實如前依請　慶公

條件狀如前謹除

同光三年乙酉歲正月

日直歲保護謹除

徒眾　徒眾保

硯捌斗半麻藁麻　貳拾柒
硯陸斗麥　玖拾壹餅壹
貳伯隹硯玖勝豆　拐伯隹
拾玖疋布　壹伯隹拾捌人
疊　貳伯張綿

P.2049v　1. 後唐同光三年（925）正月沙州浄土寺直歲保護手下諸色入破曆算會牒　（85—39）

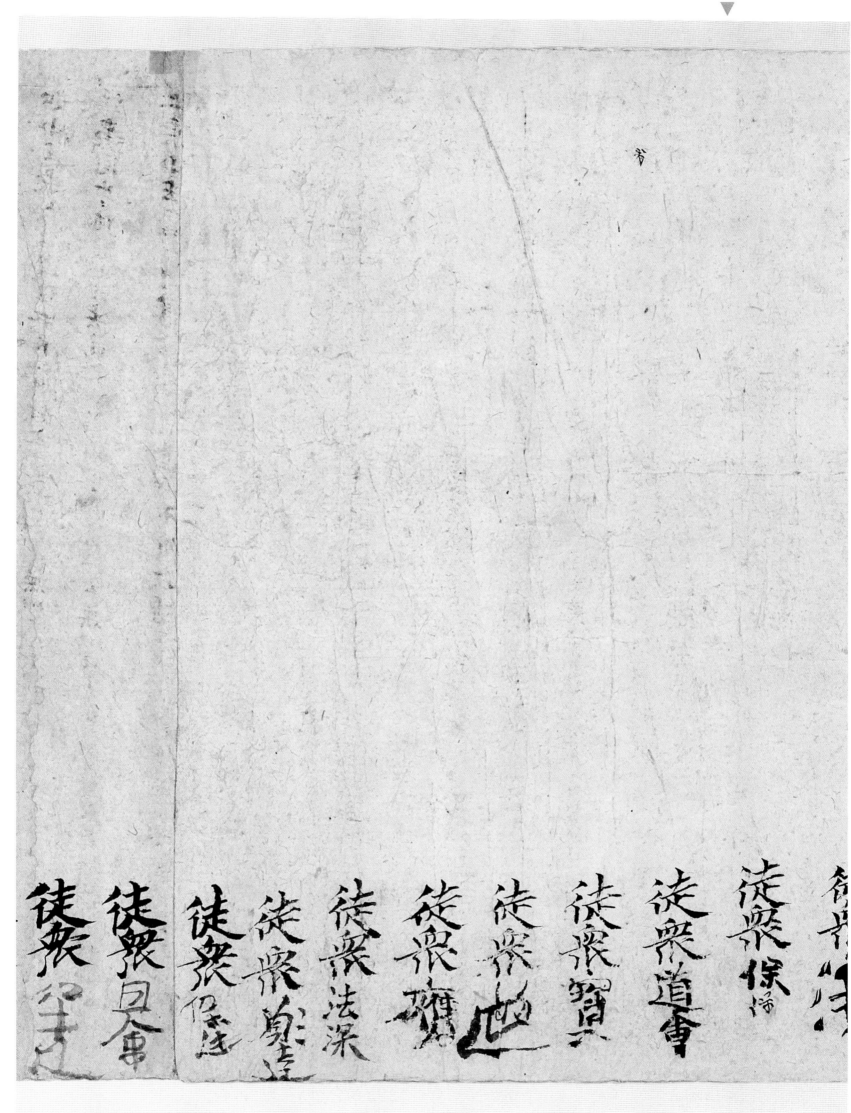

P.2049v　　1. 後唐同光三年（925）正月沙州淨土寺直歲保護手下諸色入破曆算會牒　　（85 — 40）

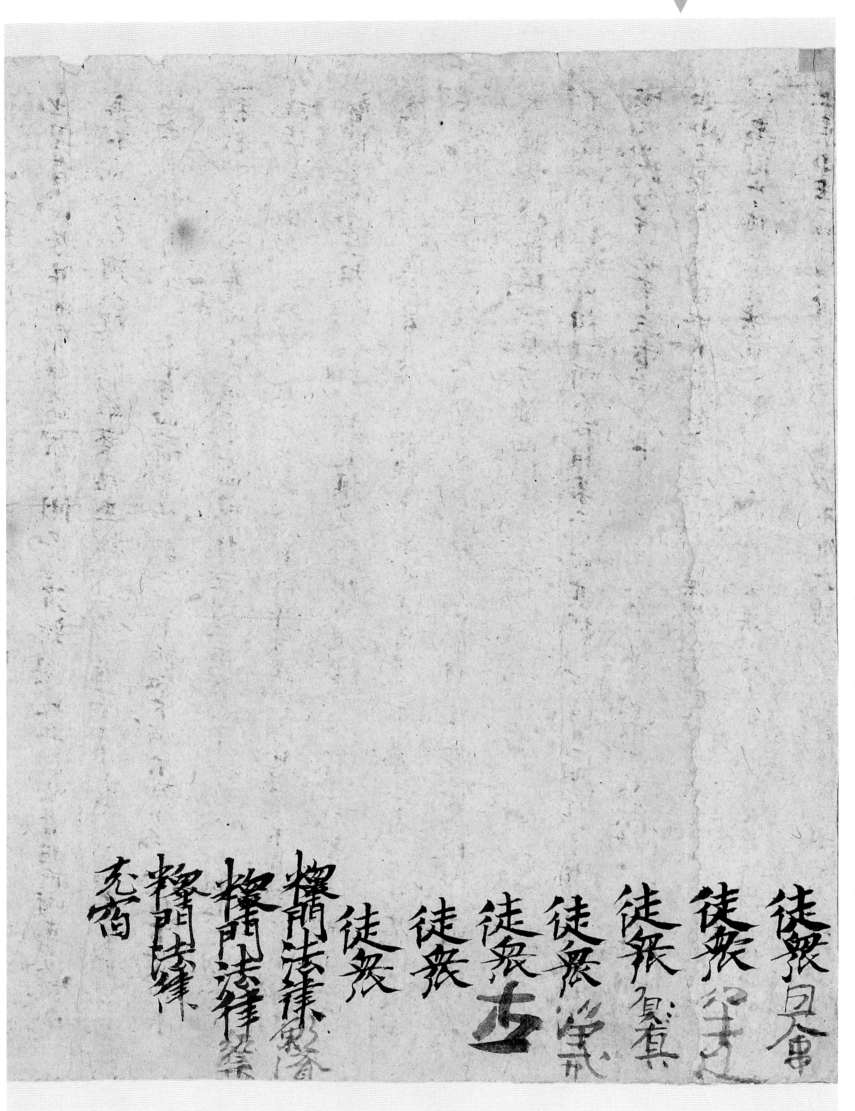

P.2049v　　1. 後唐同光三年（925）正月沙州浄土寺直歲保護手下諸色入破曆算會牒　　（85 — 41）

淨土寺直歲願達

右願達從庚寅年正月一日已後至辛卯年□月一日已前

僧就北院算會列達手下見前帳迴殘及

田收園稅梁課穀施利因可得麥粟田糲米麨黄

麻麩澤豆布絲緜等惣

　　　　　　　　壹仟捌伯叄碩半抖

　　　　　　伍伯貳拾柒碩伍叴□□腸

　　　麦伍伯玖拾捌碩貳抖

欠家更□□□□

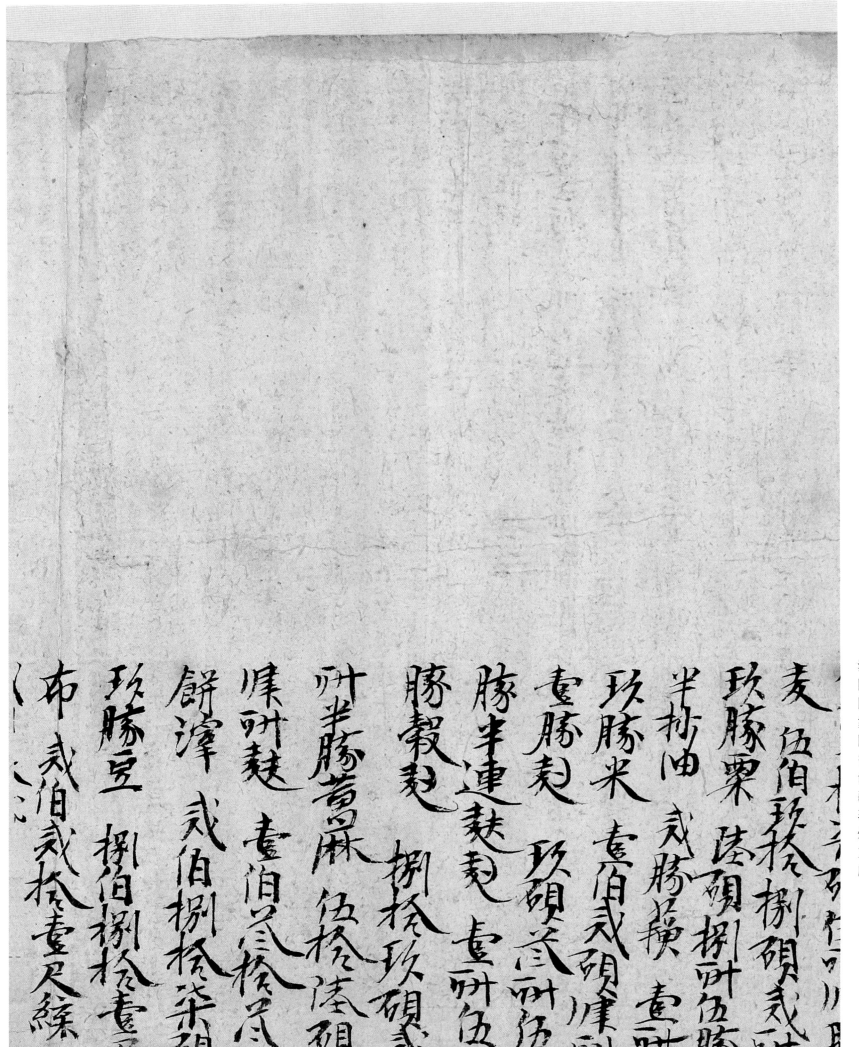

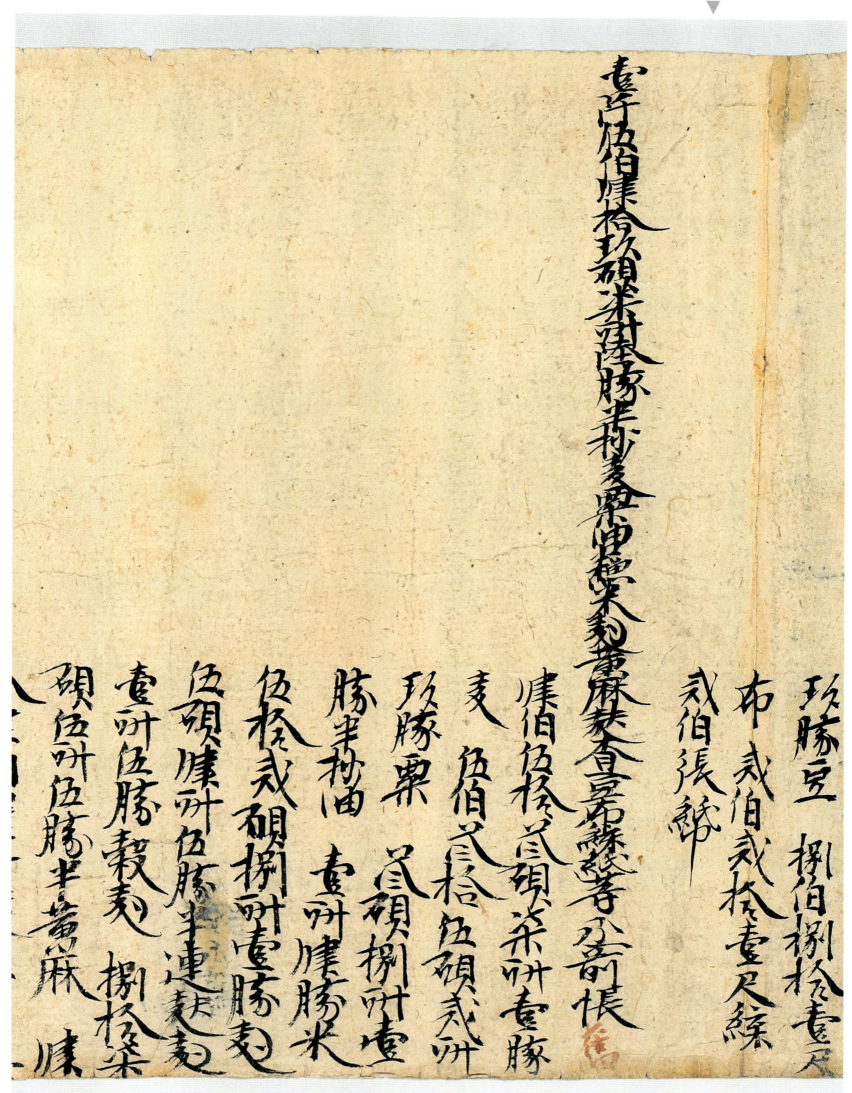

P.2049v　　2. 後唐長興二年（931）正月沙州浄土寺直歳願達手下諸色入破曆算會牒　　（85—44）

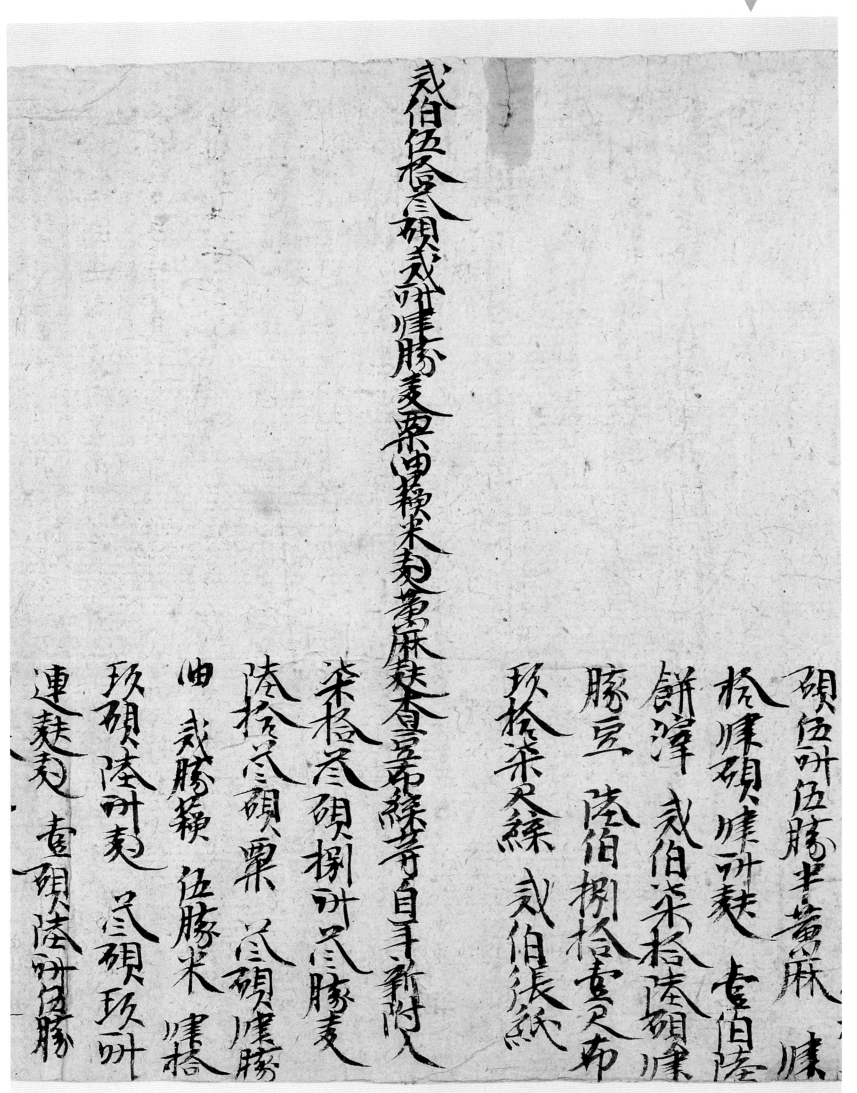

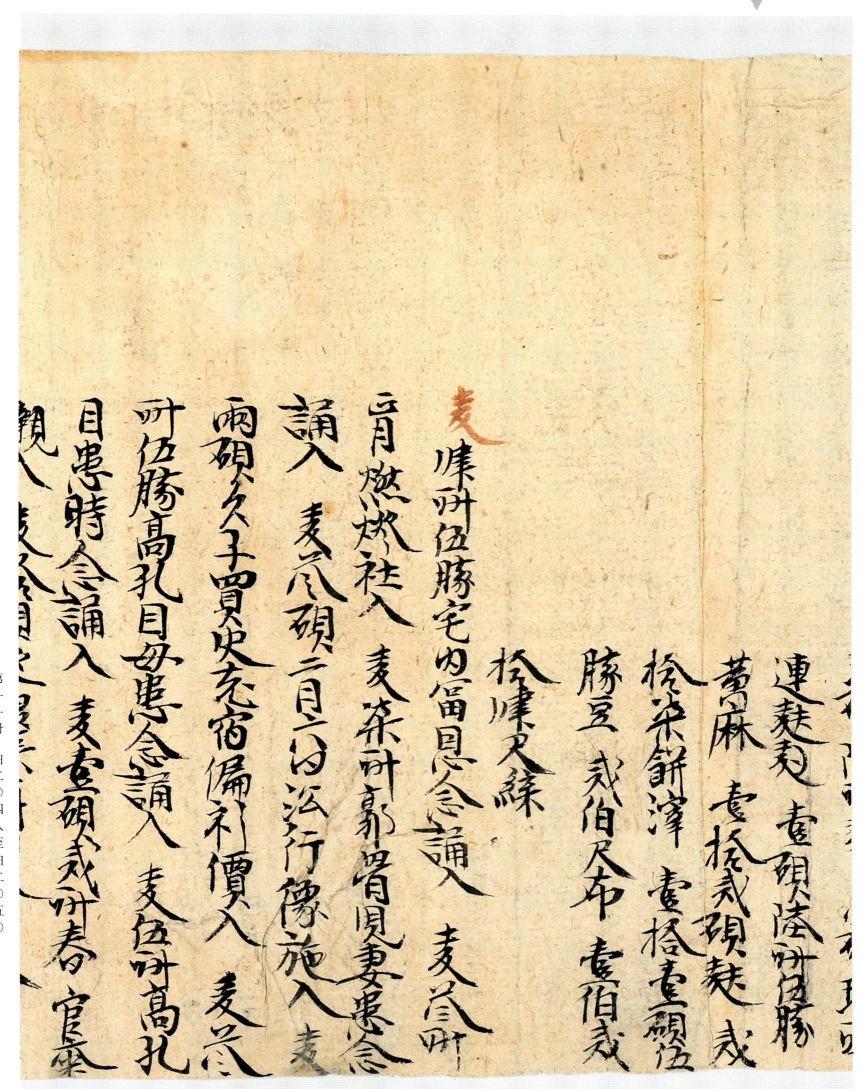

麦

連麸麦 壹碩陸卅伍膓

萌麻 壹碩壹貳膓貳

檉米餅津 壹碩壹觀伍

膓豆 貳伯又布 壹伯貳

松津又絲

庫卅伍膓宅内當恩念誦入 麦盡卅

肓燃祗入 麦菜卅郭胥見妻患念

誦入 麦貳碩二月二日泛行像施入 麦

兩碩又子買史兒宿偏利價入 麦盡

卅伍膓高孔目母患念誦入 麦伍卅高孔

目患時念誦入 麦壹碩貳卅春官泰

觀入

目患時念誦入 麦壹硕貳卅春 宜寨
懶入 麦捌硕迸康柒厨田入 麦伍硕伍
卅菜田柒厨田入 麦柒硕伍卅自手人
上菜價入 麦陳卅王李豊臘月念誦
入麦柒卅菜家進達利田入 麦壹硕
伍卅並慶住利田入 麦壹硕蒋懷田
利田入 麦壹硕李敦洎利田入 麦伍
卅曹住子利田入 麦壹硕王海田利田
入 麦壹硕安應よ利田入 麦伍卅檀消
人康信子利田入 麦牸卅李恵勾忠利田
入 麦戾卅高胡子利田入 麦陳卅湯
白胡利田入 麦貳卅王恩子利田入 麦壹

入麦［…］

白胡利田入 麦贰硕王恩子利田入 麦［…］

卅武药利田入 麦壹硕伍胜五麦壹妻［…］

利田入 麦贰硕张进明利田入 麦贰硕［…］

吴住儿利田入 麦澄硕王都耕利田入 麦贰硕［…］

麦贰硕张安信利田入 麦壹硕素奴、［…］

利田入 麦壹硕张万达利田入 麦壹硕［…］

麦壹硕宋醜女利田入 麦壹硕［…］

伍胜王仕德利田入 麦壹硕宋婆利［…］

麦壹硕李孔目利田入 麦壹硕李婆利［…］

田入 麦壹硕尤友女妻利田入 麦贰硕名［…］

章六利田入 麦壹硕李盐达利田入［…］

麦盏硕康贯住利田入 麦陳硕曹恩女［…］

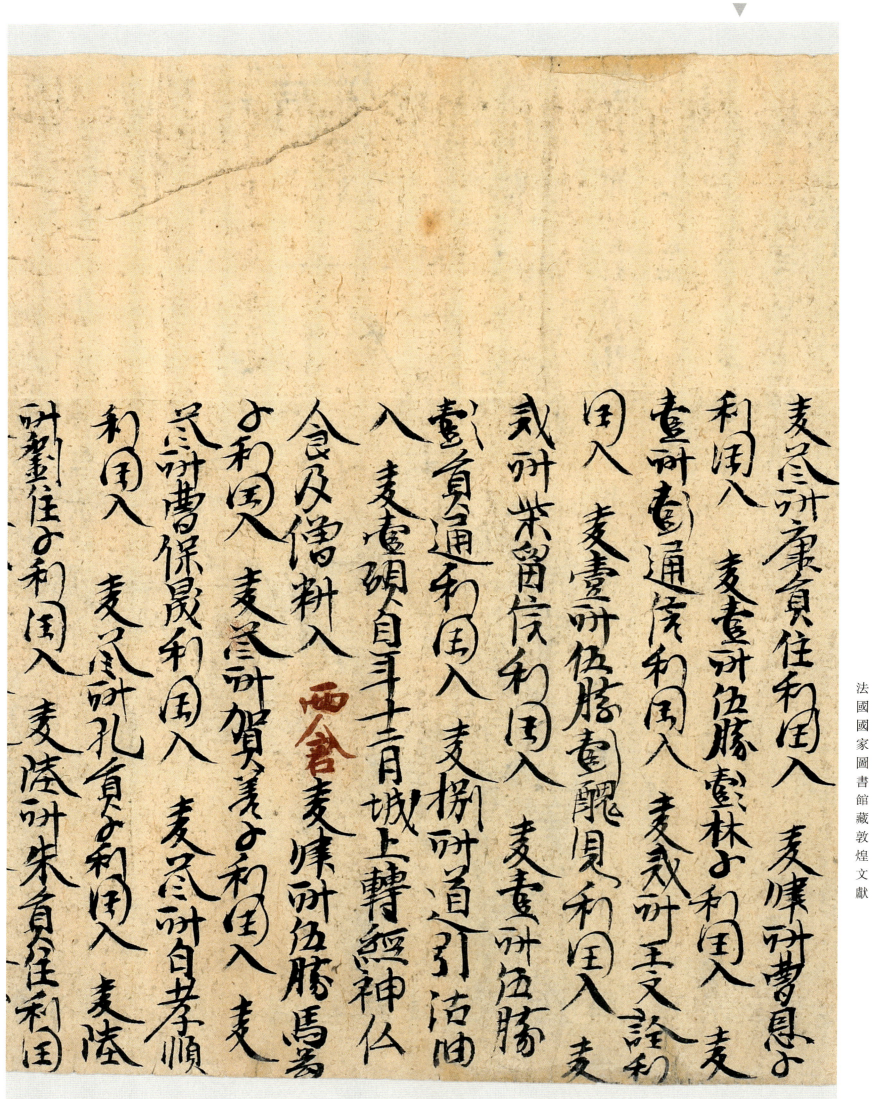

麦劉住□利润入　麦陸研朱負住利润
入　麦贰研曹文達利润入　麦陸研
安住□利润入　麦壹研劉蜀□利润
入　麦陸研曹胡□利润入　麦贰研菜
僧肺利润入入　麦康研楊章灰利润入
麦康研陳昌遇睐利润入　麦康研楊妻
略利润入　麦贰研棗蜀見利润入
麦贰研安留德利润入　麦贰研愈住
見利润入　麦康研孔惠奴利润入　麦
康研張丑且利润入　麦壹研高婆飯
利润入　麦贰研董負達利润入　麦
升末子車端利润入　麦康研張留住

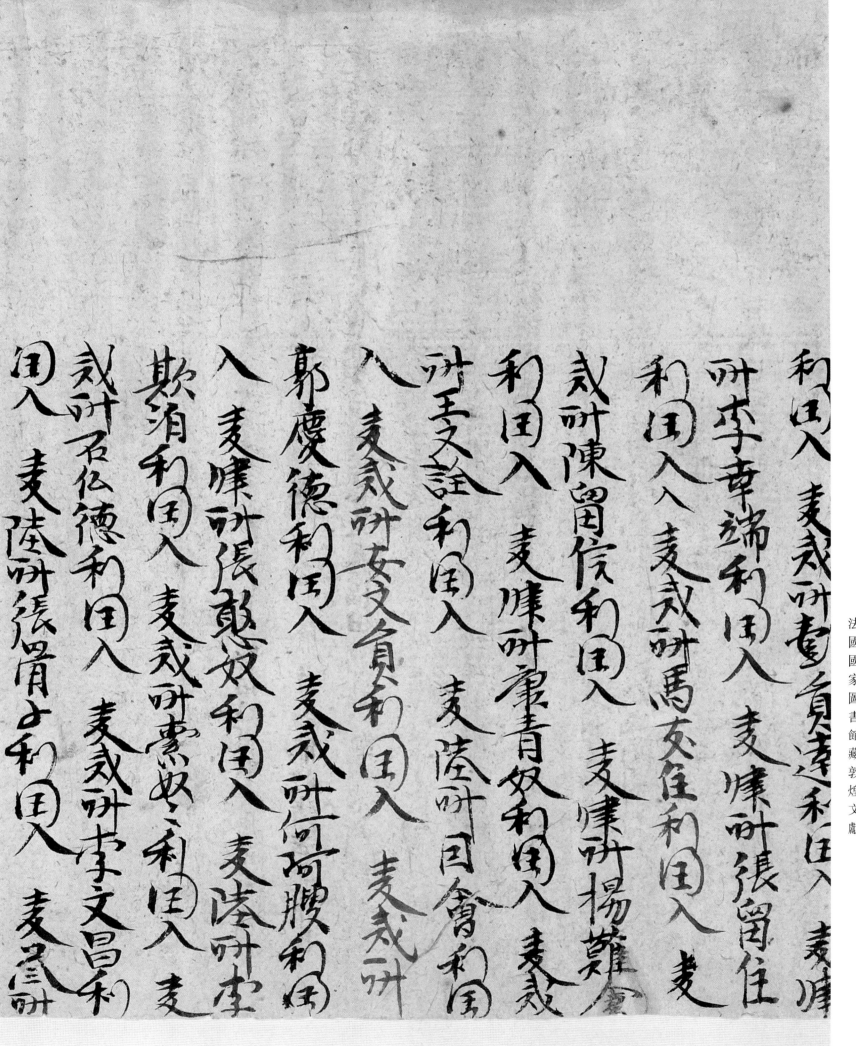

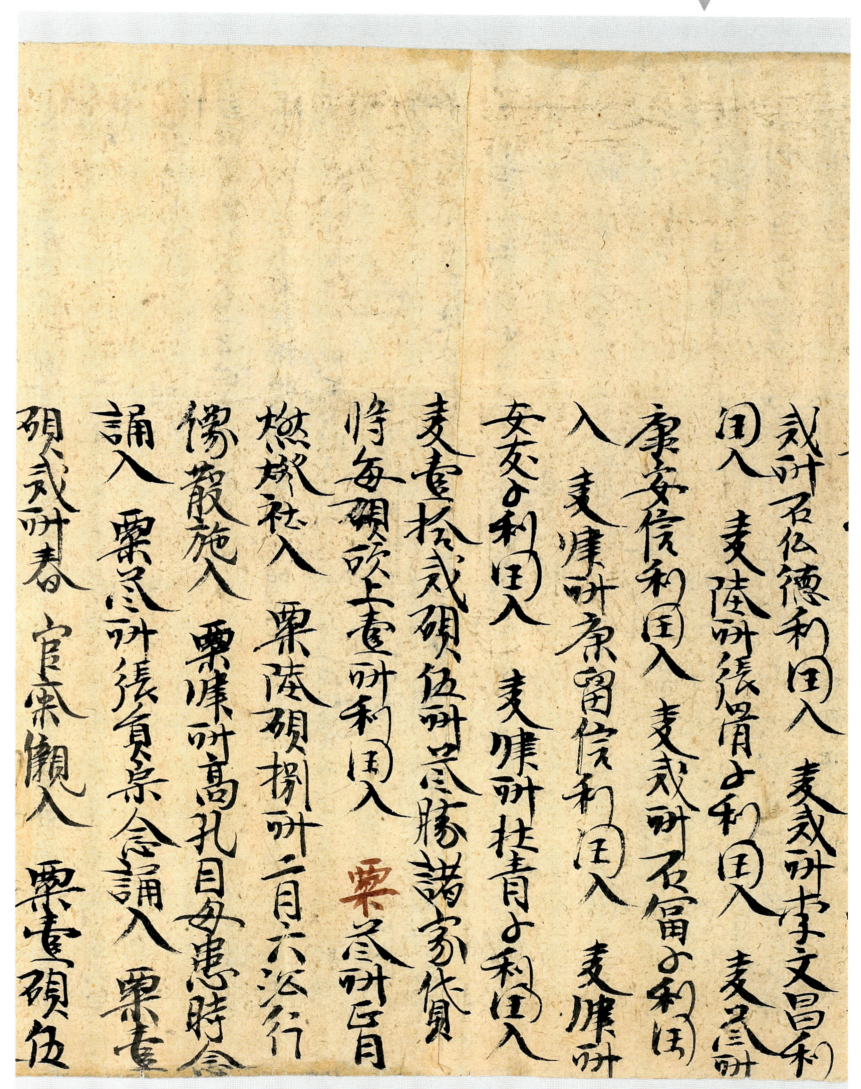

第一一册　伯二〇四八至伯二〇五〇

碩貳卅春　宣聚關入　粟壹碩伍

卅安國寺程法律念誦入　粟壹杴

杴碩彥卅无窮厨因入　粟玖碩

杴卅自叉上菜價入　粟陸碩自壹

衆僧菜價入　粟壹碩石仏德利国

入　粟兩碩陳婆利国入　粟貳卅伍

入　粟柒卅伍勝馬美又利国入

勝張美又利国入　粟伍卅女應子

利国入　粟柒卅伍勝僧慧

粟壹碩張安信妻利国入

王信又利国入　粟貳卅伍勝僧慧

通利国入　粟伍卅陳順通利国入　粟

通利因入　粟伍卅陳順通利因入　粟

伍卅曹曾信利因入　粟伍卅米留信

利因入　粟陸卅郭安六折麦利因入

粟慄碩米棟校楥豆入

陳順通利因入　粟柒卅高汝奴利因

入粟壹碩賀□美乂利因入　粟壹碩

曹住乂利因入　粟柒卅伍膓壽通達

利因入　由苂碩自手梁課又

進君折黄□麻替入　由貳膓女應子折

黄□麻入　蘿貳膓枚羊人入　米伍膓

行僧社入　夷慄校玖碩陸卅自手春

碩入　慶麦柒碩玫卅自手春碩入

第一一册　伯二○四八至伯二○五○

P.2049v　　2. 後唐長興二年（931）正月沙州浄土寺直歲願達手下諸色入破曆算會牒　　（85 — 54）

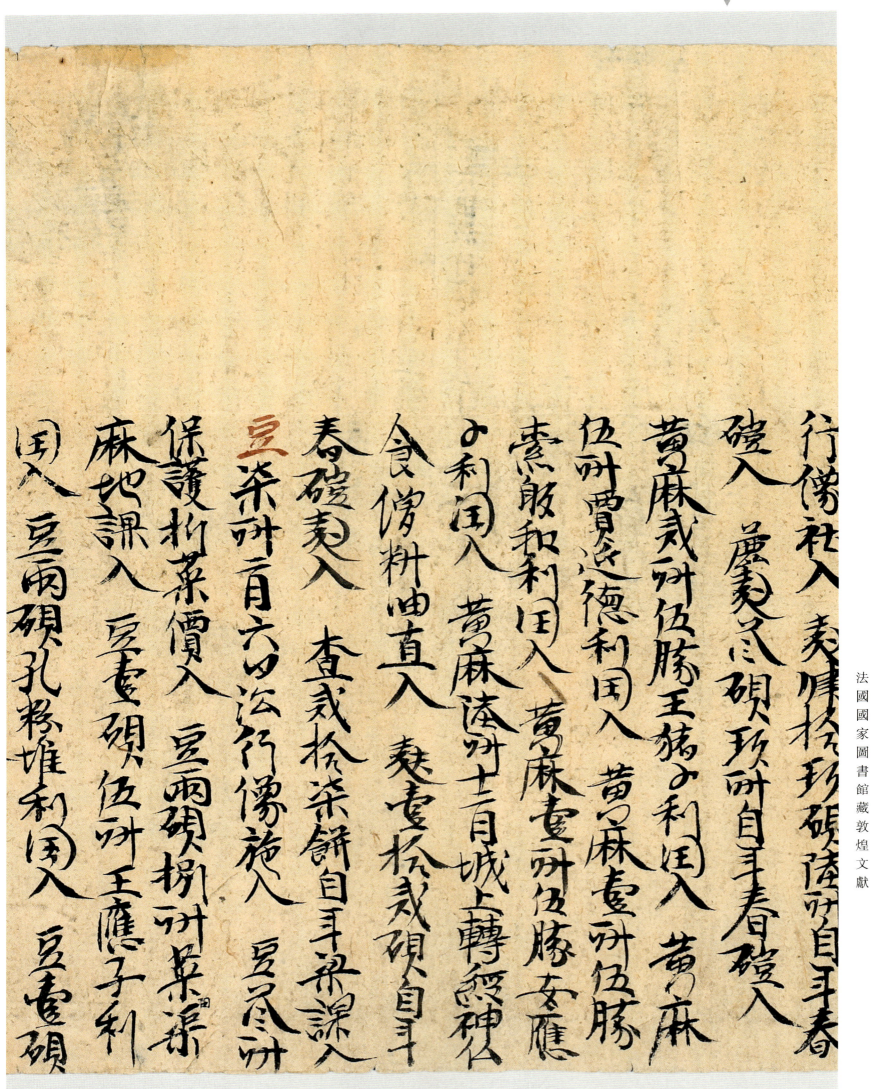

行像社入　麥壹拾玖碩陸卧自手春
碓入　麵貳碩玖卧自手春碓入
黃麻貳卧伍勝王猪子利国入　黃麻
伍卧賣迻德利国入　黃麻壹卧伍勝
索敬和利国入　黃麻壹卧伍勝安應
々利国入　黃麻迻卧十二月城上轉經神
食僧粝曲直入　麥壹拾貳碩自手
春碓麥入　查貳拾染餅自手粜課入
豆染卧貳百六十汶行像施入　豆々尽卧
保護折菜價入　豆兩碩捌卧呆渫
麻地課入　豆壹碩伍卧王應子利
国入　豆兩碩孔粉堆利国入　豆壹碩

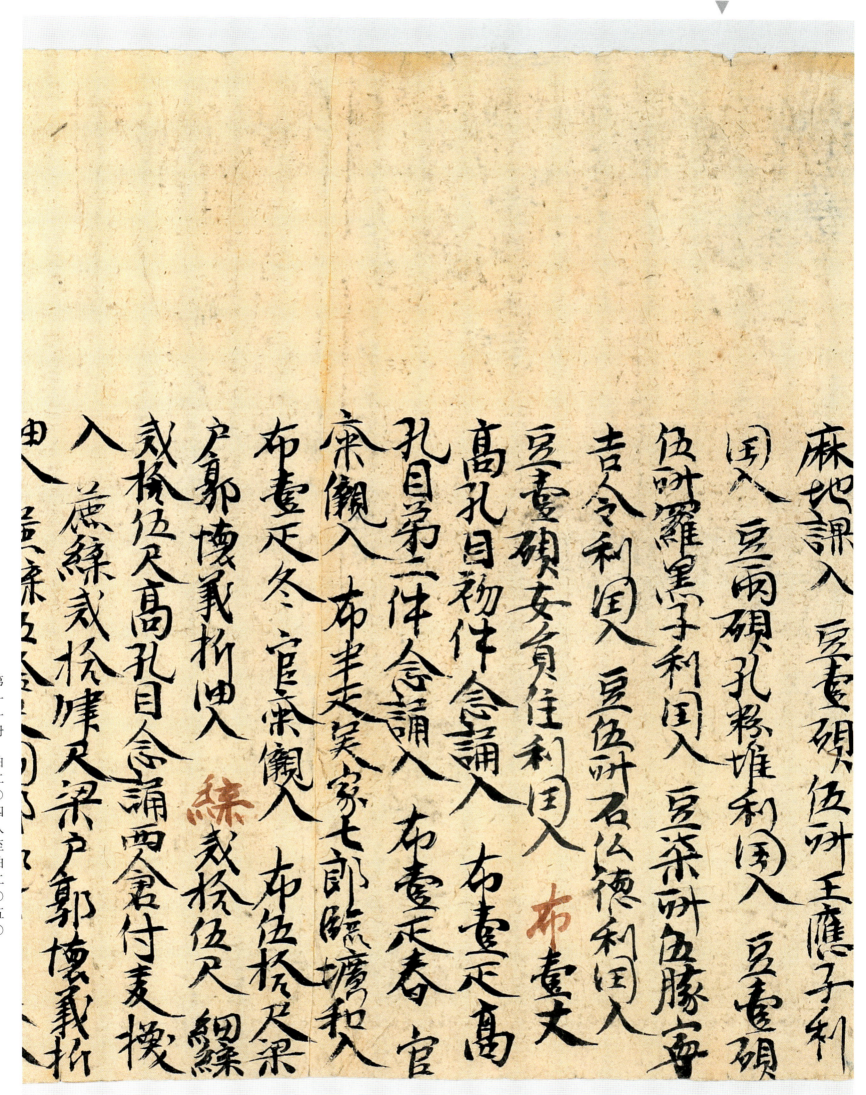

麻地課入　豆壹碩伍抖王應子利

因入　豆兩碩孔粉堆利因入　豆壹碩

伍抖羅黑子利因入　豆柒抖五腠每

吉令利因入　豆伍抖石仏德利因入

豆壹碩安貞住利因入　布壹丈

高孔目初伴念誦入　布壹丈高官

孔目第二伴念誦入　布壹丈春官

廉闍入　布圭丈吳家七郎临壙和入

布壹丈冬　宜宋闍入　布伍橽尺梁

户郭懷義折伿入　叁橽伍尺細縢

叁橽伍尺高孔目念誦西倉付麦換

入　鹿緤貳橽肆尺梁户郭懷義折

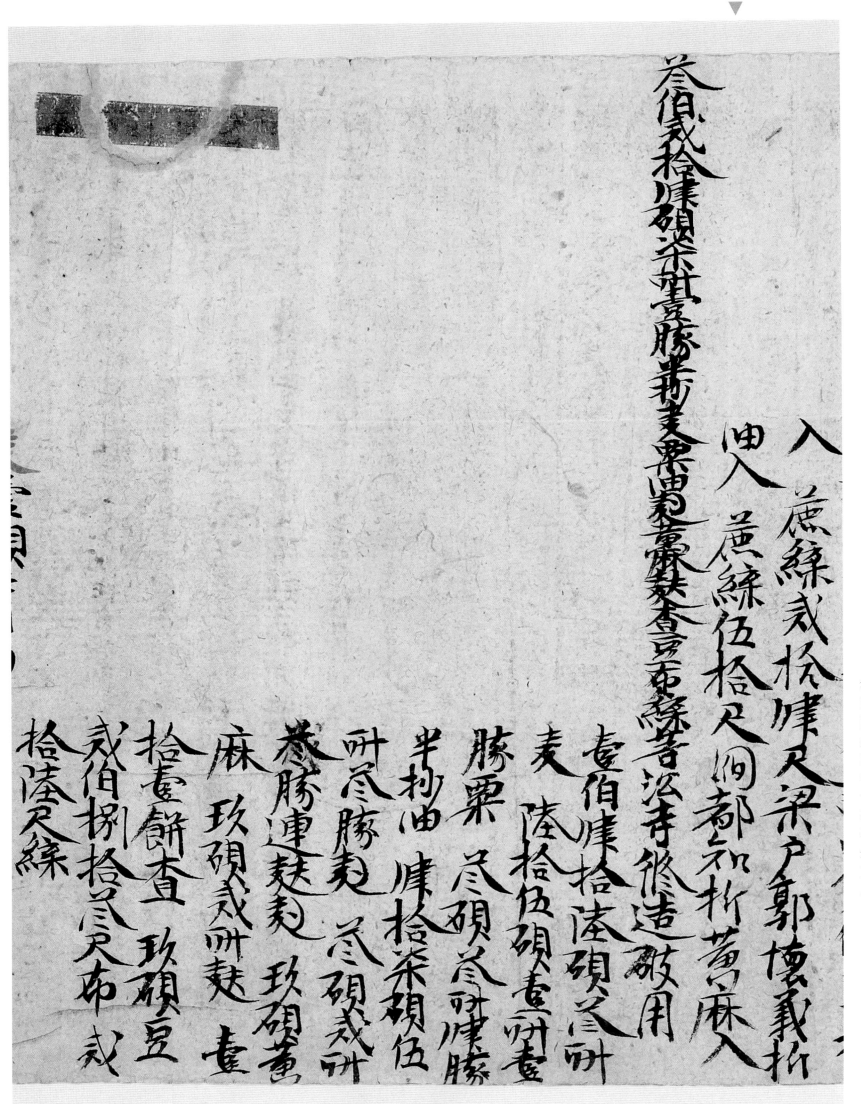

入　麻綠戋拾傔尺梁户郭懷義折

田入　麻綠伍拾尺　剝松折蒿麻入

麦　陸拾伍碩　盡碩戋斗

麦　壹佰傔拾陸碩戋斗

膀粟　盡碩盡斗傔膀

半杓油傔　傔拾柒碩伍

研盡膀麨　盡碩戋研

叁膀連麸麨　玖碩戋

麻玖碩戋研麸

拾壹餅查　玖碩豆

戋佰捌拾戋尺布戋

拾陸尺綠

·180·

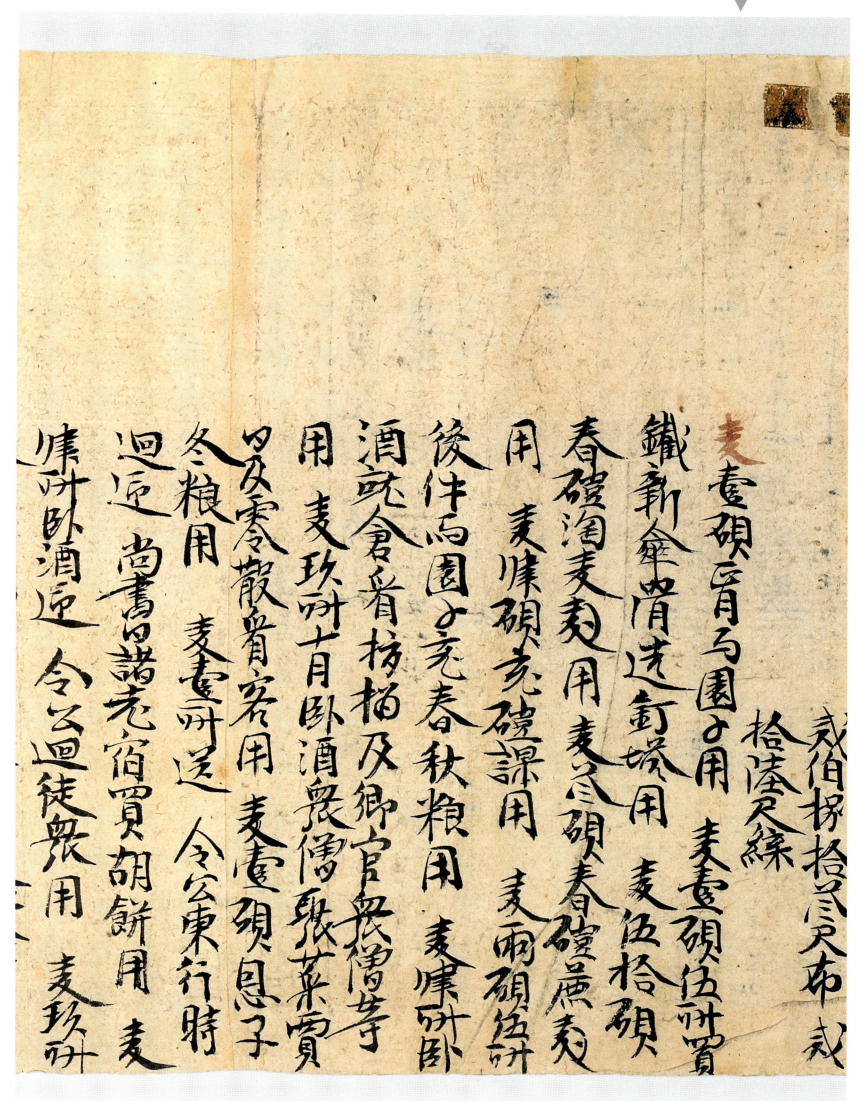

麦

壹碩肩与園父用　壹碩伍卅買

鐵新傘骨送 窗塚用　麦伍拾碩

春碾淘麦麨用 麦冬碩春碾磨麨

用 麦傔碩麦碾課用　麦雨碩伍卅

後仵与園父充春秋粮用　麦傔卅卧

酒兙入會脊扲柏及鄉官眾僧寺

用 麦玖卅廾卧酒眾僧歌菜賣

兄及零散脊客用 麦壹碩恩子

迴逗尚書日諸兄宿買胡餅用

冬粮用　麦壹卅逗　令公東行時

　庻卅卧酒逗　令公迴徒眾用 麦玖卅

貳佰拾弎尺弎布　弎

拾漆尺緤

P.2049v　2. 後唐長興二年（931）正月沙州浄土寺直歲願達手下諸色入破曆算會牒　（85—58）

·181·

集卅臥酒迎　令公迴徒眾用　麦玖卅

冬至臥酒僧官部料及徒眾等用　麦玖卅

麦集卅臥酒僧儭貼設用　麦玖卅叁

卧酒僧官部料及眾僧等用　麦

臺卅臥酒五月十五夕窟上燃頌定

用麦冬卅　令公上窟時酒本用

麦冬碩集卅七茇入樞一車用　西書

麦兩碩貳卅李信子買水銀壹量用

麦冬碩張胡々賣買人金水陸錢渡

并吹㖞衬用　麦冬碩張兵焉使買錘銀

壹量一打梳用　麦陸碩後丘兵馬使買

金水柒錢渡人金閈吹冠衬用

麦冬碩

P.2049v　　2.後唐長興二年（931）正月沙州淨土寺直歲願達手下諸色入破曆算會牒　　（85—59）

壹量十棧用　麦陸碩後五馬使買
金水柒錢渡金剛頌冠用　麦貳碩
李負住買人金壹錢付庫　麦兩碩
盡研徐却負買金半錢亦付東庫保
達麦叁拾柒碩伍斗當寺徒衆及
薄僧長面上買嚟唱使軍搩施綾及
綿紬送傘褌开傘裏用　麦捌碩
元高孔目轉經絲價付與衆僧各牒
卅用　麦㑊碩盡研賞當寺布
蓬法事保達保會用　麦叁碩伍斗
鎧麴卧酒二斗莽會衆僧承特用
麦兩碩柒斗丑手恩子粮用　粟壹

麥兩碩〼王年〼糧斤

碩壹斗日會手上卧酒送送鍾更雕火

房□齊徒衆等用　粟柒斗送并

吹籥從廿四至廿九日中間送金銀匠及

送傘骨漏梨黑畫鎌博士等用　粟

染卅舌二四至廿六日中間供縫傘骨用

梨䬚酒用　粟兩碩壹斗卧酒肉□分

衆時晉行像社人及助伇人衆僧等

用粟壹碩正月卅与訥讚用　粟陸斗

雨擎像伇人北川頭䬚酒用　粟壹碩

戎卅二月廿二日擎伇人覓助伇人用

粟伍斗并縫傘雨日䬚酒用　粟壹

碩貳卅二月九日賀僧政用　粟壹碩〼

栗壹碩貳㪷二月九日賀僧玖用　栗壹碩庫
㪷送起傘扇廗及㡧諸工像當寺
徒衆齋用　栗柒㪷僧錄窑上易沙
特送跰用　栗柒㪷僧錄窑上易沙
用　栗柒㪷宅食炁拜初六入庫□衆
僧酤酒用　栗貳㪷二石交庫衆僧
酤酒用　栗貳㪷納唐法律贈用　栗
荟㪷枕羊毛用　栗荟㪷卧酒春碩胥
博士用　栗荟㪷祥麴口酤酒用　栗
㪷西窑上水衆僧酤酒用　栗荟㪷四窑
迴月鎖定用　栗麻㪷入金銀匠設栗解
芳用　栗壹㪷伍勝付本春　宜栗
首都□□□

P.2049v　　2. 後唐長興二年（931）正月沙州浄土寺直歲願達手下諸色入破曆算會牒　　（85—62）

粟壹㪷伍勝付本春官家
栗兩碩壹㪷卧酒窖上
遠設貼頭及眾僧迴來屬判官黑昚
栗兩碩伍勝後件園子
粟肆㪷剪賀羊毛用　栗壹
栗柒㪷
粟柒㪷用
栗柒㪷
粟壹

勞用　栗壹㪷伍勝付本春官家
昚卿官用　栗兩碩壹㪷卧酒窖上
遠設貼頭及眾僧迴來屬判官黑昚
粮用　粟兩碩伍勝後件園子
料設人荨用　栗肆㪷剪賀羊毛用
㪷塑（匠送）仏焰脂可酤酒用　栗柒㪷
㪷卧酒昚主□都頭終遠鄉官家僧
荨用　栗壹㪷碾叅裏綿紬用　粟壹
㪷昚郭上座用　栗壹㪷散道場活
酒用　粟壹㪷兩牧羊人送乳餅用
栗柒㪷付本粉設時昚□弟用　栗
壹碩壹㪷報恩寺靈□園墻活酒人

栗柒䄑付本寺設時看□粟用□粟

壹䄑柒硏報恩寺靈玘園墻沽酒人

事用粟壹䄑柒蓮基寺設人□

用粟壹䄑䏶酒運使不趁衆僧用

粟壹䄑硏破盆弟二日沽酒與衆僧用

粟兩硤壹硏七日□破盆納官上客

蓆用粟柒硏卧酒與衆僧秋坐房

芋用粟貳硏秋耕宜粟看鄉官

用粟貳硏茟西倉寫帳衆僧來特

沽酒用　粟壹硏卧酒兒食倉看扐搨尚

書鄉官衆僧寺用　粟兩硤亥課

用粟貳硏羡跁令公及迴迎尚

芋用　粟貳硏洗綵傳用　粟壹硤

芽用　粟弍硕洗綵傳用　粟壹硕

恩子冬糧用　粟肆硕卧酒還令宏

迴時衆僧等用　粟捌斗祤冬卧酒

零首講僧官及衆菜價衆僧等

用粟壹硕又粟壹硕　令公東行時大

衆送路用　粟壹硕弍斗卧酒僧门

貼設用　粟弍硕軍兵迴四大衆迴

頌用　粟玖斗冬至卧酒僧官鄯耕

衆僧慶賀用　粟玖斗卧酒歲僱

官鄯耕衆僱弄至用　粟弍硕之月卒

多卧酒窑上燃柴者和尚頭用　粟

臁卅正月十多跛上窑運上窑僧官頭

用粟壹硕正月十多上窑寺主納官

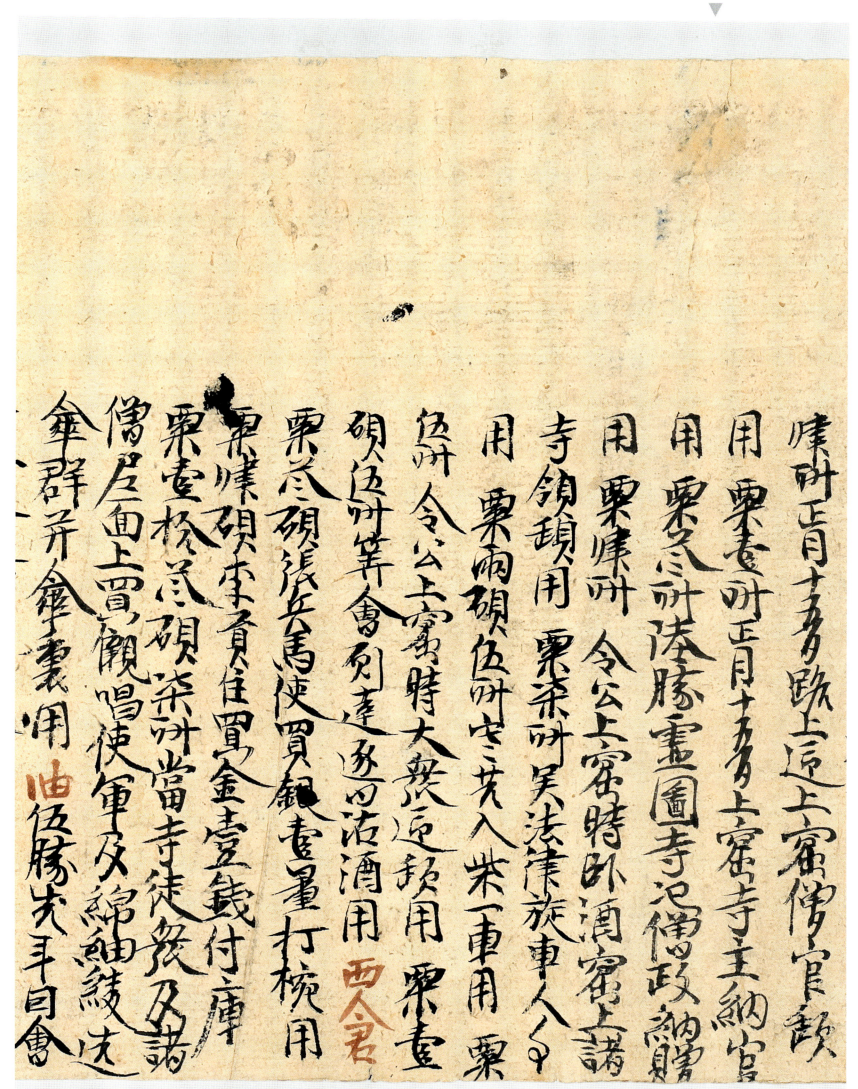

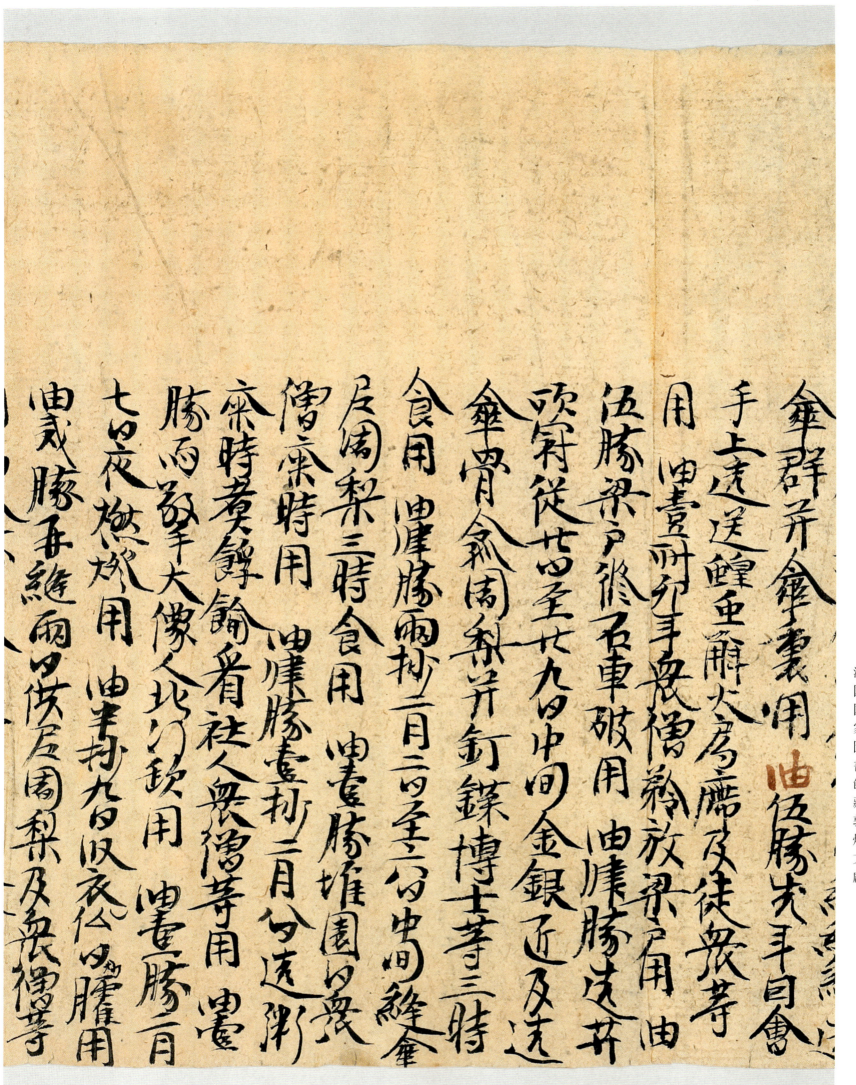

傘群并傘囊用油　伍臈先手[目]會

手上遠送鑵垂酧火窟廳及徒衆等

用　油壹卅外手衆僧衒放梁戶用油

伍臈梁戶駞石車破用　油臈臈送并

胡餅從苫至廿九日中間金銀匠及送

傘骨々闍梨并釘鑢博士等三時

食用　油臈臈兩抄二月三四至二分中間纏傘

尾闍梨三時食用　書臈臈堆園口衆

僧衆時用　油臈臈壹抄二月分遠判

衆時煮餅餉當社人衆僧等用　書

胡餅煮手大像人北行鉸用　書臈二月

七日夜熟炊用　油抄九日收衣松口騰用

農臈乒緤兩口俠左園梨及衆僧等

貳臈每縺兩斗伏后園梨及衆禪等

用農臈寔三食与靈寺主縺釜賈用

油五臈兩抄送起傘后席諸二疋及

衆僧等用　油半抄初夕交庫衆時

炒臛用　油五臈半僧錄窰上易沙窰

上煎與衆僧及李郎等寺用　油半抄易

一旦交庫衆僧食用　農臈寔三食燒

拜及初旦六交庫衆賈食用

城塸日衆僧廝衆用　油抄北得官

耕雪日佞漢大德用　農臈送餯餶杖

羊毛用　油臺抄墨貳送界墻衆僧解

衆"時用　油需抄半納庫呈法律賜用

壹臈看春礔博士用

麻□時用　濕朴半紗麻居法律賜用性
壹勝眷春碾愽上用　油壹勝碾上燃
燃及禪床判檽用　油壹勝半西窟
水燃燃僧料用　油壹勝□圓日衆
僧食用　油壹勝西窟迴來迦頥
用　油壹勝春　官衆眷鄉官用　油
陸勝春李仏食用　油壹勝附壹勝官上
窟時僧□送設用　油壹勝從土□
時眷都吹鄉官二近幷衆幡筆用
壹勝布薩時炒藥人食用　油壹
師用　油貳勝料設時眷徒弟用　油貳
貳玖勝七月卅多仏盆破盆納官上窟
菩用　油津勝衆僧秋坐之房二厢用　油

僧用　油貳勝弟二伴伎凉州甘州肅州

食用　油參勝納官使志凉州熏二南州

持用　貳勝納官使志朋及西州僧

　無远神仏食及书經僧兩夕爾来一豆来

迴特聚僧食用　油津勝土青城上轉

麻炒燿用　油貳勝送食飯迴食

油湇膐秋季仏食用

膐就食省拍柄卿官及衆僧苧用　里膐冬至解

置膐書抄之麻召衆僧来時用　油參

抄莩西食冩帳衆僧来時炒燿用

壹膐秋耕官来省卿官用　油

菩用　油津膐衆僧秋坐房無席用　油

僧用　油貳勝弟二件伴伙涼州甫州

僧用　油柒勝僧官送設貼用貳

膝土百九日雷僧政廳柒用貳

青石中間堂食廳柒用油半膝大

歲日解柒用油壹勝送胡

餅上窖迊頭用油壹膝賭番兒僧

政用　油壹膝壹㪷　令公上窖豆僧

官頭及上窖僧用　油壹膝堆圍日

衆僧柒用　油貳㪷伍膝歲付衆

僧郎耕用　油貳㪷付道會燃長明

燃用　麥對菜戶入芫水㩲下車用油

壹㪷伍膝梁戶入㸒絲壹定用油貳㪷

壹斗伍胜梁户入粟缘壹定用 麦叁斗
津勝入布伍叚尺用 油伍胜梁户买
桧柂木用 壹胜叁付訥讚用 油
充胜正月十方夜燃灯用 壹胜叁斗发
梁户 油凍胜道引入麦泼净用 麦斗叁
胜笔會列達逐口州朣用 壹硯
傔計夫手目會手上冤達送蝗重廟火
彦廗及徒众著用 麦壹硯捌胜送
开吹餶従廿四至廿九日中间供入金银
正又逹伞骨淘梨熏句鏇博士
寺三時食用 麦壹硯伍斗二月二日
至六日中间供缝伞一反淘梨三時食

至二石中間供縊傘及園梨三時食

用麵貳斗堆園日眾僧食用　麵壹

碩貳斗二月分送與州來特朔餅麵餅

鰕餉骨祇人及拏羊小仏衣兼眾僧

用　麵貳斗九勺收仏衣眾僧麵時用

荽食用　麵壹碩兩羺羊小僧眾僧時用

麵陸斗廾縫傘雨四尺南梨三時食用

麵兩碩盈斗造趂傘為廊居諸匠

及當寺徒眾荂用　麵拐卅僧錄密

上易沙眼僧及宰郎荂用　麵貳斗

芯脨弟百交庫眠僧來特用　麵拐

卅伍脨寒人食然拝及初六交庫四眾僧

食用　麵壹卅七食雨恩子用　麹壹

卅伍膝寒人食煞拜及初二[　]庫口衆僧

食用　麨壹卅壹　食[　]恩子用　麨壹

卅伍膝園中藏樹[　]衆僧解[　]時用　麨伍

膝易城塼口衆僧解[　]用　麨壹卅

健膝此得官粉雪日供漢大德用　麨

戒卅送胡餅枚羊毛用　麨戒卅[　]

羊群頓用　麨壹卅伍膝義負[　]

塼衆僧解[　]時用　麨戒卅伍膝

贈[　]律用　麨戒卅漢大德[　]窒時

輦從二僧食粆用　麨壹卅伍膝淘麦口解

麨眷博士用　麨壹卅伍膝春碓

亲[　]時用　麨隊卅祥麨[　]送冷淘用

床、時用 麥壹斗祥麥〻□迎冷淘用
麥柒斗兩霤上水眾僧食用 麥〻
斗西霤迴□頭用 麥〻斗塗園□眾僧
床時用 麥〻斗春官眾〻首御官
用 麥壹斗勿發羊毛用 麥〻斗
迎小佛娟子眾〻壅近用 麥〻碩伍斗
春〻迎佛食用 麥伍碩伍斗
上窟僧〻迎設用 麥柒斗僧〻古〻
時首楊當郡頭御官及諸二正承
眾僧孝用 麥壹碩壹斗服〻眾
僧〻來時用 麥壹斗易鑿兩口眾僧
床時用 麥〻斗兩牧羊人迎乳餅

僧衆時用 麦貳卅易醤雨日衆僧

衆時用 麦貳卅面牧羊人送乳餅

用麦伍卅耕設時看𡉄第用麦𤳷

碩伍卅伍勝七月十五等造仏盆破盂

納官上窟菜等用 麦貳卅造朝拜衆

僧秋坐𡉄席用 麦貳卅造陸勝秋耕官

僧收菜衆時用 麦貳卅陸勝𦬇兩盆

衆看御官用 麦壹卅伍豚𦬇兩盆

寫帳衆僧用 麦𤳷卅伍勝充麽

衆僧集時用 麦柒卅就倉看捨梅

御官衆僧等用 麦𤳷碩𪙧卅秋

季送仏食用 麦貳卅伍勝冬至節

麻用麦□□

P.2049v　　　2. 後唐長興二年（931）正月沙州浄土寺直歲願達手下諸色入破曆算會牒　　　（85—76）

季送仏食用 麨戔卅伍勝冬至□

麥用 麨靡卅□ 令公迴來眾僧食

用麨玖卅三月城上轉經送神仏食

及僧兩日齋□吉來特用 麨柒卅納□

伏志朋及西州僧食用 麨壹碩伍卅

納官伏蕭州凉僧食用 麨壹碩□

□弟二件納官伏凉州蕭州僧食用

麨凌卅僧門貼設用 麨伍卅來歷青

九日晝僧政解齋用 麨壹碩戔卅生二

月□中旬解齋用 麨戔卅伍勝石月十方上窘燃

齋用 麨戔卅大歲日齋燃

燃僧食用 麨戔卅贈□冗僧政用

□素十令□□□□冗□□□□

餅僧食用　麦贰硕贈面充僧政用

麦肆硕　令公上窑迟僧官及上窑僧承時用

食用　麦贰硕堆園口衆僧承時用

麦壹硕伍斗筭列達五夕衆僧廚承

麻時用　麦麦壹硕贰斗衆僧食用

待廚見女人食用　麦贰硕绦傘特女人

食用　麦贰硕堆園口衆僧食用

麦伍斗僧録窑上易沙衆僧李郎等

用　麦壹硕宅上食而思与用　麦壹硕

園内槐樹与口衆僧食用　麦壹硕易

城磉口衆僧食用　麦壹硕曌□义頁

界墙口衆僧廨宇時食用　麦壹硕

伍胜涛麦口廨宇特食用　麦壹硕

第一一册　伯二〇四八至伯二〇五〇

P.2049v　　2. 後唐長興二年（931）正月沙州净土寺直歲願達手下諸色入破曆算會牒　　（85 — 78）

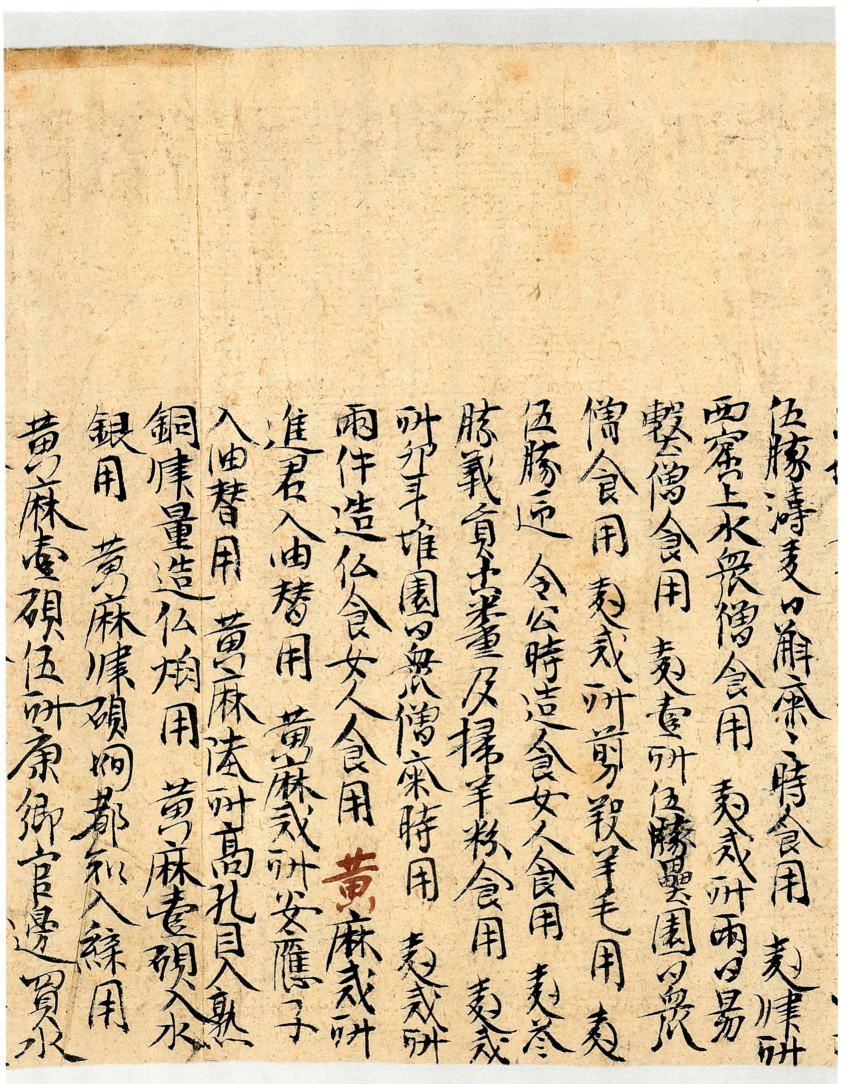

伍䐗濤麥□䩉麥時食用　麥叁升

西窟上水眾僧食用　麥叁升

鑿僧食用　麥壹升伍䐗舁園□眾

儅食用　麥叁升剪殺羊毛用　麥

伍䐗迊　令公時造食女人食用　麥叁

卅卯羲貟士畫及掃羊粉食用　麥叁升

肭羲貟士畫及掃羊粉食用　麥叁升

卅卯手堆園□眾儅齋時用　麥叁升

兩件造仏食女人食用

進君人由替用　麥貳升安應子

入由替用　麥麻法升高孔貝入熟

銅庶量造仏焗用　麥麻壹碩入水

銀用　麥麻庶碩焗都籹入蘇用

黄麻壹碩伍升康卿宜逻買水

銀用　黄麻壹碩[囘]都秋入蘇用

黄麻壹碩伍卅康鄉官邊買水

銀用　黄麻壹碩伍卅張縣令邊

卧醋用　麩貳卅侠智哪馬耕用　麩兩

買熟銅送并改宵用　麩　　　碩春

碩伍卅秋卧醋用　麩壹碩伍卅正月

吉及官上窖時錢飼馳馬用　麩

兩碩而報夷車牛用　洋灰餅錢

腰羊用　洋伍餅七月十五方燒焙用

洋兩併中院錢腰羊用　查查餅後

仵而牧羊人用　豆貳卅七月十五方買

茄破盆用　豆悚碩伍卅亲桉揀入粟

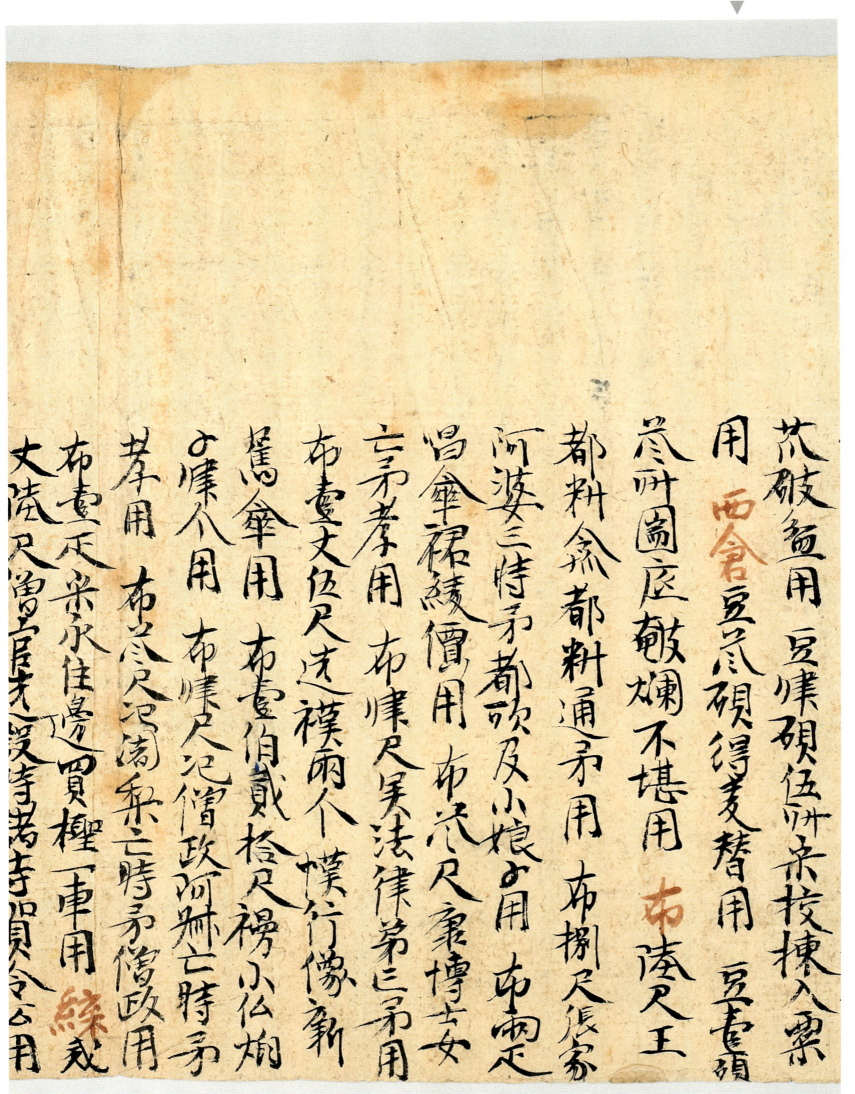

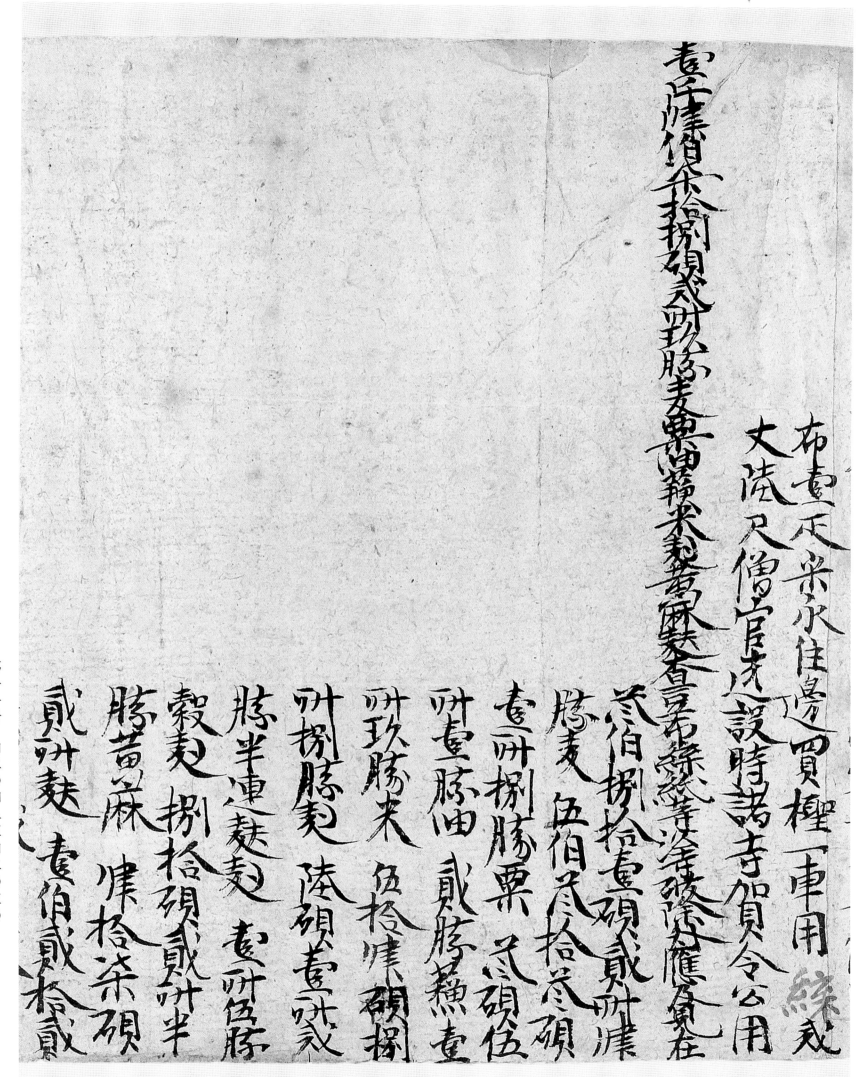

P.2049v　　　2. 後唐長興二年（931）正月沙州净土寺直歲願達手下諸色入破曆算會牒　　　（85—82）

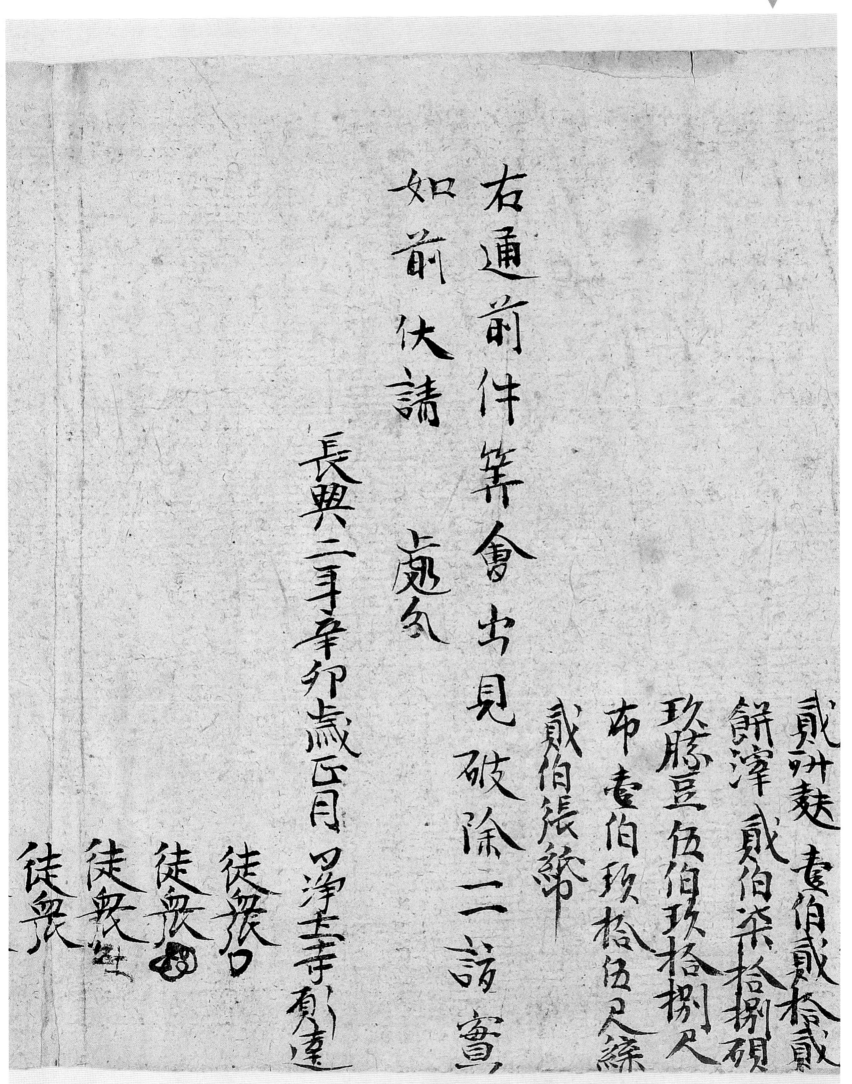

右通前件筭會出見破除二諮實

如前伏請　處分

貳斗麩　壹伯貳拾貳

餅湩　貳伯柒拾捌碩

玖膝豆　伍伯玖拾捌

布壹伯玖拾伍尺絲

貳伯張絹

長興二年辛卯歲正月　淨土寺劇達

徒衆

徒衆

徒衆

徒衆

徒衆

P.2049v　　2. 後唐長興二年（931）正月沙州淨土寺直歲願達手下諸色入破曆算會牒　　（85—83）

P.2049v　　2. 後唐長興二年（931）正月沙州淨土寺直歲願達手下諸色入破曆算會牒　　（85—84）

P.2049v　　2.後唐長興二年（931）正月沙州净土寺直歲願達手下諸色入破曆算會牒　　（85—85）

Pelliot chinois 2050

法
國
國
家
圖
書
館
藏
敦
煌
文
獻

P.2050　　妙法蓮華經卷一至卷六（八卷本）（總圖）　　　（一）

P.2050　　妙法蓮華經卷一至卷六（八卷本）（總圖）　　　（二）

P.2050　　妙法蓮華經卷一至卷六（八卷本）（總圖）　　　（三）

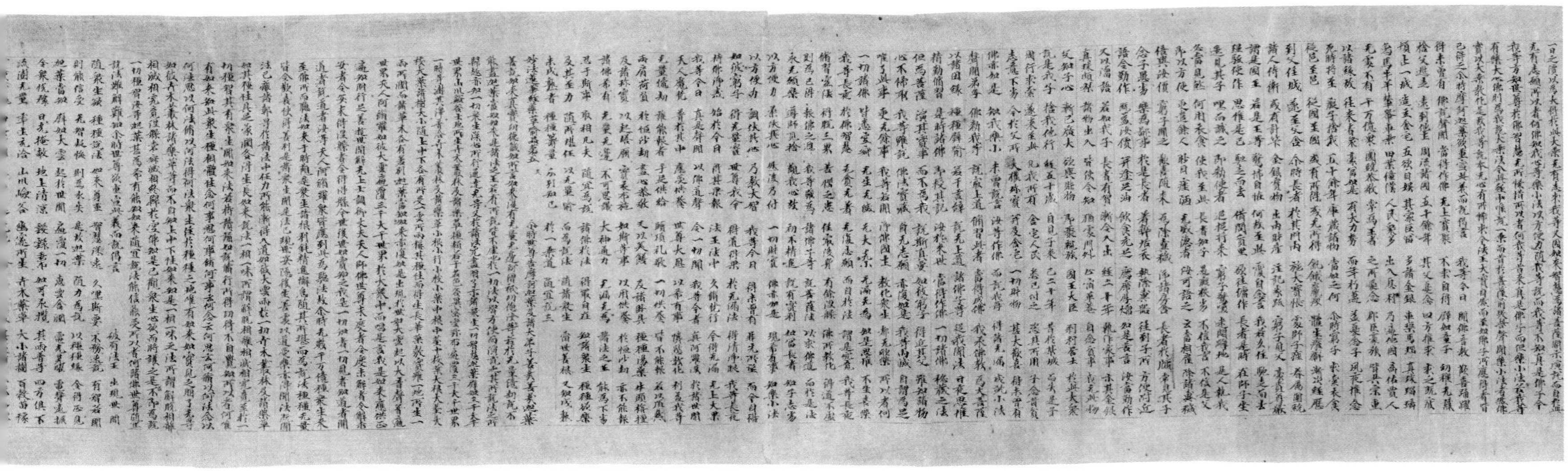

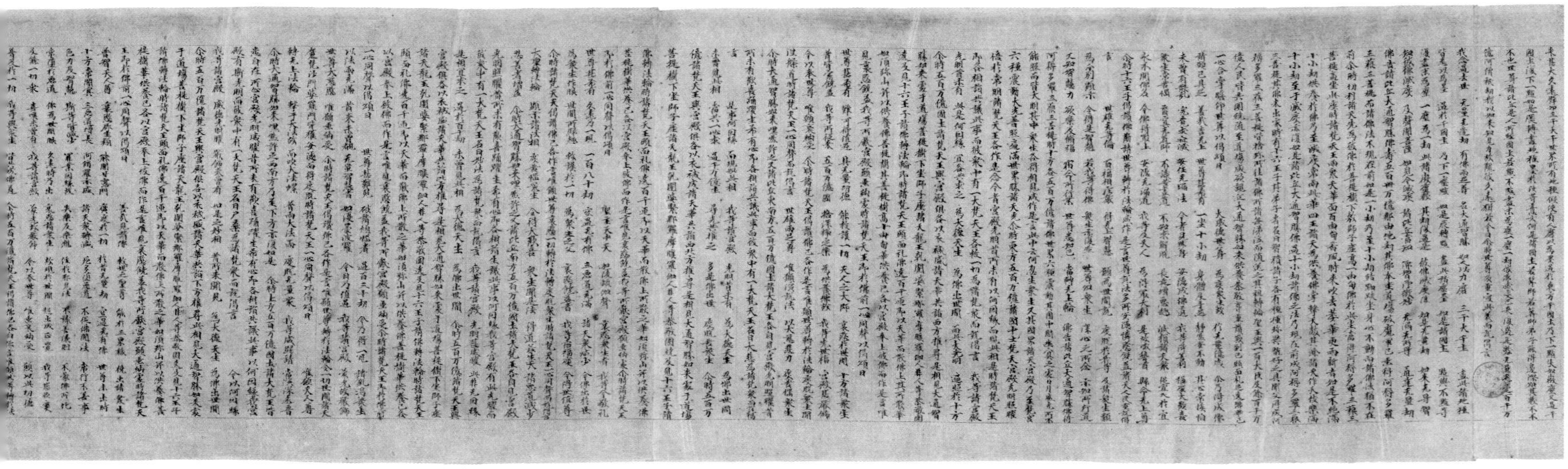

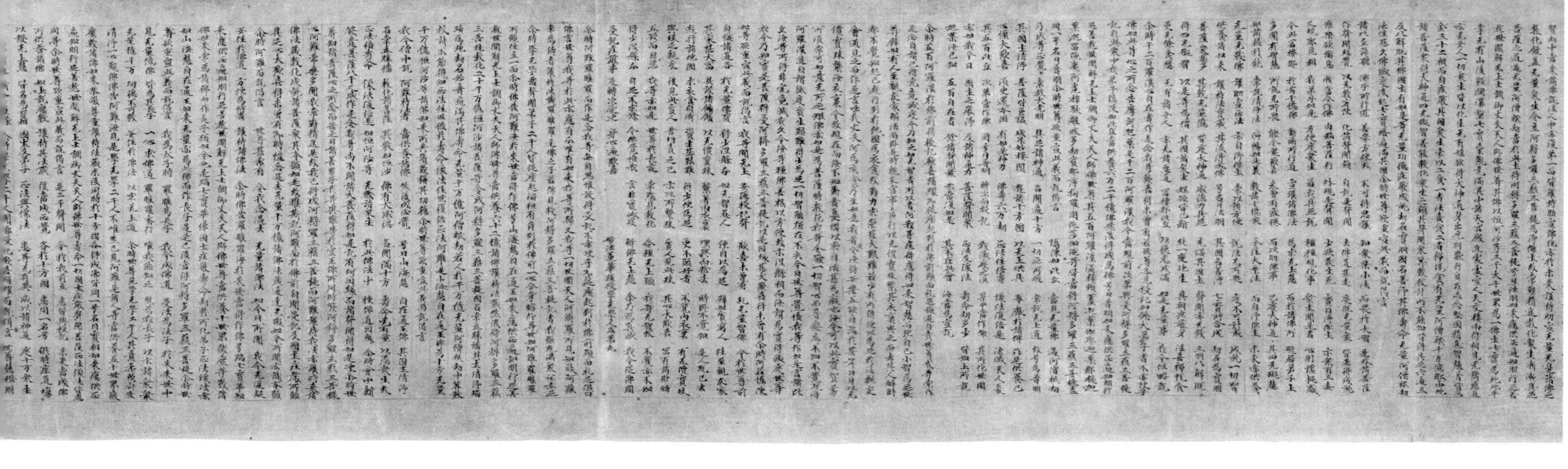

P.2050　　妙法蓮華經卷一至卷六（八卷本）（總圖）　　（四）

P.2050　　妙法蓮華經卷一至卷六（八卷本）（總圖）　　（五）

P.2050　　妙法蓮華經卷一至卷六（八卷本）（總圖）　　（六）

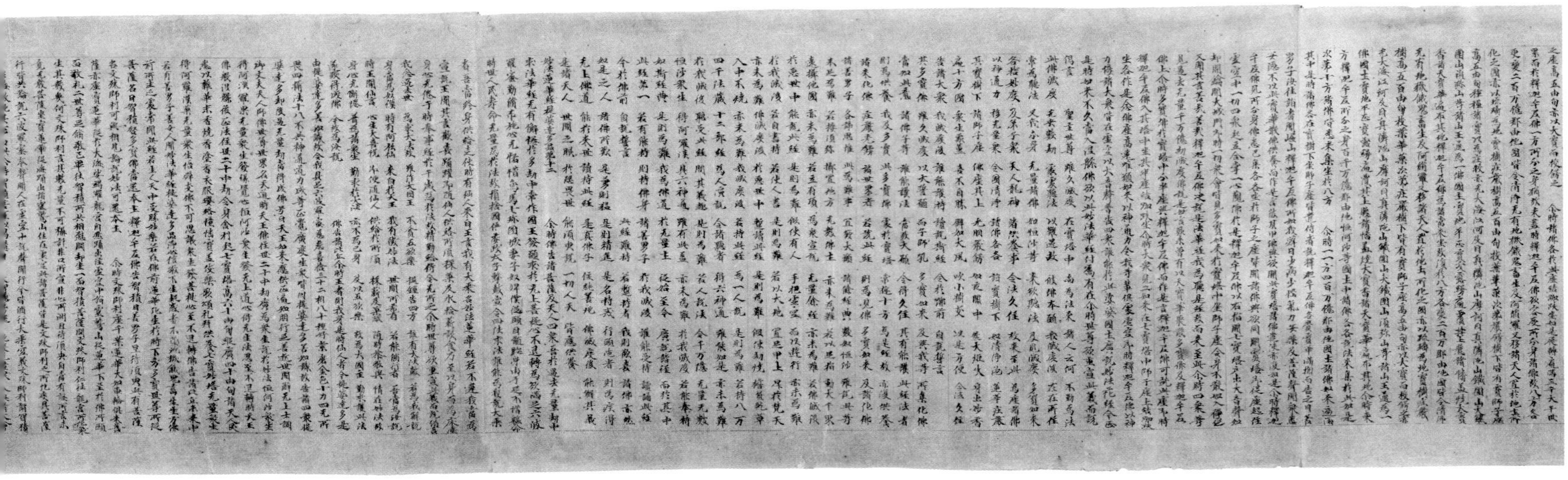

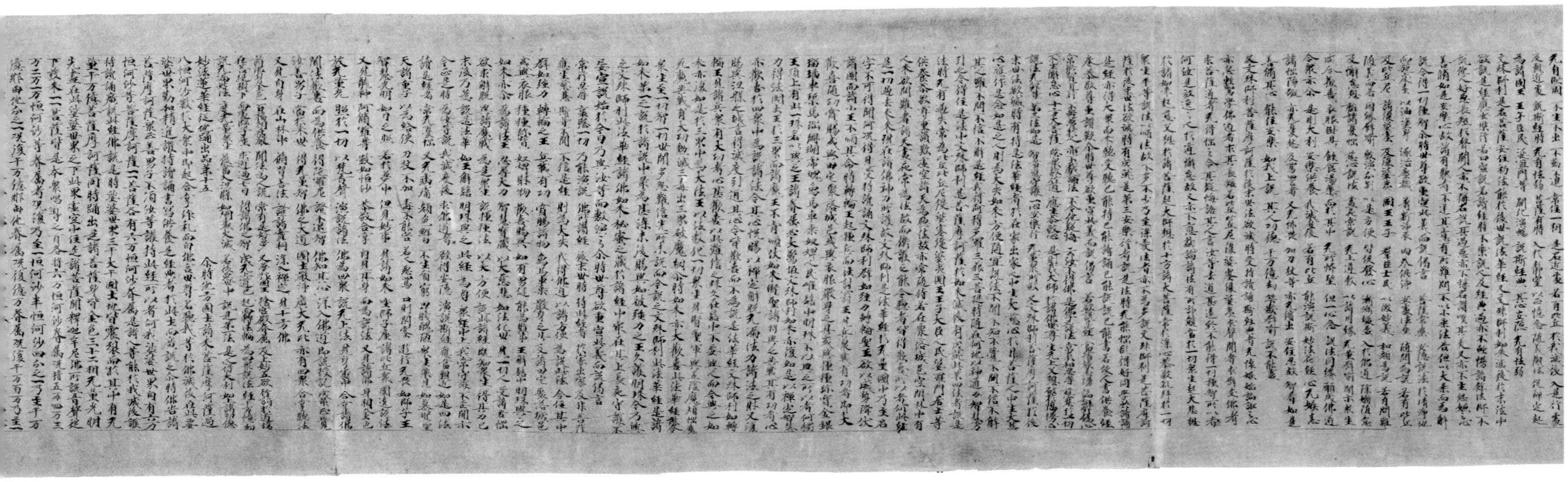

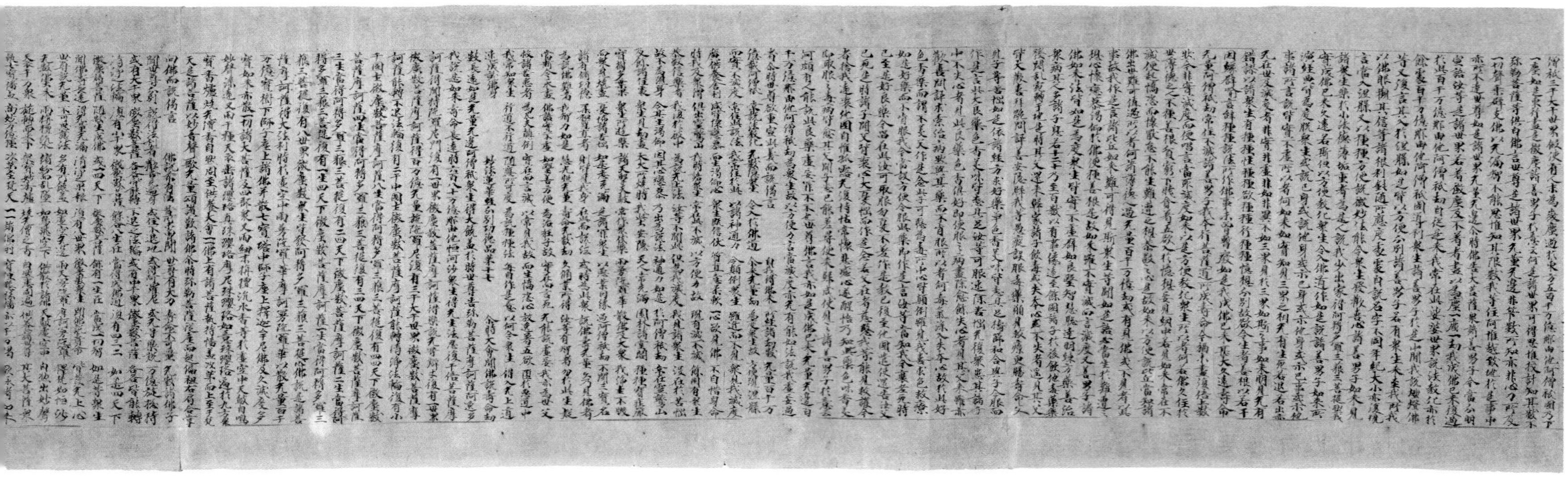

P.2050　　妙法蓮華經卷一至卷六（八卷本）（總圖）　　　（七）

P.2050　　妙法蓮華經卷一至卷六（八卷本）（總圖）　　　（八）

P.2050　　妙法蓮華經卷一至卷六（八卷本）（總圖）　　　（九）

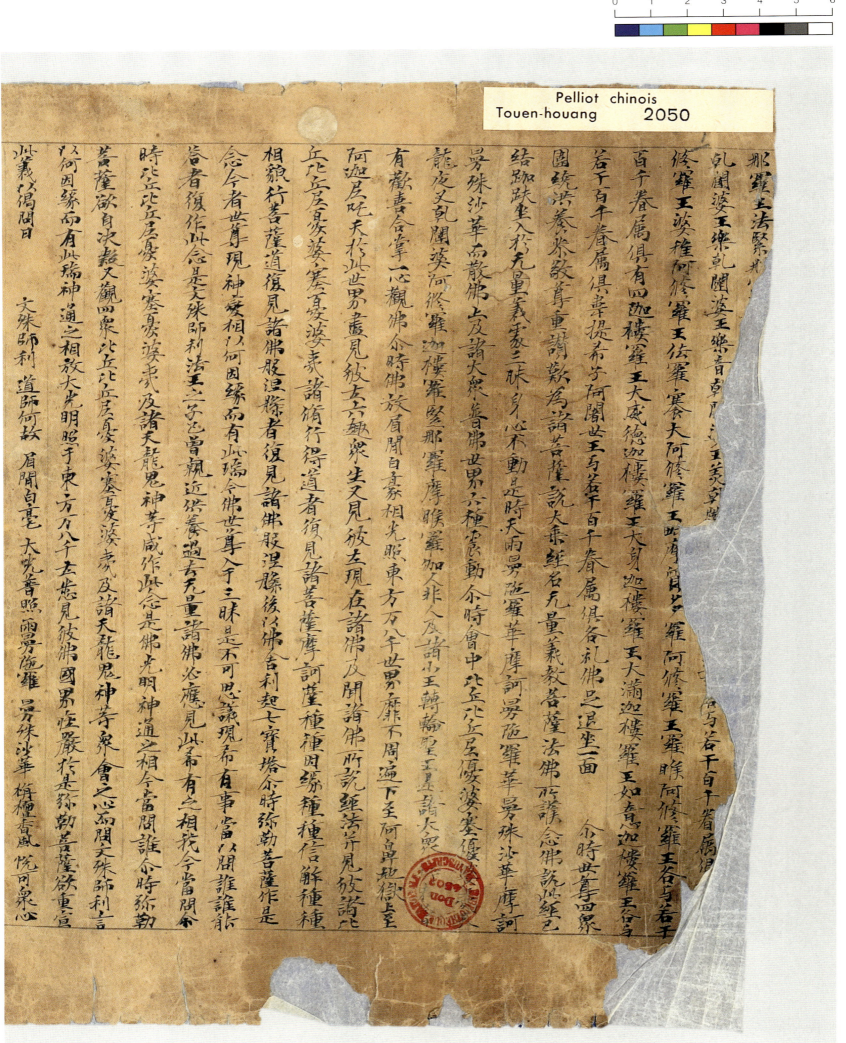

那羅王、法緊那……乾闥婆王、樂音乾闥婆王、美……羅王、婆稚阿修羅王、佉羅騫馱阿修羅王、毘摩質多羅阿修羅王、羅睺阿修羅王，各與若干……百千眷屬俱。有四迦樓羅王、大威德迦樓羅王、大身迦樓羅王、大滿迦樓羅王、如意迦樓羅王，各與若干百千眷屬俱。韋提希子阿闍世王，與若干百千眷屬俱。各禮佛足，退坐一面。

爾時世尊，四眾圍繞，供養恭敬，尊重讚歎，為諸菩薩說大乘經，名無量義，教菩薩法，佛所護念。佛說此經已，結跏趺坐，入於無量義處三昧，身心不動。是時天雨曼陀羅華、摩訶曼陀羅華、曼殊沙華、摩訶曼殊沙華，而散佛上及諸大眾，普佛世界，六種震動。爾時會中，比丘、比丘尼、優婆塞、優婆夷、

天、龍、夜叉、乾闥婆、阿修羅、迦樓羅、緊那羅、摩睺羅伽、人非人，及諸小王、轉輪聖王，是諸大眾，得未曾有，歡喜合掌，一心觀佛。爾時佛放眉間白毫相光，照東方萬八千世界，靡不周遍，下至阿鼻地獄，上至阿迦尼吒天。於此世界，盡見彼土六趣眾生，又見彼土現在諸佛，及聞諸佛所說經法。并見彼諸比丘、比丘尼、優婆塞、優婆夷，諸修行得道者。復見諸菩薩摩訶薩，種種因緣、種種信解、種種

相貌，行菩薩道。復見諸佛般涅槃者，復見諸佛般涅槃後，以佛舍利起七寶塔。爾時彌勒菩薩作是念：今者世尊現神變相，以何因緣而有此瑞？今佛世尊入于三昧，是不可思議、現希有事，當以問誰，誰能答者？復作此念：是文殊師利法王之子，已曾親近供養過去無量諸佛，必應見此希有之相，我今當問。爾時比丘、比丘尼、優婆塞、優婆夷，及諸天、龍、鬼、神等，咸作此念：是佛光明神通之相，今當問誰？爾時彌勒

菩薩欲自決疑，又觀四眾比丘、比丘尼、優婆塞、優婆夷，及諸天、龍、鬼、神等眾會之心，而問文殊師利言：以何因緣而有此瑞神通之相，放大光明，照于東方萬八千土，悉見彼佛國界莊嚴？於是彌勒菩薩欲重宣此義，而有偈問曰：

　文殊師利　道師何故　眉間白毫　太光普照　雨曼陀羅　曼殊沙華　栴檀香風　悅可眾心

以此義故偈問曰

文殊師利　導師何故　眉間白毫　大光普照　雨曼陀羅

曼殊沙華　栴檀香風　悅可衆心

以是因緣　地皆嚴淨　而此世界　六種震動　時四部衆　咸皆歡喜　身意快然　得未曾有

眉間光明　照于東方

八千佛土　皆如金色　從阿鼻獄　上至有頂　諸世界中　六道衆生　生死所趣　善惡業緣　受報好醜　於此悉見

又睹諸佛　聖主師子　演說經典　微妙第一　其聲清淨　出柔軟音　教諸菩薩　無數億萬　梵音深妙　令人樂聞

各於世界　講說正法　種種因緣　以無量喻　照明佛法　開悟衆生　若人遭苦　厭老病死　為說涅槃　盡諸苦際

若人有福　曾供養佛　志求勝法　為說緣覺　若有佛子　於種種行　求無上慧　為說淨道　或有行施　金銀珊瑚

真珠摩尼　車𤦲馬瑙　金剛諸珍　奴婢車乘　寶飾輦輿　歡喜布施　迴向佛道　願得是乘　三界第一　諸佛所歎

或有菩薩　駟馬寶車　欄楯華蓋　軒飾布施　復見菩薩　身肉手足　及妻子施　求無上道　又見菩薩　頭目身體

欣樂施與　求佛智慧　文殊師利　我見諸王　往詣佛所　問無上道　便捨樂土　宮殿臣妾　剃除鬚髮　而被法服

或見菩薩　而作比丘　獨處閑靜　樂誦經典　又見菩薩　勇猛精進　入於深山　思惟佛道　又見離欲　常處空閑

深修禪定　得五神通　又見菩薩　安禪合掌　以千萬偈　讚諸法王　復見菩薩　智深志固　能問諸佛　聞悉受持

又見佛子　定慧具足　以無量喻　為衆講法　欣樂說法　化諸菩薩　破魔兵衆　而擊法鼓　又見菩薩　寂然宴默

天龍恭敬　不以為喜　又見菩薩　處林放光　濟地獄苦　令入佛道　又見佛子　未嘗睡眠　經行林中　勤求佛道

又見菩薩　離諸戲笑　及癡眷屬　親近智者　一心除亂　攝念山林　億千萬歲　以求佛道

或見菩薩　餚饍飲食　百種湯藥　施佛及僧　名衣上服　價直千萬　或無價衣　施佛及僧

千萬億種　栴檀寶舍　衆妙臥具　施佛及僧　清淨園林　華果茂盛　流泉浴池　施佛及僧

如是等施　種種微妙　歡喜無厭　求無上道　或有菩薩　說寂滅法　種種教詔　無數衆生

或見菩薩　觀諸法性　無有二相　猶如虛空　又見佛子　心無所著　以此妙慧　求無上道

文殊師利　又有菩薩　佛滅度後　供養舍利　又見佛子　造諸塔廟　無數恒沙　嚴飾國界　寶塔高妙　五千由旬

第一一册　伯二〇四八至伯二〇五〇

P.2050　　　妙法蓮華經卷一至卷六（八卷本）　　　（79—2）

·217·

文殊師利又有菩薩佛滅度後供養舍利又見佛子造諸塔廟无數恒沙嚴飾國界寶塔高妙五千由旬

縱廣正等二千由旬 二塔廟 各有幢幡珠交露幔寶鈴和鳴諸天龍神人及非人香華伎樂常茂供養

文殊師利諸佛子等為供舍利嚴飾塔廟國界自然殊特妙好如天樹王其華開敷佛放一光我及眾會

見此國界種種殊妙諸佛威勢智慧希有放一淨光照无量國得未曾有佛子文殊願決眾疑

四眾欣仰瞻仁及我世尊何故放斯光明佛子時答決疑令滿所願演斯光者為說何等

為欲說此為當受記示諸佛土眾寶嚴淨及見諸佛此非小緣文殊當知四眾龍神瞻察仁者為說何等

余睹文殊師利語彌勒菩薩摩訶薩及諸大士善男子等如我惟忖今佛世尊欲說大法雨大法螺

擊大法鼓演大法義諸善男子我於過去諸佛曾見此瑞放斯光已即說大法是故當知今佛現光亦復如是

如是欲令眾生咸得聞知一切世間難信之法故現斯瑞諸善男子如過去无量无邊不可思議阿僧祇劫

時有佛號曰月燈明如來應供正遍知明行足善逝世間解无上士調御丈夫天人師佛世尊演說正法初善中

善後善其義深遠其語巧妙純一无雜具足清白梵行之相為求聲聞者說應四諦法度生老病死究

竟涅槃為求辟支佛者說應十二因緣法為諸菩薩說應六波羅蜜令得阿耨多羅三藐三菩提

成一切種智次復有佛亦名日月燈明如是二萬佛皆同一字號曰月燈明又同一姓姓頗羅墮彌勒

當知初佛後佛皆同一字名曰月燈明十號具足所可說法初中後善其後次佛未出家時有

八王子一名有意二名善意三名无量意四名寶意五名增意六名除疑意七名響意八名法意是

八王子威德自在各領四天下是諸王子聞父出家得阿耨多羅三藐三菩提悉捨王位亦隨出家

發大乘意常修梵行皆為法師已於千萬佛所殖眾善本是時日月燈明佛說大乘經名无

量義教菩薩法佛所護念說是經已即於大眾中結跏趺坐入於无量義處三昧身心不動是

時天雨曼陀羅華摩訶曼陀羅華曼殊沙華摩訶曼殊沙華而散佛上及諸大眾普佛

世界六種震動尒時會中比丘比丘尼優婆塞優婆夷天龍夜叉乾闥婆阿修羅迦樓羅

時天雨曼陁羅華摩訶曼陁羅華曼殊沙華摩訶曼殊沙華而散佛上及諸大眾普佛

世界六種震動尒時會中比丘比丘尼優婆塞優婆夷天龍夜叉乾闥婆阿修羅迦樓羅

緊那羅摩睺羅伽人非人及諸小王轉輪聖王等是諸大眾得未曾有歡喜合掌一心觀佛

尒時如來放眉間白毫相光照東方万八千土靡不周遍如今所見是諸佛土尒時彌勒當知尒時會中有千

億菩薩樂欲聽法是諸菩薩見此光明普照佛土得未曾有欲知此光所為因緣時有菩薩

名曰妙光有八百弟子是時日月燈明佛從三昧起因妙光菩薩說大乘經名妙法蓮華教

菩薩法佛所護念六十小劫不起于座時會聽者亦坐一處六十小劫身心不動聽佛所說謂是

食頃是時眾中無一人若身若心而生懈惓日月燈明佛於六十小劫說是經已即於梵魔沙

門婆羅門及天人阿修羅眾中而宣此言如來於今日中夜當入無餘涅槃時有菩薩名曰德

藏日月燈明佛即授其記告諸比丘是德藏菩薩次當作佛號曰淨身多陁阿伽度阿羅訶

三藐三佛陁佛授記已便於中夜入無餘涅槃佛滅度後妙光菩薩持妙法蓮華經滿八十小劫

為人演說日月燈明佛八子皆師妙光妙光教化令其堅固阿耨多羅三藐三菩提是諸王子供

養無量百千万億諸佛已皆成佛道其最後成佛者名曰燃燈八百弟子中有一人號曰求名貪

著利養雖復讀誦眾經而不通利多所忘失故號求名是人亦以種諸善根因緣故得值無

量百千万億諸佛供養恭敬尊重讚嘆彌勒當知尒時妙光菩薩豈異人乎我身是也求

名菩薩汝身是也今見此瑞与本無異是故惟忖今日如來當說大乘經名妙法蓮華教

菩薩法佛所護念尒時文殊師利於大眾中欲重宣此義而說偈言　我念過去世　無量無數劫

有佛人中尊　号日月燈明　世尊演說法　度無量眾生　無數億菩薩　令入佛智惠　佛未出家時

見大聖出家　亦隨修梵行　時佛說大乘　經名無量義　於諸大眾中　而為廣分別　佛說此經已　即於法座上

跏趺坐三昧　名無量義處　天雨曼陁羅　天鼓自然鳴　諸天龍鬼神　供養人中尊　一切諸佛土　即時大震動

P.2050　　　妙法蓮華經卷一至卷六（八卷本）　　　（79—4）

跏趺坐三昧　名无量義處　天雨曼陀華　自然鳴諸天龍鬼神　供養人中尊
佛放眉間光　現諸希有事　此光照東方　萬八千佛土　一切眾生　生死業報處　有見諸佛土　以眾寶莊嚴
佛放眉間光　現諸希有事　此光照東方　萬八千佛土　亦一切眾生　生死業報處　有見諸如來　自然成佛道
瑠璃頗梨色　斯由佛光照　及見諸天人　龍神夜叉眾　乾闥緊那羅　各供養其佛　又見諸佛土　聲聞眾无數
身色如金山　端嚴甚微妙　如淨瑠璃中　內現真金像　世尊在大眾　敷演深法義　一一諸佛土
圓佛光所照　悲見彼大眾　或有諸比丘　在於山林中　精進持淨戒　猶智護明珠　又見諸菩薩　行施忍辱等
其數如恒沙　斯由佛光照　又見諸菩薩　深入諸禪定　身心寂不動　以求无上道　又見諸菩薩　知法寂滅相
各於其國土　說法求佛道　爾時四部眾　見日月燈佛　現大神通力　其心皆歡喜　各各自相問　是事何因緣
天人所奉尊　遍從三昧起　讚妙光菩薩　汝為世間眼　一切所歸信　能奉持法藏　如我所說法　唯汝能證知
世尊既讚歎　令妙光歡喜　說是法華經　滿六十小劫　不起於此座　所說上妙法　是妙光法師　悉皆能受持
佛說是法華　令眾歡喜已　尋即於是日　告於天人眾　諸法實相義　已為汝等說　我今於中夜　當入於涅槃
汝一心精進　當離於放逸　諸佛甚難值　億劫時一遇　世尊諸子等　聞佛入涅槃　各各懷悲惱　佛滅一何速
聖主法之王　安慰无量眾　我若滅度時　汝等勿憂怖　是德藏菩薩　於无漏實相　心已得通達　其次當作佛
號曰為淨身　亦度无量眾　佛此夜滅度　如薪盡火滅　分布諸舍利　而起无數塔　比丘比丘尼　其數如恒沙
倍復加精進　以求无上道　是妙光法師　奉持佛法藏　八十小劫中　廣宣法華經　是諸八王子　妙光所開化
堅固无上道　當見无數佛　供養諸佛已　隨順行大道　相繼得成佛　轉次而受記　最後天中天　號曰燃燈佛
諸仙之導師　度脫无量眾　時有一弟子　心常懷懈怠　貪著於名利　求名利无厭　多遊族姓家
弃捨所習誦　廢忘不通利　以是因緣故　號之為求名　亦行眾善業　得見无數佛　供養於諸佛　隨順行大道
其有菩薩志　今見釋迦文　其後當作佛　號名曰彌勒　廣度諸眾生　其數无有量　彼佛滅度後　懈怠者汝是
妙光法師者　今則我身是　我見燈明佛　本光瑞如此　以是知今佛　欲說法華經　今相如本瑞　是諸佛方便
今佛放光明　助發實相義　諸人今當知　合掌一心待　佛當雨法雨　充足求道者

妙光法師者今則我身是我見燈明佛本光瑞如此以是知今佛

佛放光明助發實相義諸人今當知合掌一心待佛當雨法雨充足求道者諸求三乘人若有疑悔者佛當為除斷令盡無有餘

妙法蓮華經方便品第二

舍利弗諸佛智惠甚深無量其智惠門難解難入一切聲聞辟支佛所不能知所以者何佛曾

親近百千萬億無數諸佛盡行諸佛無量道法勇猛精進名稱普聞成就甚深未曾有法隨宜所說意趣難解舍利弗吾從成佛已來種種因緣種種譬喻廣演言教無數方便

引導眾生令離諸著所以者何如來方便知見波羅蜜皆已具足舍利弗如來知見廣大深遠無量無礙力無所畏禪定解脫三昧深入無際成就一切未曾有法舍利弗如來能種

種分別巧說諸法言辭柔軟悅可眾心舍利弗取要言之無量無邊未曾有法佛悉成就止舍利弗不須復說所以者何佛所成就第一希有難解之法唯佛與佛乃能究盡諸

法實相所謂諸法如是相如是性如是體如是力如是作如是因如是緣如是果如是報如是本末究竟等爾時世尊欲重宣此義而說偈言

世雄不可量諸天及世人一切眾生類無能知佛者佛力無所畏解脫諸三昧及佛諸餘法無能測量者本從無數佛其足行諸道甚深微妙法

難見難可了於無量億劫行此諸道已道場得成果我已悉知見如是大果報種種性相義我及十方佛乃能知是事是法不可示言辭相寂滅諸餘眾生類無有能得解除諸菩薩眾信力堅固者諸佛弟子眾

曾供養諸佛一切漏已盡住是最後身如是諸人等其力所不堪假使滿世間皆如舍利弗盡思共度量不能測佛智正使滿十方皆如舍利弗及餘諸弟子亦滿十方剎盡思共度量亦復不能知辟支佛利智

無漏最後身亦滿十方界其數如竹林斯等共一心於億無量劫欲思佛實智莫能知少分新發意菩薩

供養無數佛了達諸義趣又能善說法如稻麻竹葦充滿十方剎一心以妙智於恒河沙劫咸皆共思量不能知佛智

不退諸菩薩其數如恒沙一心共思求亦復不能知又告舍利弗無漏不思議甚深微妙法

供養無數佛　了達諸義趣　又能善説法　如稻麻竹葦　充滿十方剎　一心以妙智
於恒河沙劫　咸皆共思量　不能知佛智　不退諸菩薩　其數如恒沙　一心共思求　亦復不能知

又告舍利弗　無漏不思議　甚深微妙法　我今已具得　唯我知是相　十方佛亦然　舍利弗當知　諸佛語無異　於佛所説法　當生大信力　世尊法久後　要當説真實　告諸聲聞眾　及求緣覺乘　我令脱苦縛　逮得涅槃者　佛以方便力　示以三乘教　眾生處處著　引之令得出

爾時大眾中有諸聲聞漏盡阿羅漢阿若憍陳如等千二百人及發聲聞辟支佛心比丘比丘尼優婆塞優婆夷各作是念今者世尊何故慇懃稱歎方便而作是言佛所得法甚深難解有所言説意趣難知一切聲聞辟支佛所不能及佛説一解脱義我等亦得此法到於涅槃而今不知是義所趣

爾時舍利弗知四眾心疑自亦未了而白佛言世尊何因何緣慇懃稱歎諸佛第一方便甚深微妙難解之法我自昔來未曾從佛聞如是説見諸比丘比丘尼諸天龍鬼神及乾闥婆等相視懷猶豫瞻仰兩足尊是事為云何願佛為解説於諸聲聞眾佛説我第一我今自於智疑惑不能了為是究竟法為是所行道佛口所生子合掌瞻仰待願出微妙音時為如實説諸天龍神等其數如恒沙求佛諸菩薩大數有八萬又諸萬億國轉輪聖王至合掌以敬心欲聞具足道

四眾咸皆有疑唯願世尊敷演斯事世尊何故慇懃稱歎甚深微妙難解之法

爾時舍利弗欲重宣此義而説偈言
慧日大聖尊　久乃説是法　自説得如是　力無畏三昧　禪定解脱等　不可思議法　道場所得法　無能發問者　我意難可測　亦無能問者　無問而自説　稱歎所行道　智慧甚微妙　諸佛之所得　無漏諸羅漢　及求涅槃者　今皆墮疑網　佛何故説是　其求緣覺者　比丘比丘尼　諸天龍鬼神　及乾闥婆等　相視懷猶豫　瞻仰兩足尊　是事為云何　願佛為解説

爾時佛告舍利弗止止不須復説若説是事一切世間諸天及人皆當驚疑舍利弗重白佛言世尊唯願説之唯願説之所以者何是會無數百千萬億阿僧祇衆生曾見諸佛諸根猛利智慧明了聞佛所説則能敬信

爾時舍利弗欲重宣此義而説偈言
法王無上尊　唯説願勿慮　是會無量衆　有能敬信者

佛復止舍利弗若説是事一切世間天人阿修羅皆當驚疑增上慢比丘將墜於大坑

爾時世尊重説偈言
止止不須説　我法妙難思　諸增上慢者　聞必不敬信

將墮於大坑余時世尊重說頌曰　止止不須說　我法妙難思　諸增上慢者　聞必不敬信

余時舍利弗重白佛言世尊唯願說之唯願說之令此會中如我等比百千萬億世已曾從

佛受化如此人等必能敬信長夜安隱多所饒益余時舍利弗欲重宣此義而說偈言

尔時舍尊顏說第滿　我為佛長子　唯垂憶別說　是會無量衆　能敬信此法　佛已曾世世　教化如是等

皆一心合掌　欲聽受佛語　我等十二百　及餘求佛者　願為此衆故　唯垂分別說　是等聞此法　則生大歡喜

余時世尊告舍利弗會舍利弗汝已殷勤三請豈得不說汝今諦聽善思念之吾當為汝分別解說說

此語時會中有比立比丘尼優婆塞優婆夷五千人等即從座起礼佛而退所以者何此輩罪根

深重及增上慢未得謂得未證謂證有如此失是以不住世尊默然而不制止余時佛告舍利弗我

令此衆无復枝葉純有貞實舍利弗如是增上慢人退亦佳矣汝今善聽當為汝說舍利弗

言唯然世尊願樂欲聞佛告舍利弗如是妙法諸佛如来時乃說之如優曇鉢華時一現耳舍

利弗汝等當信佛之所說言不虛妄舍利弗諸佛隨宜說法意趣難解所以者何我以无數

種種因緣譬喻言辭演說諸法是法非思量分別之所能解唯有諸佛乃能知之所以者

何諸佛世尊唯有一大事因緣故出現於世舍利弗云何名諸佛世尊唯以一大事

因緣故出現於世諸佛世尊欲令衆生開佛知見使得清淨故出現於世欲令衆生

生佛之知見故出現於世欲令衆生悟佛知見故出現於世欲令衆生入佛知見

道故出現於世舍利弗是為諸佛以一大事因緣故出現於世佛告舍利弗諸

佛如来但教化菩薩諸有所作常為一事唯以佛之知見示悟衆生舍利弗如来

但以一佛乘故為衆生說法无有餘乘若二若三舍利弗一切十方諸佛法亦如

是舍利弗過去諸佛以无量无數方便種種因緣譬喻言辭而為衆生演說

諸法是法皆為一佛乘故是諸衆生從諸佛聞法究竟皆得一切種智舍利弗

諸法是法皆為一佛乘故是諸眾生從諸佛聞法究竟皆得一切種智舍利弗

未來諸佛當出於世亦以无量无數方便種種因緣譬喻言辭而為眾生演說
諸法是法皆為一佛乘故是諸眾生從佛聞法究竟皆得一切種智舍利弗現
在十方无量百千萬億佛土中諸佛世尊多所饒益安樂眾生是諸佛亦以
无量无數方便種種因緣譬喻言辭而為眾生演說諸法是法皆為一佛乘
故是諸眾生從佛聞法究竟皆得一切種智舍利弗是諸佛但教化菩薩欲
之知見示眾生故欲以佛之知見悟眾生故欲令眾生入佛之知見故舍利弗我
今亦復如是知諸眾生有種種欲深心所著隨其本性以種種因緣譬喻言辭
方便力而為說法舍利弗如此皆為得一佛乘一切種智故舍利弗十方世界中尚
无二乘何況有三舍利弗諸佛出於五濁惡世所謂劫濁煩惱濁眾生濁見濁命
濁如是舍利弗劫濁亂時眾生垢重慳貪嫉妒成就諸不善根故諸佛以方便
力於一佛乘分別說三舍利弗若我弟子自謂阿羅漢辟支佛者不聞不知諸佛如
來但教化菩薩事此非佛弟子非阿羅漢非辟支佛又舍利弗是諸比丘比丘尼自
謂已得阿羅漢是最後身究竟涅槃便不復志求阿耨多羅三藐三菩提當
知此輩皆是增上慢人所以者何若有比丘實得阿羅漢若不信此法无有是處
除佛滅度後現前无佛所以者何佛滅度後如是等經受持讀誦解義者是
人難得若遇餘佛於此法中便得決了舍利弗汝等當一心信解受持佛語諸
佛如來言无虛妄无有餘乘唯一佛乘爾時世尊欲重宣此義而說偈言
比丘比丘尼　有懷增上慢　優婆塞我慢　優婆夷不信　如是四眾等其數有五千不自見其過
於戒有缺漏　護惜其瑕疵　是小智已出　眾中之糟糠　佛威德故去　斯人尠福德不堪受是法
此眾无枝葉　唯有諸貞實　舍利弗善聽　諸佛所得法　无量方便力　而為眾生說眾生心所念種種所行道若干諸欲性先世善惡業佛悉知是已

於我有勳澮護惜其眼睛　是小智已出　眾中之糟糠　佛威德故去　斯人尠福德　不堪受斯法

此眾無枝葉　唯有諸貞實　眾生心所念　種種所行道　若干諸欲性　先世善惡業　佛悉知是已

以諸緣譬喻　言辭方便力　令一切歡喜　或說修多羅　伽陀及本事　本生未曾有　亦說於因緣

譬喻并祇夜　優波提舍經　鈍根樂小法　貪著於生死　於諸無量佛　不行深妙道　眾苦所惱亂

為是說涅槃　我設是方便　令得入佛慧　未曾說汝等　當得成佛道　所以未曾說　說時未至故

今正是其時　決定說大乘　我此九部法　隨順眾生說　入大乘為本　以故說是經　有佛子心淨

柔軟亦利根　無量諸佛所　而行深妙道　為此諸佛子　說是大乘經　我記如是人　來世成佛道

以深心念佛　修持淨戒故　此等聞得佛　大喜充遍身　佛知彼心行　故為說大乘　聲聞若菩薩

聞我所說法　乃至於一偈　皆成佛無疑　十方佛土中　唯有一乘法　無二亦無三　除佛方便說

但以假名字　引導於眾生　說佛智慧故　諸佛出於世　唯此一事實　餘二則非真　終不以小乘

濟度於眾生　佛自住大乘　如其所得法　定慧力莊嚴　以此度眾生　自證無上道　大乘平等法

若以小乘化　乃至於一人　我則墮慳貪　此事為不可　若人信歸佛　如來不欺誑　亦無貪嫉意

斷諸法中惡　故佛於十方　而獨無所畏　我以相嚴身　光明照世間　無量眾所尊　為說實相印

舍利弗當知　我本立誓願　欲令一切眾　如我等無異　如我昔所願　今者已滿足　化一切眾生

皆令入佛道　若我遇眾生　盡教以佛道　無智者錯亂　迷惑不受教　我知此眾生　未曾修善本

堅著於五欲　癡愛故生惱　以諸欲因緣　墜墮三惡道　輪迴六趣中　備受諸苦毒　受胎之微形

世世常增長　薄德少福人　眾苦所逼迫　入邪見稠林　若有若無等　依止此諸見　具足六十二

深著虛妄法　堅受不可捨　我慢自矜高　諂曲心不實　於千萬億劫　不聞佛名字　亦不聞正法

如是人難度　是故舍利弗　我為設方便　說諸盡苦道　示之以涅槃　我雖說涅槃　是亦非真滅

諸法從本來　常自寂滅相　佛子行道已　來世得作佛　我有方便力　開示三乘法　一切諸世尊

皆說一乘道　今此諸大眾　皆應除疑惑　諸佛語無異　唯一無二乘　過去無數劫　無量滅度佛

諸法從本來　常自寂滅相　佛子行道已　來世得作佛
我有方便力　開示三乘法　一切諸世尊　皆說一乘道
今此諸大眾　皆應除疑惑　諸佛語無異　唯一無二乘
過去無數劫　無量滅度佛　百千萬億種　其數不可量
如是諸世尊　種種緣譬喻　無數方便力　演說諸法相
是諸世尊等　皆說一乘法　化無量眾生　令入於佛道
又諸大聖主　知一切世間　天人群生類　深心之所欲
更以異方便　助顯第一義　若有眾生類　值諸過去佛
若聞法布施　或持戒忍辱　精進禪智等　種種修福慧
如是諸人等　皆已成佛道　諸佛滅度已　若人善軟心
如是諸眾生　皆已成佛道　諸佛滅度已　供養舍利者
起萬億種塔　金銀及頗梨　硨磲與碼碯　玫瑰琉璃珠
清淨廣嚴飾　莊校於諸塔　或有起石廟　栴檀及沉水
木櫁并餘材　甎瓦泥土等　若於曠野中　積土成佛廟
乃至童子戲　聚沙為佛塔　如是諸人等　皆已成佛道
若人為佛故　建立諸形像　刻雕成眾相　皆已成佛道
或以七寶成　鍮石赤白銅　白鑞及鉛錫　鐵木及與泥
或以膠漆布　嚴飾作佛像　如是諸人等　皆已成佛道
彩畫作佛像　百福莊嚴相　自作若使人　皆已成佛道
乃至童子戲　若草木及筆　或以指爪甲　而畫作佛像
如是諸人等　漸漸積功德　具足大悲心　皆已成佛道
但化諸菩薩　度脫無量眾　若人於塔廟　寶像及畫像
以華香幡蓋　敬心而供養　若使人作樂　擊鼓吹角貝
簫笛琴箜篌　琵琶鐃銅鈸　如是眾妙音　盡持以供養
或以歡喜心　歌唄頌佛德　乃至一小音　皆已成佛道
若人散亂心　乃至以一華　供養於畫像　漸見無數佛
或有人禮拜　或復但合掌　乃至舉一手　或復小低頭
以此供養像　漸見無量佛　自成無上道　廣度無數眾
入無餘涅槃　如薪盡火滅　若人散亂心　入於塔廟中
一稱南無佛　皆已成佛道　於諸過去佛　在世或滅後
若有聞是法　皆已成佛道　未來諸世尊　其數無有量
是諸如來等　亦方便說法　一切諸如來　以無量方便
度脫諸眾生　入佛無漏智　若有聞法者　無一不成佛
諸佛本誓願　我所行佛道　普欲令眾生　亦同得此道
未來世諸佛　雖說百千億　無數諸法門　其實為一乘

我所行佛道　普欲令衆生　亦同得此道　未來世諸佛　雖說百千億　無數諸法門　其實爲一乘

諸佛兩足尊　知法常無性　佛種從緣起　是故說一乘

導師方便說　天人所供養　現在十方佛　其數如恒沙　出現於世間　安隱衆生故　亦說如是法

知第一寂滅　以方便力故　雖示種種道　其實爲佛乘　知衆生諸行

欲性精進力　宣示於佛道　我以智慧力　知衆生性欲　方便說諸法　皆令得歡喜

以種種法門　相續苦不斷　深著於五欲

我以佛眼觀　見六道衆生　貧窮無福慧　入生死嶮道

以貪愛自蔽　盲瞑無所見　不求大勢佛　及與斷苦法　深入諸邪見　以苦欲捨苦

而起大悲心　我始坐道場　觀樹亦經行　於三七日中　思惟如是事

衆生諸根鈍　著樂癡所盲　如斯之等類　云何而可度　爾時諸梵王

及大自在天　并餘諸天衆　眷屬百千萬　恭敬合掌禮　請我轉法輪　我即自思惟

衆生沒在苦　不能信是法　不能信是法　墜於三惡道　我寧不說法　疾入於涅槃

所行方便力　我今所得道　亦應說三乘　作是思惟時　十方佛皆現　梵音慰喻我

第一之導師　得是無上法　隨諸一切佛　而用方便力　我等亦皆得　最妙第一法

爲諸衆生　少智樂小法　不自信作佛　是故以方便　分別說諸果　雖復說三乘　但爲教菩薩

舍利弗當知　我聞聖師子　深淨微妙音　稱南無諸佛　復作如是念　我出濁惡世　如諸佛所說

金利弗當知　便有涅槃音　及以阿羅漢　法僧差別名　從久遠劫來　讚示涅槃法　生死苦永盡

是名轉法輪　志求佛道者　無量千萬億　咸以恭敬心　皆來至佛所

我亦隨順行　思惟是事已　即趣波羅奈　諸法寂滅相　不可以言宣　以方便力故　爲五比丘說

曾從諸佛聞　方便所說法　我即作是念　如來所以出　爲說佛慧故　今正是其時

鈍根小智人　著相憍慢者　不能信是法　今我喜無畏　於諸菩薩中　正直捨方便　但說無上道

P.2050　　妙法蓮華經卷一至卷六（八卷本）　　　（79—12）

曾從諸佛聞　方便所說法　我忽作是念
　　　　　　　慧義佛道耶　吾當于方億
鈍根小智人　著相憍慢者　不能信是法　　慇說佛慧故　度此諸億心　皆來至佛所
菩薩聞是法　疑網皆已除　千二百羅漢　今我喜無畏　於諸菩薩中　正直捨方便　但說無上道
說無分別法　諸佛興出世　懸遠値遇難　悉亦當作佛　如三世諸佛　說法之儀式　我今亦如是
能聽是法者　斯人亦復難　譬如優曇華　一切皆愛樂　天人所希有　時時乃一出　聞法歡喜讚
　　　　　　　則爲已供養　一切三世佛　是人甚希有　過於優曇華　我亦諸法王　普告諸大眾
但以一乘道　教化諸菩薩　無聲聞弟子　汝等舍利弗　聲聞及菩薩　當知是妙法　諸佛之秘要
汝五濁惡世　但樂著諸欲　如是等衆生　終不求佛道　當來世惡人　聞佛說一乘　迷惑不信受
破法墮惡道　有慚愧清淨　志求佛道者　當爲如是等　廣讚一乘道　舍利弗當知　諸佛法如是
以萬億方便　隨宜而說法　其不習學者　不能曉了此　汝等已能知　諸佛世尊隨宜方便事
無復諸疑惑　心生大歡喜　自知當作佛　　　　　妙法蓮華經卷第一
妙法蓮華經譬喻品第三　　二
　　　爾時舍利弗踊躍歡喜卽起合掌瞻仰尊顏而白佛言今
從世尊聞此法音心懷踊躍得未曾有所以者何我昔從佛聞如是法見諸菩薩授記作佛
而我等不豫斯事甚自感傷失於如來無量知見世尊我常獨處山林樹下若坐若
行每作是念我等同入法性云何如來以小乘法而見濟度是我等咎非世尊也所以者
何若我等待說所因成就阿耨多羅三藐三菩提者必以大乘而得度脫然我
等不解方便隨宜所說初聞佛法遇便信受思惟取證世尊我從昔來終日竟夜每自
剋責而今從佛聞所未聞未曾有法斷諸疑悔身意泰然快得安隱今日乃知真是
佛子從佛口生從法化生得佛法分爾時舍利弗欲重宣此義而說偈言
我聞是法音　得所未曾有　心懷大歡喜　疑網皆已除　昔來蒙佛教　不失於大乘　佛音甚希有
　　　　　　　熊除衆生惱　我已得漏盡　聞亦除憂惱　我處於山谷　或在樹林下　若坐若經行　常思惟是事
爲等深自說

熊塗衆生惱　我已得漏盡　聞亦除憂惱　我處於山谷　或在樹林下

嗚呼深自責　云何而自欺　我等亦佛子　同入無漏法　不能於未來　演說无上道

十力諸解脫　同共一法中　而不得此事　八十種妙好　十八不共法　如是等功德　而我皆已失

我獨經行時　見佛在大衆　名聞滿十方　廣饒益衆生　自惟失此利　我為自欺誑

諸思惟是事　欲以問世尊　為失為不失　我常於日夜　每自量如是事

今聞佛音聲　隨宜而說法　無漏難思議　令衆至道場　我本著邪見　為諸梵志師

狀邪說涅槃　我悉除邪見　於空法得證　今時心自謂　得至於滅度　而今乃自覺　非是實滅度

若得作佛時　具三十二相　天人夜叉衆　龍神等恭敬　是時乃可謂　永盡滅無餘

佛於大衆中　說我當作佛　聞如是法音　疑悔悉已除　初聞佛所說　心中大驚疑　將非魔作佛

惱亂我心耶　作已種種緣　譬喻巧言說　其心安如海　我聞疑網斷　佛說過去世　無量滅度佛

安住方便中　亦皆說是法　現在未來佛　其數无有量　亦以諸方便　演說如是法　如今者世尊

從生及出家　得道轉法輪　亦以方便說　世尊說實道　波旬無此事　以是我定知　非是魔作佛

我墮疑網故　謂是魔所為　聞佛柔軟音　深遠甚微妙　演暢清淨法　我心大歡喜　疑悔永已盡

安住實智中　我定當作佛　為天人所敬　轉无上法輪　教化諸菩薩

尒時佛告舍利弗吾今於天人沙門婆羅門等大衆中說我昔曾於二万億佛所為无

上道故常教化汝汝亦長夜隨我受學我以方便引導汝故生我法中舍利弗我昔

教汝志願佛道汝今悉忘而便自謂已得滅度我今還欲令汝憶念本願所行道故

為諸聲聞說是大乘經名妙法蓮華教菩薩法佛所護念舍利弗汝於未來世過无

量无邊不可思議劫供養若千千万億佛奉持正法具足菩薩所行之道當得作佛

号曰華光如來應供正遍知明行足善逝世間解无上士調御丈夫天人師佛世尊

國名離垢其土平正清淨嚴飾安隱豐樂天人熾盛瑠璃為地有八交道黃金為

號曰華光如來、應供、正遍知、明行足、善逝、世間解、無上士、調御丈夫、天人師、佛、世尊。國名離垢，其土平正，清淨嚴飾，安隱豐樂，天人熾盛。琉璃為地，有八交道，黃金為繩以界其側，其傍各有七寶行樹，常有華菓。華光如來亦以三乘教化眾生。

舍利弗！彼佛出時，雖非惡世，以本願故，說三乘法。其劫名大寶莊嚴。何故名曰大寶莊嚴？其國中以菩薩為大寶故。彼諸菩薩無量無邊，不可思議，算數譬喻所不能及，非佛智力無能知者。若欲行時，寶華承足。此諸菩薩非初發意，皆久殖德本，於無量百千萬億佛所淨修梵行，恒為諸佛之所稱歎，常修佛慧，具大神通，善知一切諸法之門，質直無偽，志念堅固。如是菩薩充滿其國。

舍利弗！華光佛壽十二小劫，除為王子未作佛時。其國人民壽八小劫。華光如來過十二小劫，授堅滿菩薩阿耨多羅三藐三菩提記，告諸比丘：是堅滿菩薩次當作佛，號曰華足安行、多陀阿伽度、阿羅訶、三藐三佛陀，其佛國土亦復如是。舍利弗！是華光佛滅度之後，正法住世三十二小劫，像法住世亦三十二小劫。

爾時世尊欲重宣此義，而說偈言：

舍利弗來世　成佛普智尊
號名曰華光　當度無量眾
供養無數佛　具足菩薩行
十力等功德　證於無上道
過無量劫已　劫名大寶嚴
世界名離垢　清淨無瑕穢
以琉璃為地　金繩界其道
七寶雜色樹　常有華菓實
彼國諸菩薩　志念常堅固
神通波羅蜜　皆已悉具足
於無數佛所　善學菩薩道
如是等大士　華光佛所化
佛為王子時　棄國捨世榮
於最末後身　出家成佛道
華光佛住世　壽十二小劫
其國人民眾　壽命八小劫
佛滅度之後　正法住於世
三十二小劫　廣度諸眾生
正法滅盡已　像法三十二
舍利廣流布　天人普供養
華光佛所為　其事皆如是
其兩足聖尊　最勝無倫匹
彼即是汝身　宜應自欣慶

爾時四部眾，比丘、比丘尼、優婆塞、優婆夷，天、龍、夜叉、乾闥婆、阿修羅、迦樓羅、緊那羅、摩睺羅伽等大眾，見舍利弗於佛前受阿耨多羅三藐三菩提記，心大歡喜，踊躍無量。各

阿僧祇如積羅緊那羅摩睺羅伽等大衆見舍利弗於佛前授阿耨多羅三菩提記心大歡
喜踊躍无量各脫身所著上衣以供養佛釋提桓因梵天王等與无數天子亦以天妙
衣天曼陁羅華摩訶曼陁羅華等供養於佛所散天衣住虛空中而自迴轉諸天伎樂百千万
種於虛空中一時俱作雨衆天華而作是言佛昔於波羅奈初轉法輪今乃復轉无上最大法輪
諸天子欲重宣此義而說偈言
念復轉無妙　无上大法輪　是法甚深奥　少有能信者　我等從昔來　數聞世尊說　未曾聞如是
深妙之上法　我等皆隨喜　大智舍利弗　今得授尊記　我等亦如是　必當得作佛　於一切世間
爾時舍利弗白佛言世尊我今无復疑悔親於佛前得授阿耨多羅三藐三菩提記是諸千二
百心自在者昔住學地佛常教化言我法能離生老死病究竟涅槃是學无學人亦各自以離
我見及有无見等謂得涅槃而今於世尊前聞所未聞皆墮疑惑善哉世尊願為四衆說其因
緣令離疑悔爾時佛告舍利弗我先不言諸佛世尊以種種因緣譬喻言辭方便說法皆為阿耨
多羅三藐三菩提耶是諸所說皆為化菩薩故然舍利弗今當復以譬喻更明此義諸有智者
以譬喻得解舍利弗若國邑聚落有大長者其年衰邁財富无量多有田宅及諸僮僕其
家廣大唯有一門多諸人衆一百二百乃至五百人止住其中堂閣朽故牆壁隤落柱根腐
敗梁棟傾危周匝俱時欻然火起焚燒舍宅長者諸子若十二十或至三十在此宅中長
者見是大火從四面起而作是言我雖能於此所燒之門安隱得出而諸子等於
火宅內樂著嬉戲不覺不知不驚不怖火來逼身苦痛切己心不厭患无求出意
舍利弗是長者作是思惟我身手有力當以衣裓若以机案從舍出之復更思惟是舍唯
有一門而復狹小諸子幼稚未有所識戀著戲處或當墮落為火所燒我當為說怖畏
之事此舍已燒宜時疾出无令為火之所燒害作是念已如所思惟具告諸子汝等速出火難

有一門而復陝小諸子幼稚未有所識戀著戲處或當墮落爲火所燒我當爲說怖畏

之事此舍已燒宜時疾出無令爲火之所燒害作是念已如所思惟具告諸子汝等速出文雖

憐愍善言誘喻而諸子等樂著嬉戲不肯信受不驚不畏了無出心亦復不知何者

是火何者爲舍云何爲失但東西走戲視父而已爾時長者即作是念此舍已爲大火所燒

我及諸子若不時出必爲所焚我今當設方便令諸子等得免斯害父知諸子先心各有

所好種種珍玩奇異之物情必樂著而告之言汝等所可玩好希有難得汝若不取後必憂

悔如此種種羊車鹿車牛車今在門外可以遊戲汝等於此火宅宜速出來隨汝所欲皆

當與汝爾時諸子聞父所說珍玩之物適其願故心各勇銳互相推排競共馳走爭出

火宅是時長者見諸子等安隱得出皆於四衢道中露地而坐無復障礙其心泰然歡喜

踊躍時諸子等各白父言父先所許諸玩好之具羊車鹿車牛車願時賜與

舍利弗爾時長者各賜諸子等一大車其車高廣眾寶莊校周匝欄楯四面懸鈴又

於其上張設幰蓋亦以珍奇雜寶而嚴飾之寶繩絞絡垂諸華纓重敷綩綖安置丹枕駕

以白牛膚色充潔形體姝好有大筋力行步平正其疾如風又多僕從而侍衛之所以

者何是大長者財富無量種種諸藏悉皆充溢而作是念我財物無極不應以下劣

小車與諸子等今此幼童皆是吾子愛無偏黨我有如是七寶大車其數無量應

當等心各各與之不宜差別所以者何以我此物周給一國猶尚不匱何況諸子是時諸子各乘

大車得未曾有非本所望舍利弗於汝意云何是長者等與諸子珍寶大車寧有虛妄

不舍利弗言不也世尊是長者但令諸子得免火難全其軀命非爲虛妄何以故

令便爲已得玩好之具況復方便於彼火宅而拔濟之世尊若是長者乃至不與最小一車

猶不虛妄何以故是長者先作是念我以方便令子得出以是因緣無虛妄也何況長

猶不虛妄何以故是長者先作是意我以方便令諸子得出以是因緣无虛妄也何况長
者自知財富无量欲饒益諸子等與大車　　　佛告舍利弗善哉善哉如汝所言舍
利弗如來亦復如是則為一切世間之父於諸怖畏衰惱憂患无明闇蔽永盡无餘而悉
成就无量知見力无所畏有大神力及智慧力具足方便智慧波羅蜜大慈大悲
常无懈倦恒求善事利益一切而生三界朽故火宅為度眾生生老病死憂悲苦惱愚
癡闇蔽三毒之火教化令得阿耨多羅三藐三菩提見諸眾生為生老病死憂悲苦惱之
所燒煮亦以五欲財利故受種種苦又以貪著追求故現受眾苦後受地獄畜生餓鬼之
苦若生天上及在人間貧窮困苦愛別離苦怨憎會苦如是等種種諸苦眾生沒在其
中歡喜遊戲不覺不知不驚不怖亦不生厭不求解脫於此三界火宅東西馳走雖
遭大苦不以為患舍利弗佛見此已便作是念我為眾生之父應拔其苦難與无量无
邊佛智慧樂令其遊戲　舍利弗如來復作是念若我但以神力及智慧力捨於
方便為諸眾生讚如來知見力无所畏者眾生不能以是得度所以者何是諸眾生
未免生老病死憂悲苦惱而為三界火宅所燒何由能解佛之智慧舍利弗如彼長者
雖復身手有力而不用之但以慇懃方便勉濟諸子火宅之難然後各與珍寶大車如來
亦復如是雖有力无所畏而不用之但以智慧方便於三界火宅拔濟眾生為說三乘聲
聞辟支佛乘而作是念汝等莫得樂住三界火宅勿貪麤弊色聲香味觸也若貪著
生愛則為所燒汝等速出三界當得三乘聲聞辟支佛佛乘我今為汝保任此事終
不虛也汝等但當勤修精進如來以是方便誘進眾生復作是言汝等當知此三乘
法皆是聖所稱歎自在无繫无所依求乘此三乘以无漏根力覺道禪定解脫三昧
等而自娛樂便得无量安隱快樂　舍利弗若有眾生內有智性從佛世尊聞法
信受慇勤精進欲速出三界自求涅槃是名聲聞乘如彼諸子為求羊車出於火

等而自娛樂便得无量安隱快樂　舍利弗若有眾生內有智性從佛世尊聞法

信受慇懃精進欲速出三界自求涅槃是名聲聞乘如彼諸子為求羊車出於火

宅若有眾生從佛世尊聞法信受慇懃精進求自然慧樂獨善寂深知諸法

因緣是名辟支佛乘如彼諸子為求鹿車出於火宅若有眾生從佛世尊聞法信受

慇懃精進求一切智佛智自然智无師智如來知見力无所畏愍念安樂无量眾生

利益天人度脫一切是名大乘菩薩求此乘故名為摩訶薩如彼諸子為求牛車

出於火宅舍利弗如彼長者見諸子等安隱得出火宅到无畏處自惟財富无量

等与大車而賜諸子如來亦復如是為一切眾生之父若見无量億千眾生以佛教

門出三界苦怖畏險道得涅槃樂如來爾時便作是念我有无量无邊智慧力无

畏等諸佛法藏是諸眾生皆是我子等與大乘不令有人獨得滅度皆以如來滅度

而滅度之是諸眾生脫三界者悉與諸佛禪定解脫等娛樂之具皆是一相一種聖所

稱歎能生淨妙第一之樂舍利弗如彼長者初以三車誘引諸子然後但與大車寶物莊嚴

安隱第一然彼長者无虛妄之咎如來亦復如是无有虛妄初說三乘引道眾生然後但

以大乘而度脫之何以故如來有无量智慧力无所畏諸法之藏能與一切眾生大乘之

法但不能盡受舍利弗以是因緣當知諸佛方便力故於一佛乘分別說三佛欲重宣

此義而說偈言

　　　　譬如長者　有一大宅　其宅久故　而復頓弊　堂舍高危

柱根摧朽　梁棟傾斜　基陛頹毀　牆壁圮坼　泥塗褫落　覆苫亂墜　椽梠差脫

周障屈曲　雜穢充遍　有五百人　止住其中　鵄梟鵰鷲　烏鵲鳩鴿　蚖蛇蝮蠍

蜈蚣蚰蜒　守宮百足　狖狸鼪鼠　諸惡蟲輩　交橫馳走　屎尿臭處　不淨流溢

蜣蜋諸蟲　而集其上　狐狼野干　咀嚼踐蹋　齧齧死屍　骨肉狼藉　由是群狗

競來搏撮　飢羸慞惶　處處求食　鬬諍齟齬　嘊喍㘁吠　其舍恐怖　變狀如是

燒煽諸虫　而集其上　狐狼野干　咀嚼踐蹹　齧齧死屍　骨肉狼籍　由是群狗　競來搏撮　飢羸慞惶　處處求食　鬪諍齫掣　嘊喍嗥吠　其舍恐怖　變狀如是　魑魅魍魎　夜叉惡鬼　食噉人肉　毒虫之屬　諸惡禽獸　孚乳產生　各自藏護　夜叉競來　諍取食之　食之既飽　惡心轉熾　鬪諍之聲　甚可怖畏　鳩槃荼鬼　蹲踞土埵　或時離地　一尺二足　往反遊行　縱逸嬉戲　捉狗兩足　僕令失聲　以腳加頸　怖狗自樂　復有諸鬼　其身長大　裸形黑瘦　常住其中　發大惡聲　叫呼求食　復有諸鬼　其咽如針　復有諸鬼　首如牛頭　或食人肉　或復噉狗　頭髮蓬亂　殘害兇險　飢渴所逼　叫呼馳走　夜叉餓鬼　諸惡鳥獸　飢急四向　窺看窗牖　如是諸難　恐畏無量　是朽故宅　屬于一人　其人近出　未久之間　於後宅舍　忽然火起　四面一時　其燄俱熾　棟梁椽柱　爆聲震裂　摧折墮落　牆壁崩倒　諸鬼神等　揚聲大叫　鵰鷲諸鳥　鳩槃荼等　周慞惶怖　不能自出　惡獸毒虫　藏竄孔穴　毗舍闍鬼　亦住其中　薄福德故　為火所逼　共相殘害　飲血噉肉　野干之屬　并已前死　諸大惡獸　競來食噉　臭煙熢㶿　四面充塞　蜈蚣蚰蜒　毒蛇之類　為火所燒　爭走出穴　鳩槃荼鬼　隨取而食　又諸餓鬼　頭上火燃　飢渴熱惱　周慞悶走　其宅如是　甚可怖畏　毒害火災　眾難非一　是時宅主　在門外立　聞有人言　汝諸子等　先因遊戲　來入此宅　稚小無知　歡娛樂著　長者聞已　驚入火宅　方便救濟　令無燒害　告喻諸子　說眾患難　惡鬼毒虫　災火蔓延　眾苦次第　相續不絕　毒蛇蚖蝮　及諸夜叉　鳩槃荼鬼　野干狐狗　鵰鷲鴟梟　百足之屬　飢渴惱急　甚可怖畏　此苦難處　況復大火　諸子無知　雖聞父誨　猶故樂著　嬉戲不已　是時長者　而作是念　諸子如是　益我愁惱　今此舍宅　無一可樂　而諸子等　躭湎嬉戲　不受我教

第一一册　伯二〇四八至伯二〇五〇

P.2050　　　妙法蓮華經卷一至卷六（八卷本）　　　（79—20）

況復大火　諸子无知　雖聞父誨　猶故樂著　嬉戲不已　是時長者　而作是念

諸子如是　益我愁惱　今此舍宅　无一可樂　而諸子等　躭湎嬉戲　不受我教

將為火害　即便思惟　設諸方便　告諸子等　我有種種　珎玩之具　妙寶好車

羊車鹿車　大牛之車　今在門外　汝等出來　吾為汝等　造作此車　隨意所樂

可以遊戲　諸子聞說　如此諸車　即時奔競　馳走而出　到於空地　離諸苦難

長者見子　得出火宅　住於四衢　坐師子座　而自慶言　我今快樂

生育甚難　退小无知　而入險宅　多諸毒蟲　魑魅可畏　大火猛炎　四面俱起

而此諸子　貪樂嬉戲　我已救之　令得脫難　是故諸人　我今快樂

爾時諸子　知父安坐　皆詣父所　而白父言　願賜我等　三種寶車　如前所許

諸子出來　當以三車　隨汝所欲　今正是時　唯垂給與

金銀瑠璃　車渠馬瑙　以眾寶物　造諸大車　莊校嚴飾　周帀欄楯　四面懸鈴

金繩絞絡　真珠羅網　張施其上　金華諸瓔　處處垂下　眾綵雜飾　周帀圍繞

柔軟繒纊　以為茵褥　上妙細㲲　價直千億　鮮白淨潔　以覆其上　有大白牛

肥壯多力　形體姝好　以駕寶車　多諸儐從　而侍衛之　以是妙車　等賜諸子

諸子時是　歡喜踊躍　乘於四方　嬉戲快樂　自在无㝵　告舍利弗　我亦如是

眾聖中尊　世間之父　一切眾生　皆是吾子　深著世樂　无有慧心

猶如火宅　三界火宅　眾苦充滿　甚可怖畏　常有生老　病死憂患　如是等火　熾然不息

如來已離　三界火宅　寂然閑居　安處林野　今此三界　皆是我有　其中眾生　悉是吾子

卷是吾子　而今此處　多諸患難　唯我一人　能為救護　雖復教詔　而不信受

於諸欲染　貪著深故　是以方便　為說三乘　令諸眾生　知三界苦　開示演說

出世間道　是諸子等　若心決定　具足三明　及六神通　有得緣覺　不退菩薩

於諸欲深著　貪著深故　是以方便　為說三乘　令諸眾生　知三界苦　開示演說

出世間道・是諸子等　若心決定　具足三明　及六神通　有得緣覺　不退菩薩

汝舍利弗　我為眾生　以此譬喻　說一佛乘　汝等若能　信受是語　一切皆當　成得佛道

是乘微妙　清淨第一　於諸世間　為無有上　佛所悅可　一切眾生　所應稱讚　供養禮拜

先量億千　諸力解脫　禪定智慧　及佛餘法　得如是乘　令諸子等　日夜劫數　常得游戲　與諸菩薩　及聲聞眾　乘此寶乘　直至道場

以是因緣　十方諦求　更無餘乘　除佛方便　告舍利弗　汝諸人等　皆是吾子

我則是父　汝等累劫　眾苦所燒　我皆濟拔　令出三界　汝等雖先　謂得滅度

但盡生死　而實不滅　今所應作　唯佛智慧　若有菩薩　於是眾中　能一心聽

諸佛實法　諸佛世尊　雖以方便　所化眾生　皆是菩薩　若人小智　深著愛欲

為此等故　說於苦諦　眾生心喜　得未曾有　佛說苦諦　真實無異　若有眾生

不知苦本　深著苦因　不能暫捨　為是等故　方便說道　諸苦所因　貪欲為本　若滅貪欲　無所依止　滅盡諸苦　名第三諦　為滅諦故　修行於道　離諸苦縛

名得解脫　是人於何　而得解脫　但離虛妄　名為解脫　其實未得　一切解脫

佛說是人　未實滅度　斯人未得　無上道故　我意不欲　令至滅度　我為法王　於法自在　安隱眾生　故現於世　汝舍利弗　我此法印　為欲利益　世間故說

在所遊方　勿妄宣傳　若有聞者　隨喜頂受　當知是人　阿鞞跋致　若人有能　信汝所說　則為見我　亦見於汝　及比丘僧　并諸菩薩

此經法者　是人已曾　見過去佛　恭敬供養　亦聞是法　若人有能　信汝所說

則為見我　亦見於汝　及比丘僧　并諸菩薩　斯法華經　為深智說

淺識聞之　迷惑不解　一切聲聞　及辟支佛　於此經中　力所不及

尚於此經　以信得入　況餘聲聞　其餘聲聞　信佛語故　隨順此經　非己智分

淺識聞之　迷惑不解　一切聲聞　及辟支佛　於此經中　力所不及　汝舍利弗

尚於此經　以信得入　況餘聲聞　其餘聲聞　信佛語故　隨順此經　非己智分

又舍利弗　憍慢懈怠　計我見者　莫說此經　凡夫淺識　深著五欲　聞不能解

亦勿為說　若人不信　毀謗此經　則斷一切　世間佛種　或復顰蹙　而懷疑惑

汝當聽說　此人罪報　若佛在世　若滅度後　其有誹謗　如斯經典　見有讀誦

書持經者　輕賤憎嫉　而懷結恨　此人罪報　汝今復聽　其人命終　入阿鼻獄

具足一劫　劫盡更生　如是展轉　至無數劫　從地獄出　當墮畜生　若狗野干

其形尩瘦　黧黮疥癩　人所觸嬈　又復為人　之所惡賤　常困飢渴　骨肉枯竭

生受楚毒　死被瓦石　斷佛種故　受斯罪報　若作駱駝　或生驢中　身常負重

加諸杖捶　但念水草　餘無所知　謗斯經故　獲罪如是　有作野干　來入聚落

身體疥癩　又無一目　為諸童子　之所打擲　受諸苦痛　或時致死　於此死已

更受蟒身　其形長大　五百由旬　聾騃無足　宛轉腹行　為諸小蟲　之所唼食

晝夜受苦　無有休息　謗斯經故　獲罪如是　若得為人　諸根闇鈍　矬陋攣躄

盲聾背傴　有所言說　人不信受　口氣常臭　鬼魅所著　貧窮下賤　為人所使

多病痟瘦　無所依怙　雖親附人　人不在意　若有所得　尋復忘失　若修醫道

順方治病　更增他疾　或復致死　若自有病　無人救療　設服良藥　而復增劇

若他反逆　抄劫竊盜　如是等罪　橫羅其殃　如斯罪人　永不見佛　眾聖之王

說法教化　如斯罪人　常生難處　狂聾心亂　永不聞法　於無數劫　如恒河沙

生輒聾啞　諸根不具　常處地獄　如遊園觀　在餘惡道　如己舍宅　駝驢豬狗

是其行處　謗斯經故　獲罪如是　若得為人　聾盲瘖啞　貧窮諸衰　以自莊嚴

水腫乾痟　疥癩癰疽　如是等病　以為衣服　身常臭處　垢穢不淨　深著我見

P.2050　　　妙法蓮華經卷一至卷六（八卷本）　　　（79—23）

水腫乾消　齊癧癰疽　如是等病　以為衣服　身常臭處　垢穢不淨　深著我見

增益瞋恚　婬欲熾盛　不擇禽獸　謗斯經故　獲罪如是　告舍利弗　謗斯經者

若說其罪　窮劫不盡　以是因緣　我故語汝　无智人中　莫說此經　若有利根

智慧明了　多聞強識　求佛道者　如是之人　乃可為說　若人曾見　億百千佛

殖諸善本　深心堅固　如是之人　乃可為說　若人精進　常脩慈心　不惜身命

乃可為說　若人恭敬　无有異心　離諸凡愚　獨處山澤　如是之人　乃可為說

又舍利弗　若見有人　捨惡知識　親近善友　如是之人　乃可為說

柴戒清淨　如淨明珠　求大乘經　如是之人　乃可為說　若見佛子

常懷慈心　恭敬諸佛　如是之人　乃可為說　復有佛子　於大眾中　以清淨心

種種因緣　譬喻言辭　說法无畏　如是之人　乃可為說　若有比丘　為一切智

四方求法　合掌頂受　但樂受持　大乘經典　乃至不受　餘經一偈　如是之人

乃可為說　如人至心　求佛舍利　如是求經　得已頂受　其人不復　志求餘經

亦未曾念　外道典籍　如是之人　則能信受　乃可為說　告舍利弗　我說是相　求佛道者

窮劫不盡　如是等人　汝當為說　妙法華經

妙法蓮華經信解品第四

爾時慧命須菩提摩訶迦旃延摩訶迦葉摩訶

所聞未曾有法　世尊授舍利弗阿耨多羅三藐三菩提記　發希有心　歡喜踊躍　即從座

起整衣服　偏袒右肩　右膝著地　一心合掌　曲躬恭敬　瞻仰尊顏　而白佛言　我等居僧之

年並朽邁　自謂已得涅槃　无所堪任　不復進求阿耨多羅三藐三菩提　世尊往昔說法

既久我時在坐　身體疲懈　但念空无相无作　於菩薩法　遊戲神通　淨佛國土　成就眾生心

不喜樂　所以者何　世尊令我等出於三界　得涅槃證　又今我等年已朽邁　於佛教化菩

既久我時在坐身體疲懈但念空无相无作扵菩薩法遊戲神通淨佛國土成就眾生心
不喜樂所以者何世尊令我等出扵三界得涅槃證又令我等年已朽邁扵佛教化菩
薩阿耨多羅三藐三菩提不生一心好樂之心我等今扵佛前聞授聲聞阿耨多羅三
藐三菩提記心甚歡喜得未曾有不謂扵今忽然得聞希有之法深自慶幸獲大善利无量
珎寶不求自得　世尊我等今者樂說譬喻以明斯義若有人年既幼稚捨父逃逝久住他
國或十二十至五十歲年既長大加復窮困馳騁四方以求衣食漸漸遊行遇向本國其父先來
求子不得中止一城其家大富財寶无量金銀瑠璃珊瑚琥珀諸珍寶等其諸倉庫悉皆
盈溢多有僮僕臣佐吏民象馬車乘牛羊无數出入息利乃遍他國商估賈客亦甚眾
多時貧窮子遊諸聚落經歷國邑遂到其父所止之城父每念子與子離別五十餘年而
未曾向人說如此事但自思惟心懷悔恨自念老朽多有財物金銀珍寶倉庫盈溢无有
子息一旦終歿財物散失无所委付是以慇懃每憶其子復作是念我若得子委付財物
坦然快樂无復憂慮世尊爾時窮子傭賃展轉遇到父舍住立門側遙見其父踞師子床
寶机承足諸婆羅門剎利居士皆恭敬圍繞以真珠瓔珞價直千萬莊嚴其身吏民僮僕手
執白拂侍立左右覆以寶帳垂諸華幡香水灑地散眾名華羅列寶物出內取與有如
是等種種嚴飾威德特尊窮子見父有大力勢即懷恐怖悔來至此竊作是念此或是
王或是王等非我傭力得物之處不如往至貧里肆力有地衣食易得若久住此或見逼迫
強使我作作是念已疾走而去時富長者於師子座見子便識心大歡喜即作是念我財物
庫藏今有所付我常思念此子无由見之而忽自來甚適我願我雖年朽猶故貪惜
人急追將還　尒時使者疾走往捉窮子驚愕稱怨大喚我不相犯何為見捉使者執之逾急
強牽將還于時窮子自念无罪而被囚執此必定死轉更惶怖悶絕躄地父見之已而語使者
頋此物勿強將來以冷水灑面令得醒悟莫復與語所以者何父知其子志意下劣自知豪貴

強牽將還。于時窮子自念无罪而被囚執，此必定死，轉更惶怖，悶絕躄地。父遙見之，而語使者：不須此人，勿強將來。以冷水灑面，令得醒悟，莫復與語。所以者何？父知其子志意下劣，自知豪貴，為子所難。審知是子，而以方便不語他人云是我子。使者語之：我今放汝，隨意所趣。窮子歡喜，得未曾有，從地而起，往至貧里，以求衣食。

爾時長者將欲誘引其子，而設方便，密遣二人，形色憔悴无威德者：汝可詣彼，徐語窮子，此有作處，倍與汝價。窮子若許，將來使作。若言欲何所作，便可語之：雇汝除糞，我等二人亦共汝作。時二使人即求窮子，既已得之，具陳上事。爾時窮子先取其價，尋與除糞。其父見子，愍而怪之。

又以他日，於窗牖中，遙見子身，羸瘦憔悴，糞土塵坌，污穢不淨。即脫瓔珞、細軟上服、嚴飾之具，更著麤弊垢膩之衣，塵土坌身，右手執持除糞之器，狀有所畏。語諸作人：汝等勤作，勿得懈息。以方便故，得近其子。後復告言：咄男子！汝常此作，勿復餘去，當加汝價。諸有所須，盆器米麵鹽醋之屬，莫自疑難，亦有老弊使人，須者相給。

好自安意，我如汝父，勿復憂慮。所以者何？我年老大，而汝少壯。汝常此作時，更無欺怠瞋恨怨言，都不見汝有此諸惡，如餘作人。自今已後，如所生子。即時長者更與作字，名之為兒。爾時窮子雖欣此遇，猶故自謂客作賤人。由是之故，於二十年中常令除糞。過是已後，心相體信，入出无難，然其所止猶在本處。

世尊！爾時長者有疾，自知將死不久，語窮子言：我今多有金銀珍寶，倉庫盈溢，其中多少，所應取與，汝悉知之。我心如是，當體此意。所以者何？今我與汝便為不異，宜加用心，无令漏失。爾時窮子即受教勅，領知眾物、金銀珍寶及諸庫藏，而無悕取一餐之意，然其所止故在本處，下劣之心亦未能捨。

復經少時，父知子意漸已通泰，成就大志，自鄙先心。臨欲終時，而命其子，并會親族、國王、大臣、剎利、居士。皆悉已集，即自宣言：諸君當知，此是我子，我之所生。於某城中，捨吾逃走，伶俜辛苦五十餘年。其本字某，我名某甲。昔在本城，懷憂推覓，忽於此間遇會得之。此實我子，我實其父。今我所有一切財物，皆是子有，先所出內，是子所知。

子有先所出息是字所知世尊是時窮子聞父先言即大歡喜得未曾有而作是念我本无心

有所悕求今此寶藏自然而至　世尊大富長者則是如來我等皆似佛子如來常說

我等為子世尊以三苦故於生死中受諸熱惱迷惑无知樂著小法今自世尊令我

等思惟蠲除諸法戲論之糞我等於中勤加精進得至涅槃一日之價既得此已心大歡

喜自以為足而便自謂於佛法中勤精進故所得弘多然世尊先知我等心著弊欲樂於小法便見

縱捨不為分別汝等當有如來知見寶藏之分世尊以方便力說如來智慧我等從佛得涅槃

一日之價以為大得於此大乘无有志求我等又因如來智慧為諸菩薩開示演說而自於此

无有志願所以者何佛知我等心樂小法以方便力隨我等說而我等不知真是佛子今

我等方知世尊於佛智慧无所悋惜所以者何我等昔來真是佛子而但樂小法若我等

有樂大心佛則為我說大乘法於此經中唯說一乘而昔於菩薩前毀呰聲聞樂小法者佛

實以大乘教化是故我等說本无心有所悕求今法王大寶自然而至如佛子所應得者皆

已得之尔時摩訶迦葉欲重宣此義而說偈言

　　我等今日　聞佛音教　歡喜踊躍

得未曾有　佛說聲聞　當得作佛　无上寶聚　不求自得

　　譬如童子　幼稚无識　釋之既疲

捨父逃逝　遠到他土　周流諸國　五十餘年　其父憂念　四方推求

頓止一城　遠至舍宅　五欲自娛　其家巨富　多諸金銀　車渠馬瑙　真珠瑠璃

象馬牛羊　輦輿車乘　田業僮僕　人民眾多　出入息利　乃遍他國　商估賈人

无處不有　千万億眾　圍繞恭敬　常為王者　之所愛念　群臣豪族　皆共宗重

以諸緣故　往來者眾　豪富如是　有大力勢　而年朽邁　益憂念子　夙夜惟念

死時將至　癡子捨我　五十餘年　庫藏諸物　當如之何　尔時窮子　求索衣食

從邑至邑　從國至國　或有所得　或无所得　飢餓羸瘦　體生瘡癬　漸次經歷

到父住城　傭賃展轉　遂至父舍　尔時長者　於其門內　施大寶帳　處師子座　眷屬圍繞

到父住城　遂至父舍　尒時長者　於其門內　施大寶帳　處師子座　眷屬圍繞
諸人侍衛　或有計筭　金銀寶物　出內財產　注記券疏　窮子見父　豪貴尊嚴
謂是國王　若是王等　驚怖自怪　何故至此　覆自念言　我若久住　或見逼迫　馳走而去
狂驅使作　思惟是已　馳走而去　借問貧里　欲往傭作　長者是時　在師子坐
卲以方便　更遣餘人　眇目矬陋　無威德者　汝可語之　云當相雇　除諸糞穢
倍與汝價　窮子聞之　歡喜隨來　為除糞穢　淨諸房舍　長者於牖　常見其子
念子愚劣　樂為鄙事　於是長者　著弊垢衣　執除糞器　往到子所　方便附近
語令勤作　既益汝價　并塗足油　飲食充足　薦席厚煖　如是苦言　汝當勤作
又以濡語　若如我子　長者有智　漸令入出　經二十年　執作家事　示其金銀
真珠頗梨　諸物出入　皆使令知　猶在門外　止宿草菴　自念貧事　我無此物
父知子心　漸已廣大　欲與財物　即聚親族　國王大臣　剎利居士　於此大眾
志意下劣　令於父所　火獲珍寶　并及舍宅　一切財物　甚大歡喜　得未曾有
佛亦如是　知我樂小　未曾說言　汝等作佛　而說我等　得諸無漏　成就小法
聲聞弟子　佛勑我等　說最上道　修習此者　當得成佛　我承佛教　為大菩薩
以諸因緣　種種譬喻　若干言辭　說無上道　諸佛子等　從我聞法　日夜思惟
精勤修習　是時諸佛　即授其記　汝於來世　當得作佛　一切諸佛　祕藏之法
但為菩薩　演其實事　而不為我　說斯真要　如彼窮子　得近其父　雖知諸物

精勤備習　是故諸佛　於授其記　汝於來世　當得作佛

但為菩薩　演其實事　而不為我　說斯真要　如彼窮子　得近其父　雖知諸物

心不悕取　我等雖說　佛法寶藏　自無志願　亦復如是　我等內滅　自謂為足

唯為此事　更無餘事　我等若聞　淨佛國土　教化眾生　都無欣樂　所以者何

一切諸佛　皆悉空寂　無生無滅　無大無小　無漏無為　如是思惟　不生喜樂

我等長夜　於佛智慧　無貪無著　無復志願　而自於法　謂是究竟　我等長夜

備習空法　得脫三界　苦惱之患　住最後身　有餘涅槃　佛所教化　得道不虛

則為已得　報佛之恩　我等雖為　諸佛子等　說菩薩法　以求佛道　而於是法

永無願樂　導師見捨　觀我心故　初不勸進　說有實利　如富長者　知子志劣

以方便力　柔伏其心　然後乃付　一切財寶　佛亦如是　現希有事　知樂小法

以方便力　調伏其心　乃教大智　我等今日　得未曾有　非先所望　而今自得

如彼窮子　得無量寶　世尊我今　得道得果　於無漏法　得清淨眼　我等長夜

持佛淨戒　始於今日　得其果報　法王法中　久脩梵行　今得無漏　無上大果

我等今日　真是聲聞　以佛道聲　令一切聞　我等今日　真阿羅漢　於諸世間

天人魔梵　普於其中　應受供養　世尊大恩　以希有事　憐愍教化　利益我等

先量億劫　誰能報者　手足供給　頭頂禮敬　一切供養　皆不能報　若以頂戴

兩肩荷負　於恒沙劫　盡心恭敬　又以美饍　無量寶衣　及諸臥具　種種湯藥　牛頭栴檀

及諸珍寶　以起塔廟　寶衣布施　如斯等事　以用供養　於恒沙劫　亦不能報

諸佛希有　無量無邊　不可思議　大神通力　無漏無為　諸法之王　能為下劣

忍于斯事　取相凡夫　隨宜為說　諸佛於法　得最自在　知諸眾生　種種欲樂

及其至力　隨所堪任　以無量喻　而為說法　隨諸眾生　宿世善根　又知成熟

未成熟者　種種籌量　分別知已　於一乘道　隨宜說三

思于斯事 取相見大 隨宜為說 諸佛於法 得最自在 知諸衆生 種種欲樂

及其志力 隨所堪任 以无量喻 而為說法 隨諸衆生 宿世善根 又知成熟

未成熟者 種種籌量 分別知已 於一乘道 隨宜說三

妙法蓮華經藥草喻品第五　三

爾時世尊告摩訶迦葉及諸大弟子善哉善哉迦葉

善說如來真實功德誠如所言如來復有无量无邊阿僧祇功德汝等若於无量億劫說不

能盡迦葉當知如來是諸法之王若有所說皆不虛也於一切法以智方便而演說之其所說法之所

歸趣亦知一切衆生深心所行通達无导又於諸法究盡明了示諸衆生一切智慧迦葉譬如三千大千

世界山川谿谷土地所生卉木叢林及諸藥草種類若干名色各異密雲彌布遍覆三千大千世界

一時等澍其澤普洽卉木叢林及諸藥草小根小莖小枝小葉中根中莖中枝中葉大根大莖大

枝大葉諸樹大小隨上中下各有所受一雲所雨稱其種性而得生長華果敷實雖一地所生

兩所潤而諸草木各有差別迦葉當知如來亦復如是出現於世如大雲起以大音聲普遍

世界天人阿修羅如彼大雲遍覆三千大千世界於大衆中而唱是言我是如來應供正

遍知明行足善逝世間解无上士調御丈夫天人師佛世尊未度者令度未解者令解未

安者令安未得涅槃者令得涅槃今世後世如實知之我是一切知者一切見者知道者開

道者說道者汝等天人阿修羅衆皆應到此為聽法故爾時无數千万億種衆生來

至佛所而聽法如來于時觀是衆生諸根利鈍精進懈怠隨其所堪而為說法種種无量

皆令歡喜快得善利是諸衆生聞是法已現世安隱後生善處以道受樂亦得聞法既聞

法已離諸障礙於諸法中任力所能漸得入道如彼大雲雨於一切卉木叢林及諸藥草

如其種性具足蒙潤各得生長如來說法一相一味所謂解脫相離相滅相究竟至於一

切種智其有衆生聞如來法若持讀誦如說脩行所得功德不自覺知所以者何唯

有如來知此衆生種相體性念何事思何事脩何事云何念云何思云何脩以何

切種智其有眾生聞如來法若持讀誦如說脩行所得切得不自覺知所以者何惟

有如來知此眾生種種相體性念何事思何事脩何念云何思云何脩以

何法思以何法得何法住眾生住於種種之地唯有如來如實見之明了无㝵

如彼卉木叢林諸藥草等而不自知上中下性如來知是一相一味之法所謂解脫相離

相滅相究竟涅槃常寂滅相終歸於空佛知是已觀眾生心欲而將護之是不即為說

一切種智汝等迦葉甚為希有能知如來隨宜說法能信能受所以者何諸佛世尊隨宜

說法難解難知　爾時世尊欲重宣此義而說偈言

破有法王　出現世間

隨眾生欲　種種說法　如來尊重　智慧深遠　久嘿斯要　不務速說

有智若聞　則能信受　无智疑悔　則為永失　是故迦葉　隨力為說　以種種緣　令得正見

迦葉當知　譬如大雲　起於世間　遍覆一切　惠雲含潤　電光晃曜　雷聲遠振　令眾悅豫

日光掩蔽　地上清涼　靉靆垂布　如可承攬　其雨普等　四方俱下

流澍无量　率土充洽　山川嶮谷　幽邃所生　卉木藥草　大小諸樹　百穀苗稼

甘蔗蒲桃　雨之所潤　无不豐足　乾地普洽　藥木並茂　其云所出　一味之水

草木叢林　隨分受潤　一切諸樹　上中下等　稱其大小　各得生長　根莖枝葉

華菓光色　一雨所及　皆得鮮澤　如其體相　性分大小　所潤是一　而各滋茂

佛亦如是　出現於世　譬如大雲　普覆一切　既出于世　為諸眾生　分別演說

諸法之實　大聖世尊　於諸天人　一切眾中　而宣是言　我為如來　兩足之尊

出于世間　猶如大雲　充潤一切　枯槁眾生　皆令離苦　得安隱樂　世間之樂

及涅槃樂　諸天人眾　一心善聽　皆應到此　覲无上尊　我為世尊　无能及者

安隱眾生　故現於世　為大眾說　甘露淨法　其法一味　解脫涅槃　以一妙音

寅暢斯義　常為大乘　而作因緣

安隱衆生　故現於世　為大衆說　甘露淨法　其法一味　解脫涅槃　以一妙音

演暢斯義　常為大乘　而作因緣　我觀一切　普皆平等　無有彼此　愛憎之心

我無貪著　亦無限礙　恒為一切　平等說法　如為一人　衆多亦然　常演說法

曾無他事　去來坐立　終不疲厭　充足世間　如雨普潤　貴賤上下　持戒毀戒

威儀具足　及不具足　正見邪見　利根鈍根　等雨法雨　而不懈倦　一切衆生

聞我法者　隨力所受　住於諸地　或處人天　轉輪聖王　釋梵諸王　是小藥草

知無漏法　能得涅槃　起六神通　及得三明　獨處山林　常行禪定　得緣覺證

是中藥草　求世尊處　我當作佛　行精進之　是上藥草　又諸佛子　專心佛道

韋行慈悲　自知作佛　決之無疑　是名小樹　安住神通　轉不退輪　度無量億

百千衆生　如是菩薩　名為大樹　佛平等說　如一味雨　隨衆生性　所受不同

如彼草木　所稟各異　佛以此喻　方便開示　種種言辭　演說一法　於佛智慧

如海一渧　我雨法雨　充滿世間　一味之法　隨力修行　如彼叢林　藥草諸樹

隨其大小　漸增茂好　諸佛之法　常以一味　令諸世間　普得具足　漸次修行

如是大小　佛所說法　譬如大雲　以一味雨　潤於人華　各得成實　迦葉當知

若諸菩薩　智慧堅固　了達三界　求最上乘　是名小樹　而得增長　復有住禪

得神通力　聞諸空法　心大歡喜　放無數光　度諸衆生　是名大樹　而得增長

以諸因緣　種種譬喻　開示佛道　是我方便　諸佛亦然　今為汝等　說最實事

諸聲聞衆　皆非滅度　汝等所行　是菩薩道　漸漸修學　悉當成佛

妙法蓮華經授記品第六

余時世尊　說是偈已　告諸大衆　唱如是言　我此弟子　摩訶迦葉　於未來

來世當得　奉覲三百万億　諸佛世尊　供養恭敬　尊重讚歎　廣宣諸佛　無量大法　於最

妙法蓮華經授記品第六　爾時世尊說是偈已告諸大眾唱如是言我此弟子摩訶迦葉於未

來世當得奉覲三百万億諸佛世尊供養恭敬尊重讚嘆廣宣諸佛無量大法於最

後身得成為佛名曰光明如來應供正遍知明行足善逝世間解無上士調御丈夫天人師佛世

尊國名光德劫名大莊嚴佛壽十二小劫正法住世二十小劫像法亦住二十小劫國界嚴飾

無諸穢惡瓦礫荊棘便利不淨其土平正無有高下坑坎堆阜琉璃為地寶樹行列黃金

為繩以界道側散諸寶華周遍清淨其國菩薩無量千億諸聲聞眾亦復無有魔

事雖有魔及魔民皆護佛法爾時世尊欲重宣此義而說偈言

告諸比丘　我以佛眼　見是迦葉　於未來世　過無數劫　當得作佛　而於來世

供養奉覲　三百万億　諸佛世尊　為佛智慧　淨修梵行　供養最上　二足尊已

備習一切　無上之慧　於最後身　得成為佛　其土清淨　琉璃為地　多諸寶樹

行列道側　金繩界道　見者歡喜　常出妙香　散眾名華　種種奇妙　以為莊嚴

其地平正　無有丘坑　諸菩薩眾　不可稱計　其心調柔　逮大神通　奉持諸佛

大乘經典　諸聲聞眾　無漏後身　法王之子　亦不可計　乃以天眼　不能數知

其佛當壽　十二小劫　正法住世　二十小劫　像法亦住　二十小劫　光明世尊

其事如是　爾時大目犍連須菩提摩訶迦旃延等皆悉悚慄一心合掌瞻仰世尊目不暫捨

即共同聲而說偈言

大雄猛世尊　諸釋之法王　哀愍我等故　而賜佛音聲　若知我深心

見為授記者　如以甘露灑　除熱得清涼　如從飢國來　忽遇大王膳　心猶懷疑懼　未敢即便食

若復得王教　然後乃敢食　我等亦如是　每惟小乘過　不知當云何　得佛無上慧

若蒙佛授記　心乃快安樂　大雄猛世尊　常欲安世間　願賜我等記　如飢須教食

言我等作佛　心尚懷憂懼　如未敢便食　若蒙佛授記　乃可快安樂

頒賜我等教　如飢須教食

爾時世尊知諸大弟子心之所念告諸比丘是須菩提於

頌賜我等教　如飢須教食

爾時世尊知諸大弟子心之所念告諸比丘是須菩提於

當來世奉覲三百万億那由他佛供養恭敬尊重讚歎常脩梵行具菩薩道於最後身得成為佛号曰名相

如來應供正遍知明行足善逝世間解无上士調御丈夫天人師佛世尊劫名有寶國名寶生其土平正頗

梨為地寶樹莊嚴无諸丘陵坑坎砂礫荊棘便利之穢寶華覆地周遍清淨其土人民皆處寶臺珍妙樓閣聲

聞弟子无量无邊等數群臻稱不能及諸菩薩眾无數千万億那由他佛壽十二小劫正法住世二十小劫像

法住世二十小劫其佛常處虛空為眾說法度脫无量菩薩及聲聞眾爾時世尊欲重宣此義而說偈言

諸比丘眾　令告汝等　皆當一心　聽我所說　我大弟子　須菩提者　當得作佛

号曰名相　當供无數　万億諸佛　隨佛所行　漸具大道　最後身得　三十二相

端正殊妙　猶如寶山　其佛國土　嚴淨第一　眾生見者　无不愛樂　佛於其中

度无量眾　其佛法中　多諸菩薩　皆悉利根　轉不退輪　彼國常以　菩薩莊嚴

諸聲聞眾　不可稱數　皆得三明　具六神通　住八解脫　有大威德　其佛說法

現作无量　神通變化　不可思議　諸天人等　數如恒沙　皆共合掌　聽受佛語

其佛當壽　十二小劫　正法住世　二十小劫　像法亦住　二十小劫

爾時世尊復告諸比丘眾我今語汝是大迦旃延當來世以諸供具供養奉事八千億佛恭敬

尊重諸佛滅後各起塔廟高千由旬縱廣正等五百由旬皆以金銀琉璃車璩馬瑙真珠玟瑰

七寶合成眾華瓔珞塗香燒香末香繒蓋幢幡供養塔廟過是已後當復供養二万億佛

亦復如是供養是諸佛已具菩薩道當得作佛号曰閻浮那提金光如來應供正遍知明行

足善逝世間解无上士調御丈夫天人師佛世尊其土平正頗梨為地寶樹莊嚴黃金為繩以界

道側妙華覆地周遍清淨見者歡喜无四惡道地獄餓鬼畜生阿脩羅道多有天人諸聲聞眾

及諸菩薩无量万億莊嚴其國佛壽十二小劫正法住世二十小劫像法亦住二十小劫爾時世尊

欲重宣此義而說偈言　諸比丘眾　皆一心聽　如我所說　真實无異　是迦旃延

及諸菩薩无量万億莊嚴其國佛壽十二小劫正法住世二十小劫像法亦住二十小劫尒時世尊

欲重宣此義而說偈言 諸比丘眾 皆一心聽 如我所說 真實无異 是如稀近

當以種種 妙好供具 供養諸佛 諸佛滅後 起七寶塔 赤以香華 供養舍利

其最後身 得佛智慧 成等正覺 國土清淨 度脫无量 万億眾生 皆為十方

之所供養 佛之光明 无能勝者 其佛号曰 閻浮金光 菩薩聲聞 斷一切有

无量无數 莊嚴其國 尒時世尊復告大眾我今語汝是大目連當以種種供養八

千諸佛恭敬尊重諸佛滅後各起塔廟高千由旬縱廣正等五百由旬以金銀琉璃硨磲車𤦲

馬瑙真珠玫瑰七寶合成眾華瓔珞塗香末香燒香繒蓋幢幡以用供養過是已後當復供何

供養二百万億諸佛亦復如是當得成佛号曰多摩羅跋栴檀香如來應正等遍知明行足

善逝世間解无上士調御丈夫天人師佛世尊劫名喜滿國名意樂其土平正頗梨為地寶樹莊

嚴散真珠華周匝清淨見者歡喜多諸天人菩薩聲聞其數无量佛壽二十四小劫正法住世四

十小劫像法住亦四十小劫尒時世尊欲重宣此義而說偈言 我此弟子 大目楗連

捨是身已 得見八千 二百万億 諸佛世尊 為佛道故 供養恭敬 於諸佛所

常修梵行 於无量劫 奉持佛法 諸佛滅後 起七寶塔 長表金剎 華香伎樂

而以供養 諸佛塔廟 漸漸具足 菩薩道已 於意樂國 而得作佛 号多摩羅

栴檀之香 其佛壽命 二十四小 常為天人 演說佛道 聲聞无量 如恒河沙

三明六通 有大威德 菩薩无數 志固精進 於佛智慧 皆不退轉 佛滅度後

正法當住 四十小劫 像法亦尒 我諸弟子 威德具足 其數五百 皆當授記

於未來世 咸得成佛 我及汝等 宿世因緣 吾今當說 汝等善聽

妙法蓮華經化城喻品第七

如來應供正遍知明行足善逝世間解无上士調御丈夫天人師佛世尊其國名好成劫名大相諸比丘彼佛滅度已

佛告諸比丘乃往過去无量无邊不可思議阿僧祇劫尒時有佛名大通智勝

来應供正遍知明行足善逝世間解无上士調御丈夫天人師佛世尊其國名好成劫名大相諸比丘彼佛滅度已

来甚大久遠譬如三千大千世界所有地種假使有人磨以為墨過於東方千國土乃下一點大如微塵又過千

國土復下一點如是展轉盡地種墨於汝等意云何是諸國土若算師若算師弟子能得邊際知其數不不

不也世尊諸比丘是人所經國土若點不點盡末為塵一塵一劫彼佛滅度已来復過是數无量无邊百千万

億阿僧祇劫我以如来知見力故觀彼久遠猶若今日介時世尊欲重宣此義而說偈言

我念過去世　无量无邊劫　有佛兩足尊　名大通智勝　如人以力磨　三千大千土

盡此諸地種　皆悉以為墨　過於千國土　乃下一塵點　如是展轉點　盡此諸塵墨

如是諸國土　點與不點等　復盡末為塵　一塵為一劫　此諸微塵數　其劫復過是

彼佛滅度來　如是无量劫　如来无礙智　知彼佛滅度　及聲聞菩薩　如見今滅度

諸比丘當知　佛智淨微妙　无漏无所礙　通達无量劫

佛告諸比丘大通智勝佛壽五百四十万億那由他劫其佛本坐道場破魔軍已垂得阿耨多羅

三藐三菩提而諸佛法不現在前如是一小劫乃至十小劫結跏趺坐身心不動而諸佛法猶不在

前爾時忉利諸天先為彼佛於菩提樹下敷師子座高一由旬佛於此坐當得阿耨多羅三藐三

菩提適坐此座時諸梵天王雨衆天華面百由旬香風時来吹去萎華更雨新者如是不絕滿

十小劫供養於佛乃至滅度常雨此華四王諸天為供養佛常擊天鼓其餘諸天作天伎樂滿

三菩提其佛未出家時有十六王子其第一者名曰智積諸子各有種種珍異好玩之具聞父得成阿

耨多羅三藐三菩提皆捨珍玩所往詣佛諸母涕泣而隨送之其祖轉輪聖王與一百大臣及餘百千万

億人民皆共圍繞隨至道場咸親近大通智勝如来供養恭敬尊重讚歎到已頭面禮足遶佛畢已

一心合掌瞻仰世尊以偈頌曰

大威德世尊　為度衆生故　於无量億歲　介乃得成佛

諸願已具足　善哉吉无上　世尊甚希有　一坐十小劫　身體及手足　靜然安不動　其心常憺怕

諸頌已具足

善哉吉無上　世尊甚希有　一坐十小劫　身體及手足　靜然安不動　其心常憺怕

未曾有散亂　究竟永寂滅　安住無漏法　今者見世尊　安隱成佛道　我等得善利　稱慶大歡喜

眾生常苦惱　盲瞑無導師　不識苦盡道　不知求解脫　長夜增惡趣　減損諸天眾　從冥入於冥

永不聞佛名　今佛得最上　安隱無漏道　我等及天人　為得最大利　是故咸稽首　歸命無上尊

爾時十六王子偈讚佛已　勸請世尊轉於法輪　咸作是言世尊說法多所安隱憐愍饒益諸天人民重說偈

言

世雄無等倫　百福相莊嚴　得無上智慧　願為世間說　度脫於我等　及諸眾生類

為分別顯示　令得是智慧　若我等得佛　眾生亦復然　世尊知眾生　深心之所念　亦知所行道

又知智慧力　欲樂及修福　宿命所行業　世尊悉知已　當轉無上輪　佛告諸比丘大通智勝佛得

阿耨多羅三藐三菩提時十方各五百万億諸佛世界六種震動其國中間幽冥之處日月威光所不

能照而皆大明其中眾生各得相見咸作是言此中云何忽生眾生又其國界諸天宮殿乃至梵宮

六種震動大光普照遍滿世界勝諸天光爾時東方五百万億諸國土中梵天宮殿光明照曜

倍於常明諸梵天王各作是念今者宮殿光明昔所未有以何因緣而現此相是時諸梵天王

即各相詣共議此事而彼眾中有一大梵天王　　我等諸宮殿

光明昔未有　此是何因緣　宜各共求之　為大德天生　為佛出世間　而此大光明　遍照於十方

爾時五百万億國土諸梵天王與宮殿俱各以衣裓盛諸天華共詣西方推尋是相見大通智

勝如來處于道場菩提樹下坐師子座諸天龍王乾闥婆緊那羅摩睺羅伽人非人等恭敬圍遶

遠及見十六王子請佛轉法輪即時諸梵天王頭面礼佛遶百千匝即以天華而散佛上其所散華

如須彌山并以供養佛菩提樹其菩提樹高十由旬華供養已各以宮殿奉上彼佛而作是言唯

見哀愍饒益我等所獻宮殿願垂納受時諸梵天王即於佛前一心同聲以偈頌曰

世尊甚希有　難可得值遇　具無量功德　能救護一切　天人之大師　哀愍於世間　十方諸眾生

普皆蒙饒益　我等所從來　五百万億國　捨深禪定樂　為供養佛故　我等先世福　宮殿甚嚴飾

普皆蒙饒益　我等所從來　五百万億國　捨深禪定樂　為供養佛故　我等先世福　宮殿甚嚴飾

令以奉世尊　唯願哀納受　爾時諸梵天王偈讚佛已各作是言唯願世尊轉於法輪度脫衆生開

涅槃道時諸梵天王一心同聲而說偈言　世雄兩足尊　唯願演說法　以大慈悲力　度苦惱衆生

爾時大通智勝如來默然許之又諸比丘東南方五百万億國土諸大梵王各自見宮殿光明照曜昔

所未有歡喜踊躍生希有心即各相詣共議此事而彼衆中有一大梵天王名曰大悲為諸梵衆而說偈

言　是事何因緣　而現如此相　我等諸宮殿　光明昔未有　為大德天生　為佛出世間

億諸梵天王與宮殿俱各以衣裓盛諸天華共詣西北方推尋是相見大通智勝如來處于道場

未曾見此相　當共一心求　過于千万億　尋光共推之　多是佛出世　度脫苦衆生　爾時五百万

菩提樹下坐師子座諸天龍王乾闥婆緊那羅摩睺羅伽人非人等恭敬圍繞及見十六王子請

佛轉法輪時諸梵天王頭面礼佛遶百千匝即以天華而散佛上所散之華如須彌山并以供養佛

菩提樹華供養已各以宮殿奉上彼佛而作是言唯見哀愍饒益我等所獻宮殿願垂納受爾時諸梵天王

於時諸梵天王即於佛前一心同聲以偈頌曰

世尊甚希有　難可得一現　一百八十劫　空過無有佛　三惡道充滿　諸天衆減少

為衆生作眼　世間所歸趣　救護於一切　為衆生之父　哀愍饒益者　我等今敬礼

介時諸梵天王偈讚佛已各作是言唯願世尊轉於法輪度脫衆生時諸梵天王一心同聲而說偈言

大聖轉法輪　顯示諸法相　度苦惱衆生　令得大歡喜　衆生聞是法　得道若生天　諸惡道減少

悲善者增益　爾時大通智勝如來默然許之又諸比丘南方五百万億國土諸大梵王各自見宮殿

光明照曜昔所未有歡喜踊躍生希有心即各相詣共議此事次何因緣我等宮殿有此光曜而

彼衆中有一大梵天王名曰妙法為諸梵衆而說偈言　光明甚威曜　此非無因緣

是相宜求之　過於百千劫　未曾見此相　為大德天生　為佛出世間　爾時五百万億諸梵天王與

彼衆中有一大梵天王名曰尸棄為諸梵衆而說偈言

是相甚希有　過於百千劫　未曾見此相　為大德天生

宮殿俱各以天華盛諸天華共詣此方推尋是相見大通智勝如來處于道場菩提樹下坐師子

諸天龍王乾闥婆緊那羅摩睺羅伽人非人等恭敬圍遶及見十六王子請佛轉法輪時諸梵天

頭面礼佛遶百千迊乃以天華而散佛上所散之華如須彌山并以供養佛菩提樹華供養已各

以宮殿奉上彼佛而作是言唯見哀愍饒益我等所獻宮殿願垂納受爾時諸梵天王即於佛前

一心同聲以偈頌曰

世尊甚難見　破諸煩惱者　過百三十劫　今乃得一見　諸飢渴衆生

以法雨充滿　昔來未曾覩　無量智慧者　如優曇波羅　今日乃值遇　我等諸宮殿　蒙光故嚴飾

世尊大慈愍　唯願垂納受　爾時諸梵天王偈讚佛已各作是言唯願世尊轉於法輪令一切世間諸天

魔梵沙門婆羅門皆獲安隱而得度脱時諸梵天王一心同聲以偈頌曰

轉無上法輪　擊于大法鼓　而吹大法螺　普雨大法雨　度脱無量衆　我等咸歸請　當演深遠音

爾時大通智勝如來默然許之又西南方乃至下方亦復如是　爾時上方五百万億國土諸大梵王皆

悉自在所止宮殿光明威曜昔所未有歡喜踊躍生希有心即各相詣共議此事以何因緣我等

殿有斯光明而彼衆中有一大梵天王名曰尸棄為諸梵衆而說偈言　今以何因緣

于道場菩提樹下生師子座諸天龍王乾闥婆緊那羅摩睺羅伽人非人等恭敬圍遶及見十六王子

我等諸宮殿　威德光明曜　嚴飾未曾有　如是之妙相　昔所未聞見　為大德天生　為佛出世間　今以何因緣

爾時五百万億諸梵天王與宮殿俱各以天華盛諸天華共詣下方推尋此相見大通智勝如來處

諸佛轉法輪時諸梵天王頭面礼佛遶百千迊乃以天華而散之華如須彌山并以供養佛菩

提樹華供養已各以宮殿奉上彼佛而作是言唯見哀愍饒益我等所獻宮殿願垂納受時諸梵天

王即於佛前一心同聲以偈頌曰

普智天人尊　哀愍群生類　能開甘露門　廣度於一切　善哉見諸佛　救世之聖尊　能於三界獄　拔出諸衆生
昔所未曾覩　於昔無量劫　空過無有佛　世尊未出時

王即於佛前　一心同聲以偈頌曰

普智天人尊　哀愍群生類　能於三界獄　挽出諸眾生

善哉見諸佛　救世之聖尊　於昔充量劫　空過无有佛

十方常闇冥　三惡道增長　諸天眾轉減　死多墮惡道　世尊未出時

不従佛聞法　常行不善事　色力及智慧　斯等皆減少　罪業因緣故

失樂及樂想　住於邪見法　不識善儀則　不蒙佛所化　常墮於惡道

佛為世間眼　久遠時乃出　哀愍諸眾生　故現於世間　超出成正覺

我等甚欣慶　及餘一切眾　喜嘆未曾有　我等諸宮殿　蒙光故嚴飾

今以奉世尊　唯垂哀納受　願以此功徳　普及於一切　我等與眾生

皆共成佛道　爾時五百万億諸梵天王偈讚佛已各白佛言惟願世尊轉於法

輪多所安隱多所度脱時諸梵天王而說偈言　世尊轉法輪　擊甘露法皷

唯願受我請　以大微妙音　哀愍而敷演　无量劫集法　余時大通智勝如来受十方諸梵天王及十六王子

所時三轉十二行法輪若沙門婆羅門若天魔梵及餘世間所不能轉謂是苦是苦集是苦滅是苦滅道及廣

說十二因緣法无明緣行行緣識識緣名色名色緣六入六入緣觸觸緣受受緣愛愛緣取取緣有有緣

生生緣老死憂悲苦惱无明滅則行滅行滅則識滅識滅則名色滅名色滅則六入滅六入滅則觸滅觸

滅則受滅受滅則愛滅愛滅則取滅取滅則有滅有滅則生滅生滅則老死憂悲苦惱滅佛於天人大

眾之中說是法時六百万億那由他人以不受一切法故而於諸漏心得解脱皆得深妙禪定三明六通具八

解脱第二第三第四說法時千万億恒河沙那由他等眾生亦以不受一切法故而於諸漏心得解脱従是已

後諸聲聞眾无量无邊不可稱數爾時十六王子皆以童子出家而為沙彌諸根通利智慧明了已曾供養百千

万億諸佛浄修梵行求阿耨多羅三藐三菩提俱白佛言世尊是諸无量千万億大德聲聞皆已成

就世尊亦當為我等說阿耨多羅三藐三菩提法我等聞已皆共修學世尊我等志願如来知見深心所念

佛自然知爾時轉輪聖王所將眾中八万億人見十六王子出家亦求出家王即聽許爾時彼佛受沙彌請

過二万劫已乃於四眾之中說是大乘經名妙法蓮華教菩薩法佛所護念說是經已十六沙彌為阿耨多

佛自然知念爾時轉輪聖王所將衆中八万億人見十六王子出家亦求出家王即聽許爾時彼佛受沙弥請
過二万劫已乃於四衆之中說是大乘經名妙法蓮華教菩薩法佛所護念說是經已十六沙弥為阿耨
多羅三藐三菩提故皆共受持諷誦通利說是經時十六菩薩沙弥皆悉信受聲聞衆中亦有信解
其餘衆生千万億種皆生疑惑佛說是經於八千劫未曾休癈說此經已即入靜室住於禪定八万
四千劫是時十六菩薩沙弥知佛入室寂然禪定各昇法坐亦於八万四千劫為四部衆廣說分別妙
法華經一一皆度六百万億那由他恒河沙等衆生示教利喜令發阿耨多羅三藐三菩提心大通
智勝佛過八万四千劫已從三昧起往詣法坐安詳而坐普告大衆是十六菩薩沙弥甚為希有諸根通利
智慧明了已曾供養無量千万億諸佛於諸佛所常修梵行受持佛智開示衆生令入其中汝
等皆當數數親近而供養之所以者何若聲聞辟支佛及諸菩薩能信是十六菩薩所說經法受持不
毀者是人皆當得阿耨多羅三藐三菩提如來之慧佛告諸比丘是十六菩薩常樂說是妙法華
經一一菩薩所化六百万億那由他恒河沙等衆生世世所生與菩薩俱從其聞法悉皆信解以此
因緣得值四万億佛諸世尊于今不盡諸比丘我今語汝彼佛弟子十六沙弥今皆得阿耨多羅
三藐三菩提於十方國土現在說法有無量百千万億菩薩聲聞以為眷屬其二沙弥東方作
佛一名阿閦在歡喜國二名須弥頂東南方二佛一名師子音二名師子相南方二佛一名虛空住
二名常滅西南方二佛一名帝相二名梵相西方二佛一名阿弥陀二名度一切世間苦惱西方北
二佛一名多摩羅跋栴檀香神通二名須弥相北方二佛一名雲自在二名雲自在王東北方佛名壞
一切世間怖畏第十六我釋迦牟尼佛於娑婆國土成阿耨多羅三藐三菩提諸比丘我等為
沙弥時各各教化無量百千万億恒河沙等衆生從我聞法為阿耨多羅三藐三菩提此諸衆
于今有住聲聞地者我常教化阿耨多羅三藐三菩提是諸人等應以是法漸入佛道所以者何如
來智慧難解難信爾時所化無量恒河沙等衆生者汝等諸比丘及我滅度後未來世中聲聞弟
子是也我滅度後復有弟子不聞是經不知不覺菩薩所行自於所得功德生滅度想當入涅

來智慧難解難入時所化無量恒河沙等眾生者汝等諸比丘及我滅度後未來世中聲聞弟
子是也我滅度後復有弟子不聞是經不知不覺菩薩所行自於所得功德生滅度想當入涅
槃我於餘國作佛更有異名是人雖生滅度之想入於涅槃而於彼土求佛智慧得聞是經唯以佛
乘而得滅度更无餘乘除諸如來方便說法諸比丘若如來自知涅槃時到眾又清淨信解堅固
乃達空法深入禪定便集諸菩薩及聲聞眾為說是經世間无有二乘而得滅度唯一佛乘得滅度耳
此丘當知如來方便深入眾生之性知其志樂小法深著五欲為是等故說於涅槃是人若聞則便信受
如五百由旬險難應道瞞絕无人怖畏之處若有多眾欲過此道至珍寶處有一導師聰慧明達善
險道通塞之相將道眾人欲過此難所將人眾中道懈退白導師言我等疲極而復怖畏不能復進
前露猶遠今欲退還導師多諸方便而作是念此等可愍云何捨大珍寶而欲退還作是念已以方
便力於險道中過三百由旬化作一城告眾人言汝等勿怖莫得退還今此大城可於中止隨意所作
若入是城快得安隱若能前至寶所亦可得去是時疲極之眾心大歡喜嘆未曾有我等今者免斯惡
道快得安隱於是眾人前入化城生已度想生安隱想爾時導師知此人眾既得止息无復疲倦即滅化
城語眾人言汝等去來寶處在近向者大城我所化作為止息耳諸比丘如來亦復如是今為汝等作大
導師知諸生死煩惱惡道險難長遠應去應度若眾生但聞一佛乘者則不欲見佛不欲親近便作
是念佛道長遠久受勤苦乃可得成佛知是心怯弱下劣以方便力而於中道為止息故說二涅槃若眾
生住於二地如來尒時即便為說汝等所作未辦汝所住地近於佛慧當觀察籌量所得涅槃非真
也但是如來方便之力於佛乘分別說三然彼導師為止息故化作大城既知息已而告之言寶處在近
此非實我化作耳今世尊欲重宣此義而說偈言

不得成佛道　諸天神龍王　阿脩羅眾等　常兩於天華　以供養彼佛　諸天擊天鼓　齊作眾伎樂
香風吹萎華　更兩新好者　過十小劫已　乃得成佛道　諸天及世人　心皆懷踊躍　彼佛十六子
皆與其眷屬　千万億圍遶　俱行至佛所　頭面礼佛足　而請轉法輪　聖師子法兩　充我及一切

香風吹萎華　更雨新好者　過十小劫已　乃得成佛道　諸天及世人　心皆懷踊躍　彼佛十六子

皆與其眷屬　千万億圍遶　俱行至佛所　頭面礼佛足　而請轉法輪　聖師子法雨　充我及一切

世尊甚難値　久遠時一現　為覺悟群生　震動於一切　東方諸世界　五百万億國　梵宫殿光曜

昔所未曾有　諸梵見此相　尋来至佛所　散華以供養　并奉上宫殿　請佛轉法輪　以偈而讚歎

佛知時未至　受請默然坐　三方及四維　上下亦復尓　散華奉宫殿　請佛轉法輪　世尊甚難値

願以大慈悲　廣開甘露門　轉无上法輪　无量慧世尊　受彼衆人請　為宣種種法　四諦十二緣

无明至老死　皆從生緣有　如是衆過患　汝等應當知　宣暢是法時　六百万億姟　得盡諸苦際

皆成阿羅漢　第二說法時　千万恒沙衆　於諸法不受　亦得阿羅漢　従是後得道　其數无有量

万億劫筭數　不能得其邊　時十六王子　出家作沙彌　皆共請彼佛　演說大乘法　我等及營従

說六波羅蜜　及諸神通事　分別真實法　菩薩所行道　說是法華經　如恒河沙偈　彼佛說經已

静室入禅定　一心一處坐　八千四千劫　是諸沙彌等　知佛禅未出　為无量億衆　說佛无上慧

各各座法座　說是大乘經　於佛宴寂後　宣揚助法化　一一沙彌等　所度諸衆生　有六百万億

恒河沙等衆　彼佛滅度後　是諸聞法者　在在諸佛土　常與師俱生　是十六沙彌　其是行佛道

令現在十方　各得成正覺　今時聞法者　各在諸佛所　其有住聲聞　漸教以佛道　我在十六數

曾亦為汝說　是故以方便　引汝趣佛慧　以是本因緣　今說法華經　令汝入佛道　慎勿懷驚懼

譬如險惡道　逈絕多毒獸　又復无水草　人所怖畏處　无數千万衆　欲過此惡道　其路甚曠遠

経五百由旬　時有一導師　強識有智慧　明了心决定　在險濟衆難　衆人皆疲倦　而白導師言

我等今頓乏　於此欲退還　導師作是念　此輩甚可愍　如何欲退還　而失大珍寶　尋時思方便

當設神通力　化作大城郭　莊嚴諸舍宅　周迊有園林　渠流及浴池　重門高樓閣　男女皆充滿

當設神通力　化作大城郭　莊嚴諸舍宅　周迊有園林　渠流及浴池　重門高樓閣　男女皆充滿

即作是化已　慰眾言勿懼　汝等入此城　各可隨所樂　諸人已入城　心皆大歡喜　皆生安隱想

自謂已得度　導師知息已　集眾而告言　汝等當前進　此是化城耳　我見汝疲極　中道欲退還

故以方便力　權化作此城　汝等勤精進　當共至寶所　我亦復如是　為一切導師　見諸求道者

中路而懈廢　不能度生死　煩惱諸險道　故以方便力　為息說涅槃　言汝等苦滅　所作皆已辦

既知到涅槃　皆得阿羅漢　爾乃集大眾　為說真實法　諸佛方便力　分別說三乘　唯有一佛乘

息處故說二　今為汝說實　汝所得非滅　為佛一切智　當發大精進　汝證一切智　十力等佛法

其三十二相　乃是真實滅　諸佛之導師　為息說涅槃　既知是息已　引入於佛道

妙法蓮華經五百弟子受記品第八　四

世尊能知我　深心之本願

爾時富樓那彌多羅尼子從佛聞是智慧方便隨宜說法

授諸大弟子阿耨多羅三藐三菩提記復聞宿世因緣之事復聞諸佛有大自在神通之力得未

心淨踊躍即從座起到於佛前頭面禮足却住一面瞻仰尊顏目不暫捨而作是念世尊甚奇特所

為希有隨順世間若干種性以方便知見而為說法拔出眾生處處貪著我等於佛功德言不能宣佛

人中最為第一亦常歎其種種功德精勤護持助宣佛法我於諸佛所亦於四眾常稱其於說法

世尊能知我等深心本願　今時佛告諸比丘汝等見是富樓那彌多羅尼子不我常稱其於說法

法而大饒益同梵行者自捨如來無能盡其言論辯汝等勿謂富樓那但能護持助宣我法亦於過去九

不億諸佛所護持助宣佛之正法於彼說法人中亦最為第一又於諸佛所說空法明了通達得四無礙智常

能審諦清淨說法無有疑惑具足菩薩神通之力隨其壽命常修梵行彼佛世人咸皆謂之實是聲聞

而富樓那以斯方便饒益無量百千眾生又化無量阿僧祇人令立阿耨多羅三藐三菩提為淨佛土

故常作佛事教化眾生　諸比丘富樓那亦於七佛說法人中而得第一今於我所說法人中亦為第一

賢劫中當來諸佛說法人中亦復第一而皆護持助宣佛化亦復當護持助宣未來護持助宣

教化饒益無量眾生令立阿耨多羅三藐三菩提為淨佛土故常勤精進教化眾生漸具足

賢劫中當來諸佛說法人中亦復第一而皆護持助宣佛化亦於未來護持助宣無量無邊諸佛之

教化饒益無量眾生令立阿耨多羅三藐三菩提為淨佛土故常勤精進教化眾生漸具足

菩薩之道過無量阿僧祇劫當作此土得阿耨多羅三藐三菩提號曰法明如來應供正遍知明行足善

逝世間解無上士調御丈夫天人師佛世尊以恒河沙等三千大千世界為一佛土七寶為地地平

掌無有山陵谿澗溝壑七寶臺觀充滿其中諸天宮殿近處虛空人天交接兩得相見無諸惡道

亦無女人一切眾生皆以化生無有婬欲得大神通身出光明飛行自在志念堅固精進智慧普皆

諸菩薩眾得大神通四無礙智善能教化眾生之類其聲聞眾算數校計所不能知皆得具足六通三

金三十二相而自莊嚴其國眾生常以二食一者法喜食二者禪悅食有無量阿僧祇

及八解脫其佛滅度後起七寶塔遍滿其國令時世尊欲重宣此義而說偈言

法住甚久佛滅度後名寶明國名善淨其佛壽命無量阿僧祇劫

諸比丘諦聽佛子所行道善學方便故不可得思議知眾樂小法而畏於大智是故諸菩薩

作聲聞緣覺以無數方便化諸聲聞類自說是聲聞去佛道甚遠度脫無量眾皆悉得成就

雖樂欲懈怠漸當令作佛內祕菩薩行外現是聲聞少欲厭生死實自淨佛土示眾有三毒

又現邪見相我弟子如是方便度眾生若我具足說種種現化事眾生聞是者心則懷疑惑

今此富樓那於昔千億佛勤修所行道言護諸佛法為求無上慧而於諸佛所現居弟子上

無量無數佛護助宣正法亦自淨佛土常以諸方便說法無所畏度不可計眾成就一切智

多聞有智慧所說無所畏能令眾歡喜未曾有疲倦而以助佛事已度大神通具四無礙慧

知諸根利鈍常說清淨法演暢如是義教諸千億眾令住大乘法而自淨佛土

羅樂眾甚多其數無量億皆度大神通威德力具足充滿其國土聲聞亦無數三明八解脫

菩薩眾甚多其數無量億皆度大神通威德力具足充滿其國土聲聞亦無數三明八解脫

得四無礙智以是等為僧其國諸眾生婬欲皆已斷純一變化生具相莊嚴身法喜禪悅食

供養諸如來護持法寶藏其後得成佛號名月法明其國名善淨七寶所合成劫名為寶明

無量無數佛護助宣正法亦自淨佛生常以諸方便說法無所畏度不可計眾成就一切智

更無餘念想無有諸女人亦無諸惡道

菩薩眾甚多　其數无量億　皆度大神通　威德力具足　克滿其國土　聲聞亦无數　三明八解脫

得四无礙智　以是等為僧　其國諸菩薩　婬欲皆已斷　純一變化生　具相莊嚴身　法喜禪悅食

更无餘食想　无有諸女人　亦无諸惡道　富樓那比丘　功德悉成滿　得无量事　我今但略說

爾時千二百羅漢心自在者作是念我等歡喜得未曾有若世尊各見授記如餘大弟子者不亦快乎

佛知此等心之所念告摩訶迦葉是千二百阿羅漢我今當現前次第與授阿耨多羅三藐三菩提

記於此眾中我大弟子憍陳如比丘當供養六万二千億佛然後得成為佛号曰普明如來應供正遍知明行

已善逝世間解无上士調御丈夫天人師佛世尊其五百阿羅漢優樓頻螺迦葉伽耶迦葉那提迦

葉迦留陀夷優陀夷阿㝹樓駄離婆多劫賓那薄拘羅周陀莎伽陀等皆當得阿耨多羅三藐三菩提盡

同一号曰普明　爾時世尊欲重宣此義而說偈言

憍陳如比丘　當見无量佛　過阿僧祇劫　乃成等正覺　常放大光明

具足諸神通　名聞遍十方　一切之所敬　常說无上道　故号為普明

其國土清淨　菩薩皆勇猛　咸昇妙樓閣　遊諸十方國　以无上供具　奉獻於諸佛　作是供養已

心懷大歡喜　須臾還本國　有如是神力　佛壽六万劫　正法住倍壽　像法復倍是　法滅天人憂

其五百比丘　次第當作佛　同号曰普明　轉次而授記　我滅度之後　某甲當作佛　其所化世間

亦如我今日　國土之嚴淨　及諸神通力　菩薩聲聞眾　正法及像法　壽命劫多少　皆如上所說

迦葉汝已知　五百自在者　餘諸聲聞眾　亦當復如是　其不在此會　汝當為宣說

爾時五百阿羅漢於佛前得授記歡喜踊躍即從座起到於佛前頭面礼足悔過自責世尊我等常作

是念自謂已得究竟滅度今乃知之如无智者所以者何我等應得如來智慧而便自以小智為足

世尊譬如有人至親友家醉酒而臥是時親友官事當行以无價寶珠繫其衣裏之而去其人醉臥

都不覺知起已遊行到於他國為衣食故勤力求索甚大艱難若少有所得便以為足於後親友

會遇見之而作是言咄哉丈夫何為衣食乃至如是我昔欲令汝得安樂五欲自恣於某年日月以无

價寶珠繫汝衣裏今故現在而汝不知勤苦憂惱以求自活甚為癡也汝今可以此寶貿易

所須常可如意无所乏短佛亦如是為菩薩時教化我等令發一切智心而尋廢忘不知不覺既得

價寶珠繫汝衣裏今故現在而汝不知勤苦憂惱以求自活甚為癡也汝今可以此寶貿易

所須常可如意无所乏短佛亦如是為菩薩時教化我等令發一切智心而尋廢忘不知不覺既得

阿羅漢道自謂滅度資生艱難得少為足一切智願猶在不失今日世尊覺悟我等作如是言諸比

丘汝等所得非究竟滅我久令汝等種佛善根以方便故示涅槃相而汝謂為實得滅度世尊

我今乃知實是菩薩得受阿耨多羅三藐三菩提記以是因緣甚大歡喜得未曾有爾時阿若憍陳

如等欲重宣此義而說偈言　我等聞无上　安隱授記聲　歡喜未曾有　禮无量智佛　今於世尊前

自悔諸過咎　於无量佛寶　得少涅槃分　如无智愚人　便自以為足　譬如貧窮人　往至親友家

其家甚大富　具設諸餚饍　以无價寶珠　繫著內衣裏　嘿與而捨去　時臥不覺知　是人既已起

遊行詣他國　求衣食自濟　資生甚艱難　得少便為足　更不願好者　不覺內衣裏　有无價寶珠

與珠之親友　後見此貧人　苦切責之已　示以所繫珠　貧人見此珠　其心大歡喜　富有諸財物

五欲而自恣　我等亦如是　世尊於長夜　常愍見教化　令種无上願　我等无智故　不覺亦不知

得少涅槃分　自足不求餘　今佛覺悟我　言非實滅度　得佛无上慧　爾乃為真滅　我今從佛聞

受記莊嚴事　及轉次受決　身心遍歡喜

妙法蓮華經授學無學人記品第九

爾時阿難羅睺羅而作是念我等每自思惟設得受記不亦快乎即從座起到於佛前頭面禮足俱白

佛言世尊我等於此亦應有分唯有如來我等所歸又我等一切世間天人阿脩羅所見知識阿難

常為侍者護持法藏羅睺羅是佛之子若佛見授阿耨多羅三藐三菩提記者我願既滿眾望亦足

爾時學无學聲聞弟子二千人皆從座起偏袒右肩到於佛前一心合掌瞻仰世尊如阿難羅睺羅

所願住立一面爾時佛告阿難汝於來世當得作佛号山海慧自在通王如來應供正遍知明行足善

逝世間解无上士調御丈夫天人師佛世尊當供養六十二億諸佛護持法藏然後得阿耨多羅三藐

三菩提教化二十千万億恒河沙諸菩薩等令成阿耨多羅三藐三菩提國名常立勝幡其土清淨瑠

璃為地劫名妙音遍滿其佛壽命无量千万億阿僧祇劫若人於千万億无量阿僧祇劫中算數

瑠璃為地劫名妙音遍滿其佛壽命無量千万億阿僧祇劫若人於千万億無量阿僧祇劫中筭數

校計不能得知正法住世復倍於壽命像法住世復倍正法阿難是山海慧自在通王佛為十方無量

千万億恒河沙等諸佛如來所共讚歎稱其功德尒時世尊欲重宣此義而說偈言

我今僧中說　阿難持法者　當供養諸佛　然後成正覺

名曰山海慧　教化諸菩薩　其數如恒沙　佛有大威德

正法倍壽命　像法復倍是　如恒阿沙等　无數諸眾生

於此佛法中　種佛道因緣　尒時會中新

發意菩薩八千人咸作是念我等尚不聞諸大菩薩得如是記有何因緣而諸聲聞得如是決尒時世

尊知諸菩薩心之所念而告之曰諸善男子我等與阿難等於空王佛所同時發阿耨多羅三藐三菩提

心阿難常樂多聞我常勤精進是故我已得成阿耨多羅三藐三菩提而阿難護持我法亦護將來諸

佛法藏教化成就諸菩薩眾其本願如是故獲斯記阿難面於佛前自聞受記及國土莊嚴所願

具足心大歡喜得未曾有即時憶念過去無量千万億諸佛法藏通達无礙如今所聞亦識本願

尒時阿難而說偈言　世尊甚希有　令我念過去　無量諸佛法　如今日所聞　我今无復疑

安住於佛道　方便為侍者　護持諸佛法

來應供正遍知聞解是善逝世間解無上士調御丈夫天人師佛世尊當供養十世界微塵等諸

佛如來常為諸佛而作長子猶如今也是陀七寶華佛國土莊嚴壽命劫數所化弟子正法像法亦

如山海慧自在通王如來无量亦為此佛而作長子過是已後當得阿耨多羅三藐三菩提尒時世

尊欲重宣此義而說偈言　我為太子時　羅睺為長子　我今成佛道　受法為法子　於未來世中

見无量億佛　皆為其長子　一心求佛道　羅睺羅密行　唯我能知之　現為我長子　以示諸眾生

无量億千万　功德不可數　安住於佛法　以求无上道　尒時世尊見學无學二千人其意柔軟寂滅

清淨一心觀佛佛告阿難汝見是學无學二千人不唯然已見阿難是諸人等當供養五十世界微

塵數諸佛如來恭敬尊重護持法藏末後同時於十方國各得成佛皆同一号名曰寶相如來應供正

清淨一心觀佛佛告阿難汝見是學無學二千人不唯然已見阿難是諸人等當供養五十世界微

塵數諸佛如來恭敬尊重護持法藏末後同時於十方國各得成佛皆同一號名曰寶相如來應正

遍知明行足善逝世間解無上士調御丈夫天人師佛世尊壽命一劫國土莊嚴聲聞菩薩正法像法皆

同華尒時世尊欲重宣此義而說偈言　是二千聲聞　今於我前立　皆與授記　未來當成佛

所供養諸佛　如上說塵數　護持其法藏　後當成正覺　各於十方國　悉同一名号　俱時座道場

以證無上慧　皆名為寶相　國土及弟子　正法與像法　悉皆同無異　咸以諸神通　度十方眾生

名聞普周遍　漸入於涅槃　尒時學無學二千人聞佛授記歡喜踊躍而說偈言　世尊慧燈明

我聞授記音　心歡喜充滿　如甘露見灌

妙法蓮華經法師品第十

尒時世尊因藥王菩薩告八万大士藥王汝見是大眾中無量諸天龍夜叉乾闥婆阿修羅迦樓羅

緊那羅摩睺羅伽人非人及此比丘比丘尼優婆塞優婆夷求聲聞者求辟支佛者求佛道

者如是等類咸於佛前聞妙法華經一偈一句乃至一念隨喜者我皆與授記當得阿耨多羅三

藐三菩提佛告藥王又如來滅度之後若有人聞妙法華經乃至一偈一句一念隨喜者我亦與授阿

耨多羅三藐三菩提記若復有人受持讀誦解說書寫妙法華經乃至一偈於此經卷敬視如佛種種

供養華香瓔珞末香塗香燒香繒蓋幢幡衣服伎樂乃至合掌恭敬藥王當知是諸人等已曾

供養十万億佛於諸佛所成就大願愍眾生故生於人間　藥王若有人問何等眾生於未來世當

得作佛應示是諸人等於未來世必得作佛何以故若善男子善女人於法華經乃至一句受持

讀誦解說書寫種種供養經卷華香瓔珞末香塗香燒香繒蓋幢幡衣服伎樂合掌恭敬

是人一切世間所應瞻奉應以如來供養而供養之當知此人是大菩薩成就阿耨多羅三藐

三菩提哀愍眾生願生此間廣演分別妙法華經何況盡能受持種種供養者藥王當知是人自捨

清淨業報於我滅度後愍眾生故生於惡道廣演此經若是善男子善女人我滅度後能竊為一人說

法華經乃至一句當知是人則如來使如來所遣行如來事何況於大眾中廣為人說藥王若有人

法國國家圖書館藏敦煌文獻

·264·

法華經乃至一句當知是人則如來使如來所遣行如來事何況於大眾中廣為人說藥王若有人

惡以不善心於一劫中現於佛前常毀罵佛其罪若人以一惡言毀訾在家出家讀誦法華經者其罪

甚重藥王其有讀誦法華經者當知是人以佛莊嚴而自莊嚴則為如來肩所荷擔其所至方應

隨向礼一心合掌恭敬供養尊重讚歎華香瓔珞末香塗香燒香繒蓋幢幡衣服餚饌作諸伎樂

人中上供而供養之應持天寶而以散之天上寶聚應以奉獻所以者何是人歡喜說法須臾聞

之所得究竟阿耨多羅三藐三菩提故爾時世尊欲重宣此義而說偈言

若欲住佛道　成就自然智　常當勤供養　受持法華經　其有欲疾得　一切種智慧　當受持是經

若供持經者　若有能受持　妙法華經者　當知佛所使　愍念諸眾生　諸有能受持　妙法華經者

捨於清淨土　愍眾故生此　當知如是人　自在所欲生　能於此惡世　廣說无上法　應以天華香

及天寶衣服　天上妙寶聚　供養說法者　吾滅後惡世　能持是經者　當合掌礼敬　如供養世尊

上饌眾甘美　及種種衣服　供養是佛子　冀得須臾聞　若能於後世　受持是經者　我遣在人中

行於如來事　若於一劫中　常懷不善心　作色而罵佛　獲无量重罪　其有讀誦持　是法華經者

須臾加惡言　其罪復過彼　有人求佛道　而於一劫中　合掌在我前　以无數偈讚　由是讚佛故

得无量功德　歎美持經者　其福復過彼　於八十億劫　以最妙色聲　及與香味觸　供養持經者

如是供養已　若得須臾聞　則應自欣慶　我今獲大利　藥王今告汝　我所說諸經　而於此經中

余時佛後告藥王菩薩我所說經典无量億已竟今說當說而於其中此法華經最為難信難解

藥王此經是諸佛秘要之藏不可分布妄授與人諸佛世尊之所守護從昔已來未曾顯說而此經者如

來現在猶多怨嫉況滅度後其能書持讀誦供養為他人說者如來則為以衣

覆之又為他方現在諸佛之所護念是人有大信力及志願力諸善根力當知是人與如來共宿則

為如來手摩其頭若有善男子善女人受持讀誦若書經卷者應起七寶塔極令

高廣嚴飾不須復安舍利所以者何此中已有如來全身此塔應以一華香瓔珞繒蓋幢幡伎樂歌頌

為如來手摩其頭藥王在在處處若說若讀若誦若書若經卷所住之處皆應起七寶塔極令
高廣嚴飾不須復安舍利所以者何此中已有如來全身此塔應以一華香瓔珞繒蓋幢幡伎樂歌頌
供養恭敬尊重讚歎若有人得見此塔禮拜供養當知是等皆近阿耨多羅三藐三菩提藥王多有
人在家出行菩薩道若不能得見聞讀誦書持供養是法華經者當知是人未善行菩薩道若有得
聞是經典者乃能善行菩薩之道其有眾生求佛道者若見若聞是法華經聞已信解受持者當
知是人得近阿耨多羅三藐三菩提　藥王譬如有人渴乏須水於彼高原穿鑿求之猶見乾土知水
尚遠施功不已轉見濕土遂漸至泥其心決定知水必近菩薩亦復如是若未聞未解未能修習是法華
經當知是人去阿耨多羅三藐三菩提尚遠若得聞解思惟修習必知得近阿耨多羅三藐三菩提
所以者何一切菩薩阿耨多羅三藐三菩提皆屬此經開方便門示真實相是法華經藏深固幽遠
無人能到今佛教化成就菩薩而為開示藥王若有菩薩聞是法華經驚疑怖畏當知是為新發
意菩薩若聲聞人聞是經驚疑怖畏當知是為增上慢者　藥王若有善男子善女人如來滅後欲
為四眾說是法華經者云何應說是善男子善女人入如來室著如來衣坐如來座爾乃應為四眾
廣說斯經如來室者一切眾生中大慈悲心是如來衣者柔和忍辱心是如來座者一切法空是安住是
中然後以不懈怠心為諸菩薩及四眾廣說是法華經藥王我於餘國遣化人為其集聽法眾亦遣化比
丘比丘尼優婆塞優婆夷聽其說法是諸化人聞法信受隨順不逆若說法者在空閒處我時廣遣天龍
鬼神乾闥婆阿修羅等聽其說法我雖在異國時令說法者得見我身若於此經忘失句逗我還為
為說令得具足　爾時世尊欲重宣此義而說偈言
信受者亦難　如人渴須水　穿鑿於高原　猶見乾燥土　知去水尚遠　應當聽此經
藥王汝當知　如是諸人等　不聞法華經　去佛智甚遠　若聞是深經　決了聲聞法　是諸經之王
聞已諦思惟　當知此人等　近於佛智慧　若人說此經　應入如來室　著於如來衣　而坐如來座
處眾無所畏　廣為分別說　大慈悲為室　柔和忍辱衣　諸法空為座　處此為說法

藥王當知如是諸人等　不聞法華經　去佛智甚遠

聞已諦思惟　當知此人等　近於佛智慧

若人說此經　應入如來室

憂畏無所畏　廣為分別說　大慈悲為室　柔和忍辱衣　諸法空為座　處此為說法

若我滅度後　能說此經者　我遣化四衆　比丘比丘尼　及清淨士女　供養於法師　引道諸衆生

有人惡口罵　加刀杖瓦石　念佛故應忍

如刀杖瓦石　念佛故應忍

集之令聽法　若人欲加惡　刀杖及瓦石　則遣變化人　為之作衛護

寂漠無人聲　讀誦此經典　我爾時為現　清淨光明身

若忘失章句　為說令通利　若人具是得

或為四衆說　空處讀誦經　皆來見我身

若人在空閑　我遣天龍王　夜叉鬼神等　為作聽法衆

是人樂小法　分別於空塵　諸佛護念故　能令大衆喜

若親近法師　速得菩薩道　隨順是師學

得見恒沙佛

妙法蓮華經見寶塔品第十一

爾時佛前有七寶塔　高五百由旬　縱廣二百五十由旬　從地

踊出住在空中　種種寶物而莊校之　五千蘭楯　龕室千萬　無數幢幡以為嚴飾　垂寶瓔珞　寶鈴萬

億而懸其上　四面皆出多摩羅跋栴檀之香充遍世界　其諸幡蓋以金銀琉璃硨磲碼碯真珠玫

瑰七寶合成　高至四天王宮　三十三天雨天曼陀羅華供養寶塔　餘諸天龍夜叉乾闥婆阿脩羅迦

樓羅緊那羅摩睺羅伽人非人等千萬億衆以一切華香瓔珞幡蓋伎樂供養寶塔恭敬尊

重讚歎　爾時寶塔中出大音聲歎言善哉善哉釋迦牟尼世尊能以平等大慧教菩薩法佛所

護念妙法華經為大衆說如是如是釋迦牟尼世尊如所說者皆是真實

爾時四衆見大寶塔住

在空中又聞塔中所出音聲皆得法喜怪未曾有從座而起恭敬合掌却住一面爾時有菩薩摩訶

薩名大樂說知一切世間天人阿脩羅等心之所疑而白佛言世尊以何因緣有此寶塔從地踊出

又於其中有如來全身乃往過去東方無量千萬億阿

於其中間是音聲佛告大樂說此寶塔中有如來全身乃往過去東方無量千萬億阿

僧祇無量國名寶淨彼中有佛號曰多寶其佛行菩薩道時作大誓願若我成佛滅度之後

於十方國土有說法華經處我之塔廟為聽是經故踊現其前為作證明讚言善哉彼佛成道已

於十方國土有說法華經處我之塔廟為聽是經故踊現其前為作證明讚言善哉彼

臨滅度時於天人大衆中告諸比丘我滅度後欲供養我全身者應起一大塔其佛以神通願力

十方世界在在處處若有說法華經者彼之寶塔皆踊出其前全身在於塔中讚言善哉善哉

今多寶如來塔聞說法華經故從地踊出讚言善哉善哉是時大樂說菩薩以如來神力故白佛

言世尊我等願見佛身告大樂說菩薩摩訶薩是多寶佛有深重願若我寶塔為聽

法華經故出於諸佛前時其有欲以我身示四衆者彼佛分身諸佛在於十方世界說法盡集

一處然後我身乃出現耳大樂說我分身諸佛在於十方世界說法者今應當集

佛言世尊我等亦願欲見世尊分身諸佛礼拜供養　尓時佛放白毫一光即見東方五百萬億

那由他恒河沙等國土諸佛彼諸國土皆以頗梨為地寶樹寶衣以為莊嚴无數千萬億菩薩充

滿其中遍張寶幔寶網羅上彼國諸佛以大妙音而說諸法及見无量千萬億菩薩遍滿諸國為衆

說法而西北方四維上下白毫相光所照之處亦復如是尓時十方諸佛各告衆菩薩言善男子我今應

往娑婆世界釋迦牟尼佛所并供養多寶如來寶塔時娑婆世界即變清淨瑠璃為地寶樹莊

嚴黄金為繩以界八道无諸聚落村營城邑大海江河山川林藪燒大寶香曼陀羅華遍布其地

以寶網幔羅覆其上懸諸寶鈴唯留此會衆移諸天人置於他土是諸佛各將一大菩薩以為侍

者至娑婆世界各到寶樹下一一寶樹高五百由旬枝葉華菓次第莊嚴諸寶樹下皆有師子

之座高五由旬亦以大寶而校飾之　尓時諸佛各於此座結跏趺坐如是展轉遍滿三千大千世

界而於釋迦牟尼佛一方所分之身猶故未盡時釋迦牟尼佛欲容受所分身諸佛故八方各

更變二百萬億那由他國皆令清淨无有地獄餓鬼畜生及阿修羅又移諸天人置於他土所

化之國亦以瑠璃為地寶樹莊嚴樹高五百由旬枝葉華菓次第莊嚴樹下皆有寶師子座

高五由旬種種諸寶以為莊校亦无大海江河及目真隣陀山摩訶目真隣陀山鐵圍山大鐵

圍山須彌山等諸山王通為一佛國土寶地平正寶交露幔遍覆其上懸諸幡蓋燒大寶

高五百由旬縱廣二百五十由旬從地踊出住在空中諸天供養爾時寶塔中出大音聲

圍山須彌山等諸山王通為一佛國土寶地平正寶父露縵遍覆其上懸諸幡蓋燒大寶

香諸天寶華遍布其地釋迦牟尼佛為諸當來坐故復於八方各變二百萬億那由他國皆令清淨

充有地獄餓鬼畜生及阿脩羅又移諸天人置於他土所化之國亦以琉璃為地寶樹莊嚴

樹高五百由旬枝葉華菓次第莊嚴樹下皆有寶師子座高五由旬亦以大寶而校飾之

充大海江河及目真隣陀山摩訶目真隣陀山鐵圍山大鐵圍山須彌山等諸山王通為一

佛國土寶地平正寶露縵遍覆其上懸諸幡蓋燒大寶香諸天寶華遍布其地爾時東

方釋迦牟尼佛所分之身百千萬億那由他恒河沙等國土中諸佛各各說法來集於此如是

次第十方諸佛皆悉來集坐於八方　爾時一一方四百萬億那由他國由他國土諸佛如來遍滿

其中是時諸佛各在寶樹下坐師子座皆遣侍者就釋迦牟尼佛各齎寶華滿掬而告之曰善

男子汝往詣耆闍崛山釋迦牟尼佛所如我辭曰少病少惱氣力安樂及菩薩聲聞眾悉

安隱不以此寶華散佛供養而作是言彼某甲佛與欲開此寶塔諸佛遣使亦復如是爾時釋迦

牟尼佛見所分身佛悉已集各各坐於師子之座皆聞諸佛與欲同開寶塔即從座起

靈空中一切四眾起立合掌一心觀佛於是釋迦牟尼佛以右指開七寶塔戶出大音聲如

見過去無量千萬億劫度佛說是如是言眾未曾有以天寶華聚散多寶佛及釋迦牟尼

又聞其言善哉釋迦牟尼佛快說是法華經我為聽是經故而來至此爾時四眾等

却開鑰開大城門即時一切眾會皆見多寶如來於寶塔中坐師子座全身不散如入禪定

釋迦牟尼佛入其塔中坐其半座結跏趺坐見二如來在七寶塔中師子座上結跏趺

佛上於時多寶佛於寶塔中分半座與釋迦牟尼佛而作是言釋迦牟尼佛可就此座爾時

坐念作是念佛座高遠唯願如來以神通力令我等輩俱處虛空即時釋迦牟尼佛以神

力接諸大眾皆在虛空以大音聲普告四眾誰能於此娑婆國土廣說妙法華經今正

是時如來不久當入涅槃佛欲以此妙法華經付囑有在爾時世尊欲重宣此義而說

力接諸大衆　皆在靈鷲　以大音聲　普告四衆　誰能於此　娑婆國土　廣說妙法花經　今正

是時如来不久當入涅槃　佛欲以此妙法華經付囑有在　余時世尊欲重宣此義而說

偈言

聖主世尊　雖久滅度　在寶塔中　尚為法來　諸人云何　不勤為法

此佛滅度　無央數劫　豪豪聽法　以難遇故　彼佛本願　我滅度後　在在所往

常為聽法　又我分身　無量諸佛　如恒沙等　来欲聽法　及見滅度　多寶如来

各捨妙度　及弟子衆　天人龍神　諸供養事　令法久住　故来至此　為座諸佛

以神通力　移無量衆　令國清淨　諸寶樹下　如清淨池　蓮華莊嚴

其寶樹下　諸師子座　佛座其上　光明嚴飾　如夜闇中　燃大炬火　身出妙香

遍十方國　衆生蒙薰　喜不自勝　譬如大風　吹小樹枝　以是方便　令法久住

告諸大衆　我滅度後　誰能護持　讀說斯經　今於佛前　自說誓言

其多寶佛　雖久滅度　以大誓願　而子師孔　多寶如来　及與我等　所集化佛

當知此意　諸佛子等　誰能護法　當發大願　令得久住　其有能護　此經法者

則為供養　我及多寶　此多寶佛　處於寶塔　常遊十方　為是經故　亦復供養

諸来化佛　莊嚴光飾　諸世界者　若說此經　則為見我　多寶如来　及諸化佛

諸善男子　各諦思惟　此為難事　宜發大願　諸餘經典　數如恒沙　雖說此等

未足為難　若接須彌　擲置他方　無數佛土　亦未為難　若以足指　動大千界

遠擲他國　亦未為難　若立有頂　為衆宣說　無量餘經　亦未為難

於惡世中　能說此經　是則為難　假使有人　手把虛空　而以遊行　亦未為難

於戒滅後　若自書持　若使人書　是則為難　若以大地　置足甲上　升於梵天

亦未為難　佛滅度後　於惡世中　暫讀此經　是則為難　假使劫燒　擔負乾草

入中不燒　亦未為難　我滅度後　若持此經　為一人說　是則為難　若持八萬

帝未為難　佛滅度後　於惡世中　暫讀此經　是則為難

入中不燒　亦未為難　我滅度後　若持此經　為一人說　是則為難

四千法藏　十二部經　為人演說　令諸聽者　得六神通　雖能如是　亦未為難

於我滅後　聽受此經　問其義趣　是則為難　若人說法　令千萬億　無量无數

恒沙眾生　得阿羅漢　具六神通　雖有此益　亦未為難　於我滅後　若能奉持

如斯經典　是則為難　我為佛道　於無量土　從始至今　廣說諸經　而於其中

此經第一　若有能持　則持佛身　諸善男子　於我滅後　誰能受持　讀誦此經

今於佛前　自說誓言　諸佛亦然

如是之人　諸佛所歎　是則勇猛　是則精進　是名持戒　行頭陀者　則為疾得

无上佛道　能於來世　讀持此經　是真佛子　住純善地　佛滅度後　能解其義

是諸天人　世間之眼　於恐畏世　能須臾說　一切人天　皆應供養

妙法蓮華經提婆達多品第十二

余時佛告諸菩薩及天人四眾吾於過去无量劫中

求法華經无有懈惓於多劫中常作國王發願求於无上菩提心不退轉為欲滿足六波

羅蜜勤脩布施心无悋惜象馬七珍國城妻子奴婢僕從頭目髓腦身肉手足不惜軀命

時世人民壽命无量為於法故捐捨國位委政太子擊鼓宣令四方求法誰能為我說大乘

者吾當終身供給走使時有仙人來白王言我有大乘名妙法蓮華經若不違我當為

宣說王聞其言歡喜踊躍即隨仙人供給所須採菓及水拾薪設食乃至以身而為床座

身心无惓于時奉事經於千歲為於法故精勤給侍令无所乏爾時世尊欲重宣此義而說偈言

戒念過去世　為求大法故　雖作大國王　不貪五欲樂　揵鍾告四方　誰有大法獻

身當為奴僕　時有阿私仙　來自於大王　我有微妙法　世間所希有　若能脩行者　吾當為汝說

時王聞仙言　心生大喜悅　即便隨仙人　供給於所須　採薪及菓蓏　隨時恭教與　情在妙法故

身當為奴僕　時有阿私仙　來自於大王　我有微妙法　世間所希有　若能修行者　吾當為汝說
時王聞仙言　心生大喜悅　卽便隨仙人　供給於所須　採薪及菓蓏　隨時恭敬與　情在妙法故　身心無懈倦　普為諸衆生　勤求於大法　亦不為己身　及於五欲樂　故為大國主　勤求獲此法　遂致得成佛　今故為汝說

佛告諸比丘　爾時王者則我身是時仙人者今提婆達多是
由提婆達多善知識故令我具足六波羅蜜慈悲喜捨三十二相八十種好紫磨金色十力四無所畏四攝法十八不共神通道力成等正覺廣度衆生皆因提婆達多善知識故告諸四衆提婆達多却後過无量劫當得成佛号曰天王如來應供正遍知明行足善逝世間解无上士調御丈夫天人師佛世尊世界名天道時天王佛住世二十中劫廣為衆生說於妙法恒河沙衆生得阿羅漢果无量衆生發緣覺心恒河沙衆生發无上道心得无生法忍至不退轉時天王佛般涅槃後正法住世二十中劫全身舍利起七寶塔高六十由旬縱廣四十由旬諸天人民

悉以雜華末香燒香塗香衣服瓔珞幢幡寶蓋伎樂歌頌禮拜供養七寶妙塔无量衆生得阿羅漢菓无量衆生悟辟支佛不可思議衆生發菩提心至不退轉佛告諸比丘未來世中若有善男子善女人聞妙法華經提婆達多品淨心信敬不生疑惑者不墮地獄餓鬼畜生方佛
前所生之處常聞此經若生人天中受勝妙樂若在佛前蓮華化生於時下方多寶世尊所從
菩薩名曰智積啟多寶佛當還本土釋迦牟尼佛告智積曰善男子且待須臾此有菩薩
名文殊師利可與相見論說妙法可還本土　於時文殊師利坐千葉蓮華大如車輪俱來菩
薩亦坐寶蓮華從於大海娑竭羅龍宮自然踊出住在虛空中詣靈鷲山從蓮華下至於佛所頭
面敬禮二世尊足修敬已畢往智積所共相慰問却坐一面智積菩薩問文殊師利仁者往龍宮所化衆
生其數幾何文殊師利言其數无量不可稱計非口所宣非心所測且待須臾自當有證所言未
竟无數菩薩坐寶蓮華從海踊出詣靈鷲山住在虛空此諸菩薩皆是文殊師利之所化度具菩薩
行皆共論說六波羅蜜本聲聞人在虛空中說聲聞行今皆循行大乘空義文殊師利謂智積

日於海教化其事如此於時智積菩薩以偈讚曰　大智德勇健　化度无量衆

竟无數菩薩坐寶蓮華従海踊出詣靈鷲山住在虛空此諸菩薩皆是文殊師利之所化度具菩薩

行皆共論說六波羅蜜本聲聞人在虛空中說聲聞行今皆修行大乘空義文殊師利謂智積

曰於海教化其事如此尒時智積菩薩以偈讚曰　大智德勇健　化度无量衆　今此諸大會

及我皆已見　演暢實相義　開闡一乘法　廣導諸群生　令速成菩提　文殊師利言我於海中唯

常宣說妙法華經智積問文殊師利言此經甚深微妙諸經中寶世所希有頗有衆生勤加精進

修行此經速得佛不文殊師利言有娑竭羅龍王女年始八歲智慧利根善知衆生諸根行業得陀

羅尼諸佛所說甚深秘藏悉能受持深入禪定了達諸法於剎那頃發菩提心得不退轉

辯才无礙慈念衆生猶如赤子功德具足心念口演微妙廣大慈悲人讓志意和雅能至

菩提智積菩薩言我見釋迦如來於无量劫難行苦行積功累得求菩薩道未曾止息

觀三千大千世界乃至无有如芥子許非是菩薩捨身命處為衆生故然後乃得成菩提

道不信此女於須臾頃便成正覺言論未訖時龍王女忽現於前頭面礼敬却住一面以偈讚曰

深達罪福相　徧照於十方　微妙淨法身　具相三十二　以八十種好　用莊嚴法身　天人所戴仰

龍神咸恭敬　一切衆生類　无不宗奉者　又聞成菩提　唯佛當證知　我闡大乘法　度脫苦衆生

時舍利弗語龍女言汝謂不久得无上道是事難信所以者何女身垢穢非是法器云何能得

无上菩提佛道玄曠經无量劫勤苦積行具修諸度然後乃成又女人身猶有五障一者不得

作梵天王二者帝釋三者魔王四者轉輪聖王五者佛身云何女身速得成佛尒時龍女有一寶

珠價直三千大千世界持以上佛佛即受之龍女謂智積菩薩尊者舍利弗言我獻寶珠世尊

納受是事疾不荅言甚疾女言以汝神力觀我成佛復速於此當時衆會皆見龍女忽然之

間變成男子具菩薩行即往南方无垢世界坐寶蓮華成等正覺三十二相八十種好普為

十方一切衆生演說妙法尒時娑婆世界菩薩聲聞天龍八部人與非人皆遠見彼龍女成

佛普為時會人天說法心大歡喜悉遠礼敬无量衆生聞法解悟不退轉无量衆生得受

佛普為時會人天說法心大歡喜未違礼敬無量眾生聞法解悟不退轉無量眾生得受
道記无坡世界六反震動娑婆世界三千眾生住不退地三千眾生發菩提心而得受記
智積菩薩及舍利弗一切眾會默然信受　妙法蓮華經勸持品第十三
尒時藥王菩薩及大樂說菩薩摩訶薩與二万菩薩眷屬俱於佛前作是誓言唯
願世尊不以為慮我等於佛滅後當奉持讀誦此經典後惡世眾生善根轉少多增上慢貪
利供養增不善根遠離解脫雖難可教化我等當起大忍力讀誦此經持說書寫種種供養
不惜身命尒時眾中五百阿羅漢得受記者白佛言世尊我等亦自誓願於異國土廣說
尒時佛姨摩訶波闍波提比丘尼與學無學比丘尼六千人俱從座而起一心合掌瞻仰尊
顏目不暫捨於時世尊告憍曇弥何故憂色而視如來汝心將无謂我不說汝名得受阿耨
多羅三藐三菩提記耶憍曇弥我先總說一切聲聞皆已授記今汝欲知記者將來之世當於
六万八千億諸佛法中為大法師及六千學無學比丘尼俱為法師汝如是漸漸具菩薩
道當得作佛号一切眾生熹見如來應正遍知明行足善逝世間解無上士調御丈夫天
人師佛世尊憍曇弥是一切眾生熹見佛及六千菩薩轉次授記得阿耨多羅三藐三
菩提尒時羅睺羅母耶輸陀羅比丘尼作是念世尊於授記中獨不說我名佛告耶輸
陀羅汝於來世百千万億諸佛法中修菩薩行為大法師漸具佛道於善國中當得作佛号具足
千万光相如來應供正遍知明行足善逝世間解無上士調御丈夫天人師佛世尊佛壽无量阿
僧祇劫尒時摩訶波闍波提比丘尼及耶輸陀羅比丘尼并其眷屬皆大歡喜得未曾有
即於佛前而說偈言　世尊道師　安隱天人　我等聞記　心安具足
白佛言世尊我等亦能於他方國土廣宣此經　尒時世尊視八十万億那由他諸菩薩摩訶

白佛言世尊我等亦能於他方國土廣宣此經 余時世尊視八十万億那由他諸菩薩摩訶
薩是諸菩薩皆是阿惟越致轉不退輪法得諸陀羅尼及禪定起至於佛前一心合掌而作是
念若世尊告勅我等持說此經者當如佛教廣宣斯法復作是念佛今嘿然不見告勅我
當云何時諸菩薩敬順佛意并欲自滿本願便於佛前作師子吼而發誓言世尊我等於如
來滅後周旋往返及于十方世界能令眾生書寫此經受持讀誦解說其義如法修行正憶念
皆是佛之威力唯願世尊在於他方遙見守護即時諸菩薩俱同發聲而說偈言

唯願不為慮　於佛滅度後　恐怖惡世中　我等當廣說
有諸無智人　惡口罵詈等　及加刀杖者　我等皆當忍
惡世中比丘　邪智心諂曲　未得謂為得　我慢心充滿
或有阿練若　納衣在空閑　自謂行真道　輕賤人間者
貪著利養故　與白衣說法　為世所恭敬　如六通羅漢
是人懷惡心　常念世俗事　假名阿練若　好出我等過
而作如是言　此諸比丘等　為貪利養故　說外道論義
自作此經典　誑惑世間人　為求名聞故　分別於是經
常在大眾中　欲毀我等故　向國王大臣　婆羅門居士
及餘此丘眾　誹謗說我惡　謂是邪見人　說外道論義
為斯所輕言　汝等皆是佛　如此輕慢言　皆當忍受之　濁劫惡世中　多有諸恐怖
罵詈毀辱我　我等敬信佛　當著忍辱鎧　惡鬼入其身
護持佛所囑　世尊自當知　濁世惡比丘　不知佛方便　隨宜所說法　惡口而頻蹙　數數見擯出
遠離於塔等　如是等眾惡　念佛告勅故　皆當忍是事　諸聚落城邑　其有求法者　我皆到其所
諸佛所囑法　我是世尊使　處眾無所畏　我當善說法　願佛安隱住　我於世尊前　諸來十方佛
發如是誓言　佛自知我心

余時文殊師利法王子菩薩摩訶薩白佛言世尊是諸菩薩甚為難有敬順佛故發大
誓願於惡世護持讀誦走法華經世尊菩薩摩訶薩於後惡世云何能說是經佛告

妙法蓮華經安樂行品第十四

爾時文殊師利法王子菩薩摩訶薩白佛言世尊是諸菩薩甚為難有敬順佛故發大

誓願於惡世護持讀說是法華經世尊菩薩摩訶薩於後惡世云何能說是經佛告

文殊師利若菩薩摩訶薩於後惡世欲說是經當安住四法一者安住菩薩行處親近處

能為眾生演說是經文殊師利云何名菩薩摩訶薩行處若菩薩摩訶薩住忍辱地

柔和善順而不卒暴心亦不驚又復於法無所行而觀諸法如實相亦不行不分別是名

菩薩摩訶薩行處云何名菩薩摩訶薩親近處菩薩摩訶薩不親近國王王子大臣官

長不親近諸外道梵志尼揵子等及造世俗文筆讚詠外書又路伽耶陀逆路伽耶陀者亦

不親近諸有兇戲相扠相撲及那羅等種種變現之戲又不親近旃陀羅及畜豬羊雞

畋獵漁捕諸惡律儀如是人等或時來者則為說法無所悕望又不親近求聲聞比丘比丘尼優婆

塞優婆夷亦不問訊若於房中若經行處若在講堂中不共住止或時來者隨宜說法無所

悕求文殊師利又菩薩摩訶薩不應於女人身取能生欲想相而為說法猶不親厚況復餘事不樂

畜年少弟子沙彌小兒亦不樂與同師好坐禪在於閑處修攝其心文殊師利是名初親

近處復次菩薩摩訶薩觀一切法空如實相不顛倒不動不退不轉如虛空無所有性一切語

言道斷不生不出不起無名無相實無所有無量無邊無礙無障但以因緣有從顛倒

生故說常樂觀如是法相是名菩薩摩訶薩第二親近處爾時世尊欲重宣此義而說

偈言
　若有菩薩　於後惡世　無怖畏心　欲說是經　應入行處　及親近處

　常離國王　及國王子　大臣官長　兇險戲者　及旃陀羅　外道梵志

　亦不親近　增上慢人　貪著小乘　三藏學者　破戒比丘　名字羅漢

　及比丘尼　好戲笑者　深著五欲　求現滅度　諸優婆夷　皆勿親近　若是人等　以好心來　到菩薩所　為聞佛道　菩薩則以

及國王子 大臣官長 山澗險處人 及旃陀羅 外道梵志 亦不親近 增上慢人 貪著小乘

三藏學者 破戒比丘 名字羅漢 及比丘尼 好戲笑者 深著五欲 求現滅度 諸優婆夷 皆勿親近 若是人等 以好心來 到菩薩所 為聞佛道 菩薩則以 无所畏心 不懷悕望

而為說法 寡女處女 及諸不男 皆勿親近 以為親厚 亦莫親近 屠兒魁膾 田獵漁捕 為利殺害 販肉自活 衒賣女色 如是之人 皆勿親近 凶險相撲 種種嬉戲 諸婬女等 盡勿親近

莫獨屏處 為女說法 若說法時 无得嬉笑 入里乞食 將一比丘 若无比丘 一心念佛 是則名為 行處近處 以此二處 能安樂說 又復不行 上中下法 有為无為

實不實法 亦不分別 是男是女 不得諸法 不知不見 是則名為 菩薩行處 一切諸法

空无所有 无有常住 亦无起滅 是名智者 所親近處 顛倒分別 諸法有无 是實非實

是生非生 在於閑處 修攝其心 安住不動 如須彌山 觀一切法 皆无所有 猶如虚空

无有堅固 不生不出 不動不退 常住一相 是名近處 若有比丘 於我滅後 入是行處

及親近處 說斯經時 无有怯弱 菩薩有時 入於靜室 以正憶念 隨義觀法 從禪定起

為諸國王 王子臣民 婆羅門等 開化演暢 說斯經典 其心安隱 无有怯弱

文殊師利 是名菩薩 安住初法 能於後世 說法華經 又文殊師利 如來滅後 於末法中

欲說是經 應安樂行 若口宣說 若讀經時 不樂說人 及經典過 亦不輕慢 諸餘法師 不

說他人 好惡長短 亦不稱名 說其過惡 亦不稱名 讚嘆其美 又亦不生 怨嫌之

心 善修如是 安樂心故 諸有聽者 不逆其意 有所難問 不以小乘 法荅 但以 大乘而為解

說 令得一切 種智 余時世尊 欲重宣此 義而說偈言

諸有比丘 於我滅後 菩薩常樂 安隱說法 於清淨地

而施床座 以油塗身 澡浴塵穢 著新淨衣 内外俱淨 安處法座 隨問為說 若有比丘

及比丘尼 諸優婆塞 及優婆夷 國王王子 羣臣士民 以微妙義 和顏為說 若有難

隨義而荅 因緣譬喻 敷演分別 以是方便 皆使發心 漸漸增益 入於佛道

及解怠意 諸懈怠者

又比丘尼　諸優婆塞　及優婆夷　國王王子　群臣士民　以微妙義　和顏為說　若有問難

隨義而荅　因緣譬喻　敷演分別　以是方便　皆使發心　漸漸增益　入於佛道

除嬾墮意　及嬾墮想　離諸憂惱　慈心說法　晝夜常說　無上道教　以諸因緣　無量譬喻　開示眾生

咸令歡喜　衣服臥具　飲食湯藥　而於其中　無所悕望　但一心念　說法因緣　願成佛道　令眾亦爾

是則大利　安樂供養　我滅度後　若有比丘　能演說斯　妙法華經　心無嫉恚

諸惱障礙　亦無憂愁　及罵詈者　又無怖畏　加刀杖等　亦無擯出　安住忍故　智者如是

善修其心　能住安樂　如我上說　其人功德　千萬億劫　算數譬喻　說不能盡

又文殊師利菩薩摩訶薩於後末世法欲滅時受持讀誦斯經典者無懷嫉妒

亦勿輕罵學佛道者求其長短若比丘比丘尼優婆塞優婆夷求聲聞者求辟支佛者

求菩薩道者無得惱之令其疑悔語其人言汝等去道甚遠終不能得一切種智所以者

何汝是放逸之人於道懈怠故又亦不應戲論諸法有所諍競當於一切眾生起大悲想

於諸如來起慈父想於諸菩薩起大師想於十方諸大菩薩常於深心恭敬禮拜於一

眾生平等說法以順法故不多不少乃至深愛法者亦不為多說文殊師利是菩薩摩訶

薩於後末世法欲滅時有成就是第三安樂行者說是法時無能惱亂得好同學共讀誦

是經亦得大眾而來聽受聽已能持持已能說說已能書若使人書供養經

卷恭敬尊重讚歎爾時世尊欲重宣此義而說偈言

若欲說是經　當捨嫉恚慢　諂誑邪偽心　常修質直行

不輕蔑於人　亦不戲論法　不令他疑悔　云何不得佛　是諸菩薩等　於佛滅度後

是佛子說法　常柔和能忍　慈悲於一切　不生懈怠心　十方大菩薩　愍眾故行道

應生恭敬心　是則我大師　於諸世尊所　生無上父想　破於憍慢心　說法無障礙

第三法如是　智者應守護　一心安樂行　無量眾所敬

末世法欲滅時有持是法華經者於在家出家人中生大慈心於非菩薩人中生大慈

末世法欲滅時有持是法華經者於在家出家人中生大慈心於非菩薩人中生大悲
心應作是念如是之人則為大失如來方便隨宜說法不聞不知不覺不聞不信不解
其之雖不聞不信不解是經我得阿耨多羅三藐三菩提特隨在何地以神通力智慧力
引之令得住是法中文殊師利是菩薩摩訶薩於如來滅後有成就此第四法者說是
法時無有過失常為比丘比丘尼優婆塞優婆夷國王王子大臣人民婆羅門居士等
供養恭敬尊重讚歎虛空諸天為聽法故亦常隨侍若在眾落城邑空閑林中有
人來問難者諸天晝夜常為法故而衛護之能令聽者皆得歡喜所以者何此經
是一切過去未來現在諸佛神力所護故文殊師利是法華經於无量國中乃至名
字不可得聞何況得見受持讀誦文殊師利譬如強力轉輪聖王欲以威勢降伏
諸國而諸小王不順其命特轉輪王起種種兵而往討罰王見兵眾戰有功者即大
歡喜隨功賞賜或與田宅聚落城邑或與衣服嚴身之具或與種種珍寶金銀
瑠璃車璩馬瑙珊瑚虎魄象馬車乘奴婢人民唯髻中明珠不以與之所以者何獨
王頂上有此一珠若以與之諸眷屬必大驚怪文殊師利如來亦復如是以禪定智慧
力得法國土王於三界而諸魔王不肯順伏如來賢聖諸將與之共戰其有功者心
亦歡喜於四眾中為說諸法令其心悅賜以禪定解脫无漏法力諸法之財又復
賜與涅槃之城言得滅度引道其心令皆歡喜而不為說是法華經文殊師利如轉
輪王見諸兵眾有大功者心甚歡喜以此難信之珠久在髻中不妄與人而今與之如
來亦復如是於三界中為大法王以法教化一切眾生見賢聖軍與五陰魔煩惱魔
死魔共戰有大功勳滅三毒出三界破魔網爾時如來亦大歡喜此法華經能令
眾生至一切智一切世間多怨難信先所未說而今說之文殊師利此法華經是諸
如來第一之說於諸說中最為甚深於末後賜與如破強力之王久護明珠令乃與

眾生盡一切智一切世間多怨難信先所未說而今說之文殊師利此法華經是諸

如來第一之說於諸說中最為甚深末後賜與如彼強力之王久護明珠今乃與

之文殊師利此法華經諸佛如來祕密之藏於諸經中最在其上長夜守護不

妄宣說始於今日乃與汝等而敷演之余時世尊欲重宣此義而說偈言

常行忍辱哀愍一切乃能演說佛所讚經後末世時持此經者於家出家及非菩薩

應生慈悲斯等不聞不信是經則為大失我得佛道以諸方便為說此法令住其中

譬如強力轉輪之王兵戰有功賞賜諸物象馬車乘嚴身之具及諸田宅聚落城邑

或與衣服種種珍寶奴婢財物歡喜賜與如有勇健能為難事王解髻中明珠與之

如來亦爾為諸法王忍辱大力智慧寶藏以大慈悲如法化世見一切人受諸苦惱

欲求解脫與諸魔戰為是眾生說種種法以大方便說此諸經既知眾生得其力已

末後乃為說是法華如王解髻明珠與之此經為尊眾經中上我常守護不妄開示

今正是時為汝等說我滅度後求佛道者欲得安隱演說斯經應當親近如是四法

讀是經者常無憂惱又無病痛顏色鮮白不生貧窮卑賤醜陋眾生愛見如慕賢聖

天諸童子以為給使刀杖不加毒不能害若人惡罵口則閉塞遊行無畏如師子王

智慧光明如日之照若於夢中但見妙事見諸如來坐師子座諸比丘眾圍遶說法

又見龍神阿修羅等數如恒沙恭敬合掌自見其身而為說法又見諸佛身相金色

放無量光照於一切以梵音聲演說諸法佛為四眾說無上法見身處中合掌讚佛

設善男子當於末世得無量智佛之大道國土嚴淨廣大無比亦有四眾合掌聽法

又見自身在山林中修習善法證諸實相深入禪定見十方佛

諸善男子　當於未世　得无量智　佛之大道　國土嚴淨　廣大无比　亦有四眾　合掌聽法

又見自身　在山林中　脩習善法　証諸實相　深入禪定　見十方佛

諸佛身金色　百福相莊嚴　聞法為人說　常有是好夢　又夢作國王　捨宮殿眷屬　及上妙五欲　行詣於道場

在菩提樹下　而處師子座　求道過七日　得諸佛之智　成无上道已　起而轉法輪　為四眾說法　經千萬億劫

說无漏妙法　度无量眾生　後當入涅槃　如煙盡火滅　若後惡世中　說是第一法　是人得大利　如上諸功德

妙法蓮華經從地踊出品第十五

爾時他方國土諸來菩薩摩訶薩過

八恒河沙數於大眾中即起合掌作禮而白佛言世尊若聽我等於佛滅後在此娑

婆世界勤加精進護持讀誦書寫供養是經典者當於此土而廣說之爾時佛告諸

菩薩摩訶薩眾云善男子不須汝等護持此經所以者何我娑婆世界自有六萬

恒河沙等菩薩摩訶薩一一菩薩各有六萬恒河沙眷屬是諸人等能於我滅後護

持讀誦廣說此經佛說是時娑婆世界三千大千國土地皆震裂而於其中有无

量千萬億菩薩摩訶薩同時踊出是諸菩薩身皆金色三十二相无量光明

先盡在此娑婆世界之下此界虛空中住是諸菩薩聞釋迦牟尼佛所說音聲從

下發來一一菩薩皆是大眾唱導之首各將六萬恒河沙眷屬況復將五萬四萬三

萬二萬一萬恒河沙乃至一恒河沙半恒河沙四分之一乃至千萬

億那由他分之一況復千萬億那由他眷屬況復億萬眷屬況復千萬百萬乃至一

萬況復一千一百乃至一十況復單已樂遠離行如是

等其无量无邊算數譬喻不能知是諸菩薩從地踊出已各詣虛空七寶妙

塔多寶如來釋迦牟尼佛所到已向二世尊頭面礼足及至諸寶樹下師子座上佛

亦皆作礼右遶三匝合掌恭敬以諸菩薩種種讚法而以讚歎住在一面欣樂

瞻仰於二世尊是諸菩薩摩訶薩從初踊出以諸菩薩種種讚法而讚於佛如

西南方行禮右遶三匝合掌恭敬以諸菩薩種種讚歎住在一面欣樂

瞻仰於二世尊是諸菩薩摩訶薩從初踊出以諸菩薩種種讚法而讚於佛如

是時間經五十小劫是時釋迦牟尼佛嘿然而坐及諸四眾亦皆嘿然五十小劫

佛神力故令諸大眾謂如半日爾時四眾亦以佛神力故見諸菩薩遍滿無

量百千万億國土虛空是菩薩眾中有四道導師一名上行二名无邊行三名淨行四

名安立行是菩薩於其眾中最為上首唱導之師在大眾前各共合掌觀釋迦

牟尼佛而問訊言世尊少病少惱安樂行不所應度者受教易不令世尊生疲

勞耶爾時四大菩薩而說偈言世尊安樂少病少惱教化眾生得无疲倦又諸眾生

受化易不不令世尊生疲勞耶爾時世尊於菩薩大眾中而作是言如是如是諸

善男子如來安樂少病少惱諸眾生等易可化度无有疲勞所以者何是諸眾生

世世已來常受我化亦於過去諸佛供養尊重種諸善根此諸眾生始見我身聞我所

說即皆信受入如來慧除先修習學小乘者如是之人我今亦令得聞是經入於佛慧尒

時諸大菩薩而說偈言　善哉善哉　大雄世尊　諸眾生等　易可化度　能問諸佛

甚深智慧　聞已信行　我等隨喜　於時世尊讚歎如來上首諸大菩薩善哉善

男子汝等能於如來發隨喜心尒時彌勒菩薩及八千恒河沙諸菩薩皆作是念

我等從昔已來不見不聞如是大菩薩摩訶薩眾從地踊出住世尊前合掌

供養問訊如來彌勒菩薩摩訶薩知八千恒河沙諸菩薩心之所念并欲自決

所疑合掌向佛以偈問曰　无量千万億　大眾諸菩薩　昔所未曾見　願兩足尊說　是何所來

何因緣集　巨身大神通　智慧巨思議　其志念堅固　有大忍辱力　眾生所樂見　為從何所來

一一諸菩薩　其數无有量　如恒河沙等　或有大菩薩　將六万恒沙　諸大眾一心求佛道　是諸大菩薩

六万恒河沙　俱來供養佛　及護持是經　將五万恒沙　其數過於是　四万及三万　二万至一万　一千一百等

時諸眷屬　其數无有量　如恒河沙等　或有大菩薩　將六万恒沙
六万恒河沙　俱來供養佛　及護持是經　將五万恒沙　其數過於是　四万及三万　二万至一万　一千一百等
乃至一恒沙　半及四三分　億万分之一　千万那由他　乃至於半億　其數復過上　百万至一万
一千及一百　五十與十一　乃至三二一　單已无眷屬　樂於獨處者　俱來至佛所　其數轉過上　如是諸大眾

若人行籌數　過於恒沙劫　猶不能盡知　是諸大威德　精進菩薩眾　誰為其說法　教化令成就　從誰初發心
稱揚何佛法　受持行誰經　修習何佛道　如是諸菩薩　神通大智力　四方地震裂　皆從中踊出
未曾見是事　願說其一緣　无量德世尊　唯願決眾疑

爾時釋迦牟尼佛分身諸佛從无量千万億他方國土
來者在於八方諸佛寶樹下師子座上結跏趺坐其佛侍者各各見是菩薩大眾於
三千大千世界四方從地踊出住於虛空中曰其佛言此諸无量无邊阿僧祇菩
薩大眾從何所來爾時諸佛各告侍者諸善男子且待須史有菩薩摩訶薩名
弥勒釋迦牟尼佛之所授記次後作佛已問斯事佛今當答汝等自當得
聞爾時釋迦牟尼佛告弥勒菩薩善哉善哉阿逸多能問佛如是大事汝等當
共一心被精進鎧發堅固意如來令欲顯發宣示諸佛智慧諸佛自在神通之力
諸佛師子奮迅之力諸佛威猛大勢之力爾時世尊欲重宣此義而說偈言
當精進一心　我欲說此事　勿得有疑悔　佛智叵思議　汝今出信力　住於忍善中
我今安慰汝　勿得懷疑懼　佛說无實語　智慧不可量　所得第一法　其餘四分別　如是会当說汝等一心聽
爾特世尊說此偈已告弥勒菩薩我今於此大眾宣告汝等阿逸多是諸大菩薩摩
訶薩无量无數阿僧祇從地踊出汝等昔所未見者我於是娑婆世界得阿耨多羅

爾時世尊説此偈已告彌勒菩薩我今於此大眾宣告汝等阿逸多是諸大菩薩摩

訶薩无量无數阿僧祇從地踊出汝等昔所未見者我於是娑婆世界得阿耨多羅

三藐三菩提已教化示道是諸菩薩調伏其心令發道意此諸菩薩皆於是娑婆世界之

下此界虛空中於諸經典讀誦通利思惟分別正億念阿逸多是諸善男子等不樂

在眾多有所説常樂靜處勤行精進未曾休息亦不依止人天而住常樂深智无

有障导亦常樂於諸佛之法一心精進求无上慧爾時世尊欲重宣此義而説偈言

阿逸汝當知是諸大菩薩從无數劫來修習佛智慧悉是我所化令發大道心

盡夜常精進為求佛道故在娑婆世界下方空中住志念力堅固常勤求智慧

依空之世界常行頭陀事志樂於靜處徐大眾憒閙不樂多所説如是諸子等學習我道法

令利發道心其心无所畏我於鄒城菩提樹下坐得成最正覺轉无上法輪

爾時彌勒菩薩摩訶薩及无數諸菩薩等心生疑惑怪未曾有而作是念云何世尊

於少時間教化如是无量无邊阿僧祇諸大菩薩令住阿耨多羅三藐三菩提即白

佛言世尊如來為太子時出於釋城去伽耶城不遠坐於道場得成阿耨多羅三

藐三菩提是已來始過四十餘年世尊云何於此少時大作佛事以佛勢力以佛功德教

化如是无量大菩薩眾當成阿耨多羅三藐三菩提世尊此大菩薩眾假使有人於

千万億劫數不能盡不得其邊斯等久遠已來於无量无邊諸佛所殖諸善根成就

菩薩道常修梵行於此之事世尊如此之事世尊如此之事難信辟如有人色美髮黑年二十五指百

歲人言是我子其人亦言是我父生育我等是事難信佛亦如是

得道已來其實未久而此大眾諸菩薩等已於无量千万億劫為佛道故勤行精

進善入出住无量百千万億三昧得大神通久修梵行善能次弟集諸善法巧於

得道已来其實未久而此大衆諸菩薩等已於无量千万億劫為佛道故勤行精

進善入出住无量百千万億三昧得大神通久脩梵行善能次弟集諸善法巧於問

荅人中之寶一切世間甚為希有今日世尊方云得佛道時初令發菩提心教化示道令

向阿耨多羅三藐三菩提世尊得佛已来甚久乃能作此大功德事我等雖復信佛

随宜所說佛所出言未曾虚妄佛所知者皆悉通達然諸新發意菩薩於

佛滅後若聞是語或不信受而起破法罪業因緣唯然世尊願為解說除我等

疑及未来世諸善男子聞此事已亦不生疑尒時弥勒菩薩欲重宣此義而說偈

言　　佛昔從釋種　出家近伽耶　坐於菩提樹　尒来尚未久　此諸佛子等　其數不可量

久巳行佛道　住神通智力　善學菩薩道　不染世間法　如蓮華在水　從地而踊出

皆起恭敬心　住於世尊前　是事難思議　云何而可信　佛得道甚近　所成就甚多　願為除衆疑　如實分別說

譬如少壯人　年始二十五　示人百歲子　髮白而面皺　是等我所生　子亦如是言　我是汝等父　汝等為我子

父言我少壯　汝等年耆老　舉世所不信　世尊亦如是　得道来甚近　是諸菩薩等　志固无怯弱　從无數劫来

而行菩薩道　巧於難問荅　其心无所畏　忍辱心决定　端正有威德　十方佛所讚　善能分別說　不樂在人衆

常好在禪定　為求佛道故　於下空中住　我等從佛聞　是事无有疑　願佛為未来　演說令開解

若有於此經　生疑不信者　即當墮惡道　願今為解說　是无量菩薩　云何於少時　教化令發心

應住不退地

妙法蓮華經卷第五

妙法蓮華經如来壽量品第十六　　　六

尒時佛告諸菩薩及一切大衆諸善男子汝等當信解如来誠諦之語復告大衆

汝等當信解如来誠諦之語是時菩薩大衆弥勒為首合掌白佛言世尊唯願

說之我等當信受佛語如是三白已復言唯願說之我等當信受佛語尒時世尊

汝等當信解如來誠諦之語是時菩薩大眾彌勒為首合掌白佛言世尊唯願

說之我等當信受佛語如是三白已復言唯願說之我等當信受佛語爾時世尊

知諸菩薩三請不止而告之言汝等諦聽如來秘密神通之力一切世間天人及阿脩羅

皆謂今釋迦牟尼佛出釋氏宮去伽耶城不遠坐於道場得阿耨多羅三藐三菩提然

善男子我實成佛已來無量無邊百千萬億那由他劫譬如五百千萬億那由他阿

僧祇三千大千世界假使有人末為微塵過於東方五百千萬億那由他阿僧祇國乃下

一塵如是東行盡是微塵諸善男子於意云何是諸世界可得思惟校計知其數不

彌勒菩薩等俱白佛言世尊是諸世界無量無邊非算數所知亦非心力所及

一切聲聞辟支佛以無漏智不能思惟知其限數我等住阿惟越致地於是事中

亦所不達世尊如是諸世界無量無邊介時佛告大菩薩眾諸善男子今當分明

宣語汝等是諸世界若著微塵及不著者盡以為塵一塵一劫我成佛已來復過

於此百千萬億那由他阿僧祇劫自從是來我常在此娑婆世界說法教化

餘又復言其入涅槃如是皆以方便分別諸善男子若有眾生來至我所我

以佛眼觀其信等諸根利鈍隨所應度處處自說名字不同年紀大小亦復現

言當入涅槃又以種種方便說微妙法能令眾生發歡喜心諸善男子如來見

諸眾生樂於小法德薄垢重者為是人說我少出家得阿耨多羅三藐三菩提然我

實成佛已來久遠若斯但以方便教化眾生令入佛道作如是說諸善男子如來所

演經典皆為度脫眾生或說己身或說他身或示己身或示他身或示己事或示他

事諸所言說皆實不虛所以者何如來如實知見三界之相無有生死若退若出

亦無在世及滅度者非實非虛非如非異不如三界見於三界如斯之事如來明見無有

P.2050　　妙法蓮華經卷一至卷六（八卷本）　　（79—71）

諸所言說皆實不虛。所以者何。如來如實知見三界之相。無有生死。若退若出。亦

無在世及滅度者。非實非虛。非如非異。不如三界見於三界。如斯之事。如來明見。無有

錯謬。以諸眾生有種種性。種種欲。種種行。種種憶想分別故。欲令生諸善根。以若干

因緣譬喻言辭種種說法。所作佛事。未曾暫廢。如是我成佛已來。甚大久遠。壽命

無量阿僧祇劫。常住不滅。諸善男子。我本行菩薩道。所成壽命。今猶未盡。復倍上數。

然今非實滅度。而便唱言當取滅度。如來以是方便。教化眾生。所以者何。若佛久住於

世。薄德之人。不種善根。貧窮下賤。貪著五欲。入於憶想妄見網中。若見如來常在不

滅。便起憍恣。而懷厭怠。不能生難遭之想。恭敬之心。是故如來以方便說。比丘當知。諸

佛出世。難可值遇。所以者何。諸薄德人。過無量百千萬億劫。或有見佛。或不見者。以

此事故。我作是言。諸比丘。如來難可得見。斯眾生等聞如是語。必當生於難遭之

想。心懷戀慕。渴仰於佛。便種善根。是故如來雖不實滅。而言滅度。又善男子。諸

佛如來。法皆如是。為度眾生。皆實不虛。譬如良醫。智慧聰達。明練方藥。善治

眾病。其人多諸子息。若十二十。乃至百數。以有事緣。遠至餘國。諸子於後。飲他毒藥。藥

發悶亂。宛轉于地。是時其父還來歸家。諸子飲毒。或失本心。或不失者。遙見其父。

皆大歡喜。拜跪問訊。善安隱歸。我等愚癡。誤服毒藥。願見救療。更賜壽命。

父見子等苦惱如是。依諸經方。求好藥草。色香美味皆悉具足。擣篩和合。與子令服。而

作是言。此大良藥。色香美味皆悉具足。汝等可服。速除苦惱。無復眾患。其諸子

中。不失心者。見此良藥。色香俱好。即便服之。病盡除愈。餘失心者。見其父來。雖亦

歡喜問訊。求索治病。然與其藥。而不肯服。所以者何。毒氣深入。失本心故。於此好

色香藥。而謂不美。父作是念。此子可愍。為毒所中。心皆顛倒。雖見我喜。求索救療。

如是好藥。而不肯服。我今當設方便。令服此藥。即作是言。汝等當知。我今衰老。死時

色香藥而謂不美父作是念此子可愍為毒所中心皆顛倒雖見我喜求索救療
如是好藥而不肯服我今當設方便令服此藥即作是言汝等當知我今衰老死時
已至是好良藥今留在此汝可取服勿憂不差作是教已復至他國遣使還告汝父
已死是時諸子聞父背喪心大憂惱而作是念若父在者慈愍我等能見救護令
即取服之毒病皆愈其父聞子悉已得差尋便來歸咸使見之諸善男子於意云
者余時世尊欲重宣此義而說偈言
億載阿僧祇　常說法教化　无數億眾生　令入於佛道　自我得佛來
實不滅度　常住此說法　我常住於此　以諸神通力　令顛倒眾生
廣供養舍利　咸皆懷戀慕　而生渴仰心　眾生既信伏　質直意柔軟
特我及眾僧　俱出靈鷲山　我時語眾生　常在此不滅　以方便力故
茶敬信樂者　我復於彼中　為說无上法　汝等不聞此　但謂我滅度
故不為現身　令其生渴仰　因其心戀慕　乃出為說法　神通力如是
及餘諸住處　眾生見劫盡　大火所燒時　我此土安隱　天人常充滿
寶樹多華果　眾生所遊樂　諸天擊天鼓　常作眾伎樂　雨曼陀羅華
歐躲見燒盡　憂怖諸苦惱　如是悉充滿　是諸罪眾生　以惡業因緣
諸有修功德　柔和質直者　則皆見我身　在此而說法　或時為此眾
為說佛難值　我智力如是　慧光照无量　壽命无數劫　久修業所得
當斷令永盡　佛語實不虛　如醫善方便　為治狂子故　實在而言死
阿頗有人能說此良藥虛妄非不也世尊佛言我亦如是成佛已來无量百
十万億那由他阿僧祇劫為眾生故以方便力言當滅度亦无有能如法說我虛妄過
十方諸佛　无量百千万
企業无量劫　為度眾生故
雖近而不見　眾見我滅度
現有滅不滅　餘國有眾生
心欲見佛　不自惜身命
曼陀羅華　散佛及大眾
我淨土不毀　而眾見燒盡
園林諸堂閣　種種寶莊嚴
不聞三寶名　无能說虛妄我亦為世父

當新令永盡　佛說實不虛　如醫善方便　為治狂子故　實在而言死　無能說虛妄　我亦為世父

救諸苦患者　為凡夫顛倒　實在而言滅　以常見我故　而生憍恣心　放逸著五欲　墮於惡道中

我常知眾生　行道不行道　隨應所可度　為說種種法　每自作是意　以何令眾生　得入無上道

速成就佛身

妙法蓮華經分別功德品第十七

爾時大會聞佛說壽命劫

數長遠如是無量無邊阿僧祇眾生得大饒益於時世尊告彌勒菩薩摩訶薩阿逸多

我說是如來壽命長遠時六百八十萬億那由他恒河沙眾生得無生法忍復千倍菩薩摩訶

訶薩得聞持陀羅尼門復有一世界微塵數菩薩摩訶薩得樂說無礙辯才復有一世界

微塵數菩薩摩訶薩得百千萬億無量旋陀羅尼復有三千大千世界微塵數菩薩摩

訶薩能轉不退法輪復有二千中國土微塵數菩薩摩訶薩能轉清淨法輪復有小

千國土微塵數菩薩摩訶薩八生當得阿耨多羅三藐三菩提復有四四天下微塵數菩薩摩

三生當得阿耨多羅三藐三菩提復有三四天下微塵數菩薩摩訶薩二生當得阿耨多羅三

藐三菩提復有一四天下微塵數菩薩摩訶薩一生當得阿耨多羅三

菩薩摩訶薩得大法利時於虛空中雨曼陀羅華摩訶曼陀羅華以散無量百千

蔣多羅三藐三菩提復有八世界微塵數眾生皆發阿耨多羅三藐三菩提心佛說是諸菩

萬億寶樹下師子座上諸佛并散七寶塔中師子座上釋迦牟尼佛及久滅度多

狼三菩提復有一生四天下微塵數菩薩摩訶薩一生當得阿耨多羅三

寶如來亦散一切諸大菩薩及四部眾又雨細末栴檀沈水香等於虛空中天鼓自鳴

妙聲深遠又雨千種天衣垂諸瓔珞真珠瓔珞摩尼珠瓔珞遍於九方眾

寶香爐燒無價香自然周至供養大會一一佛上有諸菩薩執持幡蓋次第而上至于梵

天是諸菩薩以妙音聲歌無量頌讚諸佛爾時彌勒菩薩從座而起偏袒右肩合掌

向佛而說偈言

佛說希有法　昔所未曾聞　世尊有大力　壽命不可量　無數諸佛子

天是諸菩薩以妙音聲歌無量頌讚諸佛尒時彌勒菩薩從座而起偏袒右肩合掌

向佛而說偈言

佛說希有法　昔所未曾聞　世尊有大力　壽命不可量　無數諸佛子

聞世尊分別　說得法利者　歡喜充遍身　或住不退地　或得陀羅尼　或無㝵樂說　万億旋陀持

或有大千界　微塵數菩薩　各各皆能轉　不退之法輪　或有中千界　微塵數菩薩　各各皆能轉

清淨之法輪　復有小千界　微塵數菩薩　餘各八生在　當得成佛道　復有四三二　如是四天下

微塵諸菩薩　隨數生成佛　或一四天下　微塵數菩薩　餘有一生在　當成一切智　聞佛說壽命

聞佛壽長遠　得無量無漏　清淨之果報　復有八世界　微塵數眾生　聞佛說壽命　皆發無上心

世尊說無量　不可思議法　多有所饒益　如虛空無邊　雨天曼陀羅　摩訶曼陀羅　釋梵如恒沙

無數佛土來　雨栴檀沉水　繽紛而亂墜　如鳥飛空下　散佛及大眾　天鼓虛空中　自然出妙聲

天衣千万種　旋轉而來下　眾寶妙香爐　燒無價之香　自然悉周遍　供養諸世尊　其大菩薩眾

執七寶幡蓋　高妙万億種　次第至梵天　一一諸佛前　寶幢懸勝幡　亦以千万偈　歌詠諸如來

如是種種事　昔所未曾有　聞佛壽無量　一切皆歡喜　佛名聞十方　廣饒益眾生　一切具善根

以助無上心

尒時佛告彌勒菩薩摩訶薩阿逸多其有眾生聞佛壽命長遠

如是乃至能生一念信解所得功德無有限量若有善男子善女人為向稱多羅三藐三

菩提於八十万億那由他劫行五波羅蜜檀波羅蜜尸羅波羅蜜羼提波羅蜜毗梨耶波羅

蜜禪波羅蜜除般若波羅蜜以是功德比前功德百分千分百千万億分不及其一乃至

算數譬喻所不能知若善男子有如是切德於阿耨多羅三藐三菩提退者無有是

豪余時世尊欲重宣此義而說偈言

若人求佛慧　於八十万億　那由他劫數

若有為重宣　及緣覽弟子　前諸菩薩眾　珠之之飲食　上服與卧具

苦提於八十万億　那由他劫數　種種皆微妙　盡此諸劫數　迴向於佛道　若復持禁戒

苦提於八十万億　萬林莊嚴　如是等布施　若復行忍辱　住於調柔地　說眾要來加

拆僧五精舍　清淨無缺漏　求於無上道　諸佛之所歎　若復行忍辱　悲心不傾動

諸有得法者　懷於增上慢　為此所輕惱　慧亦能忍　若復勤精進　志念常堅固　於無量億劫

諸有得法者　懷伏曾上慢　為説陀輕慢　若復勤精進

一心不懈怠　又於无數劫　往來甚閑家　若坐若經行

八十億万劫　安住心不乱　持此一心福　願求无上道

万億劫數中　行諸功德　空之愛聚　有善男女等　聞我説壽命　乃至一念信

若今无是有　一切諸疑悔　您縮使信　其福為如此　其有諸菩薩　无量劫行道　聞我説壽命

是則能信受　頂受此經典　賜我於未來　長壽度衆生　如今日世尊　諸釋中之王

道場師子吼　説法无所畏　我等未来世　一切所尊敬　坐於道場時　説壽亦如是　若有深心者

清淨而質直　多聞能揔持　随義解佛語　如是之人等　於此无有疑　又阿逸多諸善男子　若有聞佛壽命

長遠解其言趣是人所得功德无有限量能起如來无上之慧何況廣聞是經若教人聞

若自持若教人持若自書若教人書若以花香瓔珞幢幡繒蓋香油蘇燈供養經卷是之

功德无量无邊能生一切種智阿逸多若善男子善女人聞我説壽命長遠深心信

解則為見佛常在耆闍崛山共大菩薩諸聲聞衆圍遶説法又見此娑婆世界其地

瑠璃坦然平正閻浮檀金以界八道寶樹行列諸臺樓觀皆悉寶成其中菩薩衆咸

處其中若有能如是觀者當知是為深信解相又後如來滅後若聞是經而不毀

呰起随喜心當知已為深信解相何況讀誦受持之者斯人則為頂戴如來阿逸多是

善男子善女人不湏為我復起塔寺及作僧房以四事供養衆僧所以者何是善男子

善女人受持讀誦是經典者為已起塔造立僧坊供養衆僧則為以佛舍利起七寶

塔高廣漸小至于梵天懸諸幡盖及衆寶鈴華香瓔珞末香塗香燒香衆敏

伎楽簫笛箜篌種種儛戲以妙音聲歌唄讃頌則為於无量千万億劫作是

供養已尚逸多若我滅後聞是經典有能受持若自書若教人書則為起立僧

坊以赤桅檀作諸殿堂三十有二高八多羅樹高廣嚴好百千比立於其中止園林

供養。阿逸多！若我滅後，聞是經典，有能受持，若自書、若教人書，別為起立僧坊，以赤栴檀作諸殿堂三十有二，高八多羅樹，高廣嚴好，百千比丘於其中止。園林、浴池、經行、禪窟、衣服、飲食、床褥、湯藥，一切樂具充滿其中，如是僧坊、堂閣若干百千萬億，其無量，以此現前供養於我及比丘僧，故我說如來滅後，若有受持、讀誦、為他人說，若自書、若教人書、供養經卷，不須復起塔寺，及造僧坊、供養眾僧。

況復有人，能持是經，兼行布施、持戒、忍辱、精進、一心、智慧，其德最勝，無量無邊。譬如虛空，東西南北四維上下，無量無邊。是人功德亦復如是，無量無邊，疾至一切種智。

若人讀誦受持是經，為他人說，若自書、若教人書，復能起塔及造僧坊，供養讚歎聲聞眾僧，亦以百千萬億讚歎之法讚歎菩薩功德，又為他人種種因緣隨義解說此法華經，復能清淨持戒，與柔和者而共同止，忍辱無瞋，志念堅固，常貴坐禪，得諸深定，精進勇猛，攝諸善法，利根智慧，善答問難。

阿逸多！若我滅後，諸善男子、善女人，受持讀誦是經典者，復有如是諸善功德，當知是人已趣道場，近阿耨多羅三藐三菩提，坐道樹下。阿逸多！是善男子、善女人，若坐若行若立處，此中便應起塔，一切天人皆應供養如佛之塔。

爾時世尊欲重宣此義，而說偈言：

若我滅度後　能奉持此經　斯人福無量　如上之所說
是則為具足　一切諸供養　以舍利起塔　七寶而莊嚴
表剎甚高廣　漸小至梵天　寶鈴千萬億　風動出妙音
又於無量劫　而供養此塔　華香諸瓔珞　天衣眾伎樂
燃香油酥燈　周匝常照明　惡世法末時　能持是經者
則為已如上　具足諸供養　若能持此經　則如佛現在
以牛頭栴檀　起僧坊供養　堂有三十二　高八多羅樹
上饌妙衣服　床臥皆具足　百千眾住處　園林諸浴池
經行及禪窟　種種皆嚴好　若有信解心　受持讀誦書
若復教人書　及供養經卷　散華香末香　以須曼薝蔔
阿提目多伽　薰油常然之　如是供養者　得無量功德
如虛空無邊　其福亦如是　況復持此經　兼布施持戒
忍辱樂禪定　不瞋不惡口　恭敬於塔廟　謙下諸比丘
遠離自高心　常思惟智慧　有問難不瞋　隨順為解說
若能行是行　功德不可量

及供養經卷　散華香末香　須曼瞻蔔阿提目多伽　薰油常然之　如是供養者　得无量功德
如虛空无邊　其福亦如是　況復持此經　兼布施持戒　忍辱樂禪定　不瞋不惡口　恭敬於塔廟
謙下諸比丘　遠離自高心　常思惟智慧　有問難不瞋　隨順為解說　若能行是行　功德不可量
若見此法師　成就如是德　應以天華散　天衣覆其身　頭面接足礼　生心如佛想　又應作是念
不久詣道場　得无漏无為　廣利諸天之　其處佳上處　經行若坐臥　乃至說一偈　是中應起塔
莊嚴令妙好　種種以供養　佛子住此地　則是佛受用　常在於其中　經行及坐臥

妙法蓮華經隨喜功德品第十八

　　　　　爾時彌勒菩薩摩訶薩白佛言世尊若有善男子善
女人聞是法華經隨喜者得幾所福而說偈言　出世滅度後　其有聞是經　若能隨喜者
為得幾所福　　　爾時彌勒菩薩摩訶薩阿逸多如來滅後若比丘比丘尼優婆
塞優婆夷及餘智者若長若幼聞是經隨喜已從法會出至於餘處若在僧坊若
空閑地若城邑巷陌田里如其所聞為父母宗親善友知識隨力演說是諸人等
聞巳隨喜復行轉教餘人聞巳亦隨喜轉教如是展轉至第五十阿逸多其第五十善
男子善女人隨喜功德我今說之汝當善聽若四百万億阿僧祇世界六趣四生眾生卵生
胎生濕生化生若有形无形有想无想非有想非无想无足二足四足多足如是等在眾
生數者有人求福隨其所欲娛樂之具皆給與之一一眾生與滿閻浮提金銀琉璃車璩
馬碯珊瑚琥珀諸妙珍寶及象馬車乘七寶所成宮殿樓閣等是大施主如是布施
滿八十年已而作是念我已施眾生娛樂之具隨意所欲然此眾生皆已衰老年過八
十歲白面皺將死不久我當以佛法而訓導之即集此眾生宣布法化示教利喜一
時皆得須陀洹道斯陀含道阿那含道阿羅漢道盡諸有漏於深禪定皆得自在
具八解脫於汝意云何是大施主所得功德寧為多不彌勒白佛言世尊是人功德甚
多无量无邊若是施主但施眾生一切樂具功德无量何況令得阿羅漢果佛告彌
勒我今分明語汝是人以一切樂具施於四百万億阿僧祇世界六趣眾生又令得阿

多無量無邊。若是施主。但施眾生一切樂具。功德無量。何況令得阿羅漢果。佛告彌勒。我今分明語汝。是人以一切樂具。施於四百萬億阿僧祇世界六趣眾生。又令得阿羅漢果。所得功德。不如是第五十人聞法華經一偈隨喜功德。百分千分百千萬億分不及其一。乃至算數譬喻所不能知。阿逸多。如是第五十人展轉聞法華經隨喜功德。尚無量無邊阿僧祇。何況最初於會中聞而隨喜者。其福復勝無量無邊阿僧祇。不可得比。又阿逸多。若人為是經故。往詣僧坊。若坐若立。須臾聽受。緣是功德。轉身所生。得好上妙象馬車乘。珍寶輦輿。及乘天宮。若復有人。於講法處坐。更有人來。勸令坐聽。若分座令坐。是人功德。轉身得帝釋坐處。若梵王坐處。若轉輪聖王所坐之處。阿逸多。若復有人。語餘人言。有經名法華。可共往聽。即受其教。乃至須臾間聞。是人功德。轉身得與陀羅尼菩薩共生一處。利根智慧。百千萬世終不瘖瘂。

MANUSCRITS DE DUNHUANG CONSERVÉS À LA BIBLIOTHÈQUE NATIONALE DE FRANCE

VOLUME 11

Directeur par
RONG Xinjiang
Publiés par
Les Éditions des Classiques Chinois, Shanghai
(Bâtiment A 5F, No.1-5, Haojing Route 159, Minhang Régions, Shanghai, 201101, China)
Téléphone : 0086-21-64339287
Site Web : www.guji.com.cn
E-mail : guji1@guji.com.cn
www.ewen.co
Imprimé par
PICA Séparation des couleurs et impression Shanghai Co., Ltd.

787×1092mm 1/8   39.5 feuilles in-plano   4 encart
Premiére édition : Aout 2023   Première impression : Aout 2023
ISBN 978-7-5732-0595-7/K.3327
Prix : ￥3800.00

DUNHUANG MANUSCRIPTS IN THE BIBLIOTHÈQUE NATIONALE DE FRANCE

VOLUME 11

Editor in Chief
RONG Xinjiang
Publisher
Shanghai Chinese Classics Publishing House
(Block A 5F, No.1-5, Haojing Road 159, Minhang District, Shanghai, 201101, China)
Tel : 0086-21-64339287
Website : www.guji.com.cn
Email : guji1@guji.com.cn
www.ewen.co
Printer
Shanghai Pica Colour Separation & Printing Co., Ltd.

8 mo 787×1092mm   39.5 printed sheets   4 insets
First Editon : August 2023   First Printing : August 2023
ISBN 978-7-5732-0595-7/K.3327
Price : ￥3800.00

圖書在版編目（ＣＩＰ）數據

法國國家圖書館藏敦煌文獻 . 11 / 榮新江主編 .
—上海：上海古籍出版社，2023.8
ISBN 978-7-5732-0595-7
Ⅰ . ①法 … Ⅱ . ①榮 … Ⅲ . ①敦煌學—文獻 Ⅳ . ① K870.6

中國版本圖書館 CIP 數據核字（2022）第 011030 號

法國國家圖書館藏敦煌文獻　第一一册
主　編
榮新江
出　版　發　行
上海古籍出版社
上海市閔行區號景路 159 弄 1-5 號 A 座 5F
郵編 201101　傳真（86 – 21）64339287
網址：www.guji.com.cn
電子郵件：guji1@guji.com.cn
易文網：www.ewen.co
印　刷
上海麗佳製版印刷有限公司

開本：787×1092　1/8　印張：39.5　插頁：4
版次：2023 年 8 月第 1 版　印次：2023 年 8 月第 1 次印刷
ISBN 978-7-5732-0595-7/K.3327
定價：3800.00 元